Coordenação editorial
CAROLINA VILA NOVA

EU, protagonista da minha história

Literare Books
INTERNATIONAL
BRASIL · EUROPA · USA · JAPÃO

© LITERARE BOOKS INTERNATIONAL LTDA, 2023.
Todos os direitos desta edição são reservados à Literare Books International Ltda.

PRESIDENTE
Mauricio Sita

VICE-PRESIDENTE
Alessandra Ksenhuck

DIRETORA EXECUTIVA
Julyana Rosa

DIRETORA DE PROJETOS
Gleide Santos

DIRETORA COMERCIAL
Claudia Pires

EDITOR
Enrico Giglio de Oliveira

EDITOR JÚNIOR
Luis Gustavo da Silva Barboza

ASSISTENTE EDITORIAL
Gabriella Meister

REVISORES
Ivani Rezende e Marília Schuh

CAPA
Ariadne Cardoso

DESIGNER EDITORIAL
Lucas Yamauchi

IMPRESSÃO
Gráfica Paym

Dados Internacionais de Catalogação na Publicação (CIP)
(eDOC BRASIL, Belo Horizonte/MG)

E86	Eu, protagonista da minha história: mulheres inspiradoras mostram o caminho para o sucesso / Coordenadora Carolina Vila Nova. – São Paulo, SP: Literare Books International, 2023. 328 p. : il. ; 16 x 23 cm Inclui bibliografia ISBN 978-65-5922-534-7 1. Autorrealização. 2. Sucesso. 3. Técnicas de autoajuda. I. Vila Nova, Carolina. CDD 158.1

Elaborado por Maurício Amormino Júnior – CRB6/2422

LITERARE BOOKS INTERNATIONAL LTDA.
Rua Alameda dos Guatás, 102
Vila da Saúde — São Paulo, SP. CEP 04053-040
+55 11 2659-0968 | www.literarebooks.com.br
contato@literarebooks.com.br

SUMÁRIO

7   PREFÁCIO
Carolina Vila Nova

9   DEU *MATCH* COM A VIDA, BABY!
Carolina Vila Nova

17   RECOMEÇO
Adriana Alvarenga

23   O AGIR DE DEUS POR MEIO DAS PAUSAS
Aline Rebelo

31   DE VÍTIMA DAS CIRCUNSTÂNCIAS A AUTORA DA MINHA PRÓPRIA HISTÓRIA
Andréa Ambrózio

39   DO CINZA DA TRISTEZA ÀS CORES DA FELICIDADE
Andréa Araújo

47   COMO SONHAR ALTO MUDOU MINHA HISTÓRIA
Andreia Pereira

55   O VOO DA ÁGUIA
Benônia Moreira

63   IDENTIDADE PROFISSIONAL
Cámilla de Souza

73   EU SOU UM VEGETAL?
Carolina Câmara de Oliveira

81   ACREDITO EM VOCÊ!
Cássia Cristina da Silva

89   É POSSÍVEL ALCANÇAR SEU PRÓPRIO PROTAGONISMO?
Claudia Lolita Freitas

99 PILARES PARA UMA JORNADA DE SUCESSO
Edvânia Nogueira Alves

109 UMA MULHER, UMA ESSÊNCIA, ALGUMAS PERSONAGENS
Elizabeth Maria da Silva

117 A ARTE DE SE REINVENTAR
Elly Franca e Swélen Paranhos

125 EMPREENDEDORISMO FEMININO
Erika Divalda Justino Silva dos Santos

133 TRANSFORME SUA DOR EM AMOR
Gabriela Camargo

143 UM SONHO: O MOVIMENTO BOTO VIVO
Geni Barros

151 A ÁRVORE DA MINHA VIDA!
Iriana Custódia Koch Tonin

161 DA NOITE ESCURA AO TAPETE VERMELHO
Izabel Ribeiro

169 DE ALMA LEVE, NAVEGANDO NAS ÁGUAS DA INTUIÇÃO
Jandira Barbosa

179 A ESCOLHA DO BOM LOBO PARA SER PROTAGONISTA DO PRÓPRIO
ENVELHECIMENTO
Judith Pinheiro Silveira Borba

189 DO IMPOSSÍVEL PARA HARVARD E ABRINDO AS PORTAS PARA O MUNDO:
A TRAJETÓRIA RUMO AO SUCESSO PROFISSIONAL
Juliana Martins

197 DANDO UM PASSO DE CADA VEZ
Juliane de Paula

203 AÇÕES PARA SE TORNAR PROTAGONISTA DA SUA PRÓPRIA HISTÓRIA
Juliane Hendges

211 VAMOS FALAR SOBRE O AMOR
Karla Cunha

219 O PODER DA MENTE E A GRANDE VIRADA
Kelly Katiuscia

227 OUSE SE REINVENTAR
Leda Maria de Angelis Martos

233 MULHER, INSPIRE E NÃO PIRE!
Luciana Pirozi

241 EU SEMPRE VOU CANTAR PARA VOCÊ, MÃE!
Magali Amorim

251 DE LIÇÃO EM LIÇÃO, FLORESCENDO VOU
Marcia Barros

259 MÃE DE TRÊS
Marilaine Morbene

267 QUEM É VOCÊ, CEBOLA?
Mirian Hesse

273 OS 5 AS DA AUTOESTIMA
Namíbia Larchert

283 DE MENINA SONHADORA DO SUBÚRBIO CARIOCA A PALESTRANTE
INTERNACIONAL
Patrícia Rangel

291 NUNCA DESISTI DE MIM
Rosangela Brito

299 AUTOLIDERANÇA
Sabrina Schorr

307 POSICIONAMENTO: VOCÊ É FIGURANTE OU PROTAGONISTA?
Suelen Mota Tavares de Bona

313 CRENÇAS POSITIVAS E FORTALECEDORAS
Tania Sanches

321 O PODER DE SER VOCÊ MESMA
Tatiana Martins

PREFÁCIO

Toda mulher é vencedora! Mas nem todas têm consciência da memória coletiva que carregam em si.

Há milênios, estamos sobrevivendo em uma sociedade patriarcal, cheia de facilidades e vantagens aos homens em detrimento das necessidades mínimas da mulher. Com isso, nos tornamos fortes, guerreiras, mas, ao mesmo tempo, muitas se perderam. Algumas foram para a fogueira em diferentes séculos, como agora várias ainda são apedrejadas de diferentes formas.

Nunca houve uma geração de mulheres tão cobrada na história quanto esta: "Estude, trabalhe, se case, agrade seu marido, fique bonita, seja magra, tenha cabelos longos, pinte as unhas, faça chapinha, seja sexy, mas não seja vulgar, seja mãe, mas não falte ao trabalho se o filho ficar doente, faça plástica, mas fique natural, sorria, vá para a academia, mas cuide de sua reputação, tenha libido, ganhe dinheiro, faça isso, faça aquilo..."

Uma lista inacabável!

Num país em que o machismo impera, a violência contra a mulher ainda cresce e o feminicídio é diário, as mulheres brasileiras são mais vitoriosas do que muitas podem supor ou se dar conta do fato. Enquanto outros países se encontram num nível bem mais avançado de conquistas femininas, nós ainda lutamos pela sobrevivência. E estamos ganhando!

Apesar da lista que nos foi imposta ser imensa e injusta, inacreditavelmente, a maioria de nós simplesmente conseguiu!

Somos mulheres lindas, inteligentes, fortes, estudadas, formadas, empreendedoras, filhas, mães, amigas, esposas, solteiras, casadas, divorciadas, não importa! Trilhamos o caminho da luta por nós mesmas, nos tornando o que queríamos ser! Descobrimos que não temos que agradar uma pessoa em específico ou toda uma sociedade para sermos felizes!

Somos felizes como queremos ser!

Chegamos à conclusão de que teríamos que ir além para conquistar nosso espaço e este podia ser onde quiséssemos. Algumas de nós encontraram a realização no casamento, outras na maternidade, algumas no mundo corporativo, outras no empreendedorismo e assim por diante. Paralelamente, estudamos, nos cuidamos, nos aperfeiçoamos, nos tornando cada dia mais fortes e melhores.

Rompemos os antigos laços da competitividade feminina, também estimulada pela sociedade patriarcal, deixamos de nos sobrecarregar com as excessivas exigências dos homens e dos antigos valores sobre nós, quebramos os grilhões!

Eu, protagonista da minha história traz histórias de dezenas de mulheres vitoriosas, que se sobressaíram em seu meio, que se sentem bem com elas mesmas, mostrando que a satisfação e o bem-estar se encontram em qualquer lugar, em qualquer idade, independentemente da aparência, da carreira ou de qualquer regra nos imposta anteriormente!

Cada página desta belíssima coleção de relatos de mulheres únicas e verdadeiras vem nos trazer a inspiração e a motivação para continuarmos na luta por um mundo melhor, não só para nossas filhas, amigas e representantes das próximas gerações, mas também para os homens, que merecem se libertar de conceitos ultrapassados, se abrindo para o crescimento e o desenvolvimento individual e, depois, coletivo.

Somos inspiradoras!

E estamos aqui!

Carolina Vila Nova

1

DEU *MATCH* COM A VIDA, BABY!

Quantas histórias existem por trás de uma história de sucesso? Quantas dores? Quantos percalços? E a ferida que pesa na alma, levando de um passo a outro, que, no fim, se torna algo inesperado, positivo e bem-sucedido? A autora do best-seller *Deu match! 13 crushes, 1 amor e 1 livro* narra onde tudo começou e tudo o que os leitores jamais imaginaram por trás de uma das melhores comédias românticas de 2022.

CAROLINA VILA NOVA

Carolina Vila Nova

Contatos
www.carolinavilanova.com
carolinavilanova2@gmail.com
Instagram: @carolinavilanova_
Facebook: facebook.com/CarolVNova

Escritora, roteirista e *ghost writer*. Poliglota, morou na Alemanha por 6 anos. É mãe, filha e profissional realizada, vive da e para a escrita, na realização de um sonho que pretende viver até seu último suspiro!

— Mãe, nem adianta voltar para casa, o prédio vai cair. – avisou meu filho.

— Oi? Como assim?

— O prédio foi interditado pela Defesa Civil. Todo mundo teve que sair correndo, sem levar nada. Ninguém sabe se a gente vai poder voltar.

Desliguei o telefone na empresa onde trabalhava, ainda atônita e ao mesmo tempo rindo com a informação. "Como assim, o prédio vai cair?". Foi surreal!

Aconteceu em fevereiro de 2019: o condomínio onde eu morava no então bairro nobre Morumbi, zona sul de São Paulo, simplesmente foi interditado após suspeita de possível desabamento.

Naquele dia até voltei para casa, mas fiquei no meio da rua junto às centenas de moradores desesperados, chorando por não saber o que fazer, misturados com jornalistas e câmeras de vários canais de TV. Naquela noite, eu e meu filho fomos reconhecidos por colegas de trabalho no Jornal Nacional. Quem é que quer aparecer no noticiário mais famoso do país numa notícia dessas?

O episódio durou meses e os moradores não foram ressarcidos até hoje, embora os proprietários tenham retornado a seus devidos apartamentos após uma reforma feita nas bases dos prédios, que demorou mais de um ano para ficar pronta.

Quanto a mim e meu filho, cerca de duas semanas depois, conseguimos retirar algumas coisas do apartamento. Fomos acompanhados por bombeiros que permitiram a cada morador, ainda que numa situação de risco, retirar o essencial.

Fiquei setenta dias sem minhas coisas: móveis, roupas, utensílios de cozinha, remédios, cosméticos etc.

— É... 2019 foi um dos anos mais significativos da minha vida.

Dizem que desgraça nunca vem sozinha. E aquele ano me provou isso!

Carolina Vila Nova

Depois de passar uns dias dormindo na casa de uma amiga, consegui me mudar para outro apartamento alugado e vivi a sensação de estar acampando num lugar estranho, sem móveis, por mais de dois meses.

Nesse meio tempo, a multinacional onde eu atuava há quatro anos efetuou meu desligamento com uma mensagem bem pior do que "boa sorte!".

Na época, a situação parecia inimaginável. O processo de demissão e as piores férias da minha vida, quando fui informada que estava saindo para talvez nunca mais voltar.

Eu entrei em pânico! Os trinta dias foram de puro medo.

"E agora? Não tenho minhas coisas e vou perder o emprego?", eu pensava. Naquela fase, o pior foi o sentimento de confusão que tomou conta de mim. "O que está acontecendo na minha vida?".

Resumidamente, foi mais ou menos assim: eu perdi minha casa, meu trabalho e pessoas próximas e importantes para mim em diferentes âmbitos se revelaram de forma desconfortável para mim, em situações que não merecem ser citadas aqui. Porém, com tudo isso, a minha autoconfiança acabou indo embora. Eu me perdi de mim!

Se as bases da vida são nossa casa e o trabalho, eu havia perdido os dois ao mesmo tempo e me via como uma pessoa traída em várias circunstâncias.

Na época, sem perceber, desenvolvi algum grau de síndrome do pânico. Eu sentia medo constante por não ter mais uma fonte de renda e nem pessoas ao meu redor em quem pudesse confiar. Eu me isolei, não saía de casa, achava que tinha alguma coisa errada.

Mesmo abalada psicologicamente, com baixa autoestima e confusa, me dediquei ao esporte dentro do condomínio onde morava. Nadava dois quilômetros por dia, corria, caminhava e fazia musculação, o que me ajudou a não enlouquecer e inclusive a me sentir bem.

Ainda assim, me sentia sozinha, sem querer ver quase ninguém. Desempregada, estava sobrando tempo. E tempo não era algo que queria, pois me induzia a ficar remoendo aqueles acontecimentos que tinham me ferido. Decidi entrar num aplicativo de encontros.

Me interessei pelo primeiro *crush* de cara, mas a cultura líquida de Zygmunt Bauman logo se escancarou para mim: não tinha ninguém ali realmente interessado em algo sério. Embora eu tenha precisado passar por diversas experiências para comprovar o fato e me sentir frustrada, o que eu experienciei, sem saber, me levou muito, muito além.

— O que você vai fazer agora, Carolina? – perguntei para mim mesma algumas vezes, pensando em desistir de encontrar alguém pelo aplicativo.

E então fiz a pergunta que mudou a minha vida:

— E se você escrever um livro? – Quando pensei nessa possibilidade, logo me peguei com um sorriso. — É isso!

Em vez de simplesmente conhecer alguns *crushes*, passei a entrevistá-los para saber como realmente se comportavam. Mesmo com um certo grau de pânico, passei a frequentar um mesmo bar, perto de casa, o que gerou uma das facetas mais divertidas da comédia romântica *Deu match! 13 crushes, 1 amor e 1 livro!.*

Minha jornada planejada com os 13 *crushes* rendeu um dos meus melhores livros, que foi aprovado para ser publicado por uma reconhecida agente literária em dezembro de 2020. Foi aquela sensação de plenitude ver um sonho se realizando, mas que acabou poucos meses depois com a chegada da pandemia.

Paralelamente, na mesma época, comecei a trabalhar profissionalmente como *ghost writer,* embora já o tivesse feito antes, sem muito conhecimento da profissão. E fui percebendo que era boa nisso. Caramba!

O primeiro livro de um cliente se tornou best-seller pouco tempo depois. Os clientes continuaram chegando, um após o outro, realizando um sonho muito maior do que ter um best-seller em meu nome: eu finalmente estava vivendo da e para a escrita, desejo que carregava no corpo e na alma há mais de uma década, porém antes apenas como *hobby.*

Em meio a um turbilhão de acontecimentos, tive um dos melhores *insights* da vida: o problema não tinha sido as pessoas com as quais me senti desconfortável, amenizando a palavra. O problema tinha sido eu mesma: boazinha demais, complacente demais, *zen* demais, disponível demais, compreensível demais. Tudo aquilo me ensinou a rever meus próprios limites, minhas regras e meu território.

Hoje seleciono quem entra no meu território, seja na vida afetiva, familiar, profissional ou de amizades. Só aceito quem me respeita de verdade e aceita quem eu sou. Meu mundo, minhas regras! Gostou? Aceitou? Bem-vindo! Não gostou? Tudo certo, direito seu. Vida que segue, sem qualquer necessidade de manter contato. Este continua sendo um dos melhores aprendizados que tive na vida. A vida há de derrubar nossos alicerces para nos mostrar quando podemos ser muito mais do que estamos sendo.

A melhor trajetória da minha vida começou bem ali naquele telefonema, me informando que meu prédio ia cair. E depois, no desligamento profis-

Carolina Vila Nova

sional de uma situação insatisfatória e no fato de ser cancelada por pessoas próximas que verdadeiramente não me respeitaram ou não me aceitaram em algum momento.

Tenho profunda gratidão por todas essas pessoas e situações, que me levaram de uma Carolina a outra! De uma profissional insatisfeita e infeliz a uma escritora reconhecida e absolutamente feliz com a profissão. Sou grata às amizades não-verdadeiras, que me mostraram as que realmente valiam a pena, e a todos de modo geral, que me forçaram a rever o meu posicionamento na vida, sobre o mundo e as pessoas.

A minha experiência de desabrigada, desempregada e cancelada me levaram a usar o aplicativo e a escrever um livro. Com a vinda da pandemia, tive a sensação do sonho ter ido embora, mas uma das maiores editoras deste país, a Literare Books Internacional, se interessou pelo meu livro e apostou nele, que foi lançado em outubro de 2021.

Algumas semanas depois, o livro entrou para a lista de mais vendidos do Brasil. Alegria não foi pouca! Mas como tudo na vida é incerto, não posso deixar de contar que meu pai adoeceu gravemente bem na mesma época em que o sucesso começou.

Semana a semana, eu cuidava do meu pai, ao mesmo tempo em que gravava vídeos e fazia fotos para o Instagram, celebrando o livro na lista dos mais vendidos. Toda aquela alegria teve que ser equilibrada com a perda lenta da vida de uma das pessoas mais importantes da minha vida. Eu me maquiava e usava luzes para disfarçar a cara de choro e celebrar mais uma semana na Publishnews!

"Porque o sucesso veio junto com a morte dele, Senhor? Uma morte longa e tão dolorida de assistir?", eu pensava.

Foram seis meses vivendo o sucesso profissional e a perda gradativa de meu pai. Passado um tempo, seu estado de saúde e emocional ficaram tão frágeis que já não fazia sentido contar para ele sobre o sucesso que estava alcançando. Eu me permiti viver e celebrar o auge como escritora, internamente, e nas redes sociais. Mas, de forma que não posso explicar, equilibrava isso com uma das maiores baixas que podia vivenciar como ser humano: meu herói sem capa estava de cama, sem se levantar, aos cuidados constantes de pessoas especializadas, vinte e quatro horas por dia.

Como explicar a realização de um sonho mediante essa despedida acontecendo exatamente ao mesmo tempo? Eu não sei! Mas tenho a fé de que tudo tem uma razão e um sentido de ser, que só o tempo esclarece.

Meu pai faleceu em maio de 2022, ao mesmo tempo em que o *Deu match*! parou de aparecer na lista dos mais vendidos. E não foi a ausência do meu nome na lista que me sangrou por dentro, mas uma cama vazia.

Narrar essa história me arranca lágrimas que só me mostram o quanto essa dor ainda está latente em mim, mas ainda que sinta orgulho dela, pois participei como pude dos últimos momentos de meu pai.

Gosto de quem eu me tornei com tudo isso e de tudo o que vivi bem antes dessa história começar. Tudo na vida ensina, fortalece: a gravidez precoce, a adolescência interrompida, o primeiro casamento desastroso, uma juventude sofrida, décadas de ignorância o segundo casamento que me levou a me tornar estrangeira por seis anos e tantas coisas mais que nem sei se um dia irei contar. Quantas histórias cabem dentro de nós? Quantas dores? Quantos renascimentos?

Eu não sei quantas vezes ainda irei morrer por dentro, mas sei que quantas forem, tantas serão as vezes que irei renascer!

Hoje me sinto muito bem comigo mesma. Tenho 3 best-sellers em nomes de clientes, além do *Deu match*!, e um best-seller na Amazon da Alemanha, com o meu primeiro livro, *Minha vida na Alemanha*, disponível em português e alemão.

Neste exato momento conto com 57 livros escritos como autora e *ghost writer*, além de roteiros para teatro e cinema. Meu maior sucesso, *Deu match*!, constou 22 semanas na Publishnews, três vezes na Revista Veja, uma no Jornal O Globo e na lista de Melhor Ficção de 2022.

Apesar de toda alegria e realização que sinto como escritora e artista, creio que o meu maior sucesso são as constantes reconstruções de quem eu sou, numa evolução da minha própria maturidade, que reflete nas relações com meu pai, minha mãe, meu filho, irmãos, amigos, conhecidos, afetos e desafetos, que me permitem sempre um posicionamento melhor, dia após dia.

Não sei como será o amanhã, mas tenho planos nos quais trabalho todos os dias, controlando a ânsia de fazer e ser mais num ritmo e velocidade que a vida não me permite. Para tudo existe uma razão, a gente é que leva tempo para compreender.

Com tantas histórias que crio diariamente, nunca deixei de ser a protagonista que mais reconheço e admiro na vida.

No fim, eu não dei *match* com ninguém naquele aplicativo, mas fiz muito mais do que o esperado: dei *match* com a vida, baby!

2

RECOMEÇO

Quando não vemos saída, tudo parece perdido e sentimos que é o fim; na verdade, é apenas um novo começo: um recomeço. É a oportunidade batendo à porta para escrever uma nova história. Se eu fiz, você também pode. Sabemos que todas as coisas contribuem juntamente para o bem daqueles que amam a Deus, daqueles que são chamados segundo Seu propósito.

ADRIANA ALVARENGA

Adriana Alvarenga

Contatos
www.humberseguros.com.br
adrianaoalvarenga@gmail.com
Instagram: @adrianaalvarengaoficial
15 99719 2327

Pedagoga formada pela Universidade Norte do Paraná (Unopar), com especialização em Psicopedagogia pela Uninter, corretora de seguros há 22 anos, sócia da Humber Corretora de Seguros, *personal & executive coaching*, analista comportamental de DISC *assessment* e *leader coach* pelo Instituto Mentor Coach (IMC) e pelo International Business Coaching Institute (IBCI). Formação em PNL pelo Instituto Claudia Lavor e *master coach* pela Febracis.

Tudo começou com o meu nascimento, no interior de São Paulo, fruto de um relacionamento extraconjugal, o que sempre me trouxe a percepção de ser um erro.

Meu pai nos deixou enquanto minha mãe ainda estava grávida. De alguma forma, eu senti essa rejeição e seu sofrimento. Por que ele foi embora?

Meses depois, ele voltou para assumir a relação e o "erro" cometido: eu! Como ele tinha duas famílias, eu não era prioridade. Entendo que, por culpa, ele acreditava que tinha que dar atenção à família abandonada, mas ele era um só. O ambiente da minha casa se tornou uma nuvem de ciúme e insegurança.

Eu entendia que o erro não era o que meus pais haviam feito, mas a minha existência, como prova do fato ocorrido. A traição em relação à primeira família e à moral e aos bons costumes.

Uma visão distorcida da realidade que todos temos pela forma como registramos os acontecimentos da vida. Nunca vemos o real, mas o mapa do mundo através de nosso olhar, dos filtros mentais que criamos para nos proteger e por característica de nosso sistema representacional predominante.

Escondemo-nos, distorcemos ou generalizamos, influenciados pelo nosso interior, com base na emoção que sentimos quando vivenciamos algo. Assim, criamos nossas crenças, verdades profundas que nos limitam, as quais representam nosso interior e nos fazem enxergar tudo à nossa volta através desse filtro.

Levei anos para compreender que pensava assim. Só convivia com os efeitos da crença limitante que carregava ao longo da vida, mas não conseguia identificá-la. E só conseguimos trabalhar com aquilo que conhecemos.

Quando trazemos algo à consciência, temos a oportunidade de ressignificar e buscar uma nova forma de pensar.

Não me sentia merecedora de muita coisa, sempre me conformando com migalhas, afinal, eu nem deveria estar ali, quanto mais ter privilégios.

Tomei a decisão de, desde cedo, ser a melhor em tudo o que fazia, como uma forma de compensar o transtorno da minha existência, e minhas escolhas eram baseadas nessa visão distorcida da vida.

Perfeccionismo e cobrança pessoal constantes, eu era implacável comigo mesma. Obviamente, as pessoas ao meu redor percebiam o efeito disso. A intolerância acaba sendo externada de alguma forma e se estendendo aos mais próximos, com um grau de exigência exacerbado, com julgamento e inquietação.

Em razão desse histórico, na adolescência não pensei em qual seria meu talento e qual carreira seguir; meu objetivo era provar meu valor, ser aceita pelo meu pai e agradar as pessoas para pertencer a algo de alguma forma.

Escolhi o curso técnico para o ensino médio mais difícil da cidade. Queria ser ótima; boa não era o suficiente. A determinação foi uma qualidade que me acompanhou e isso me ajudou a chegar onde cheguei, embora me tornasse teimosa de vez em quando.

Por tudo isso, aconteceu o inevitável: atraí relacionamentos abusivos de todas as formas. Abuso sexual aos 13 anos – sendo minha primeira experiência sexual –, agressão física e verbal aos 16, um aborto aos 19. Deixei-me iludir por homens sem valores até achar que tinha encontrado meu "salvador", aos 24 anos, e me casar.

Doce ilusão!

Emitimos o que acreditamos, e a palavra milenar do homem mais sábio do mundo diz que "assim como pensa a nossa alma, assim é". Também diz que evocamos a existência, e "o que tememos nos sobrevêm". Portanto, fique atento a seus medos e não dê vazão a eles. Mudar o foco de pensamento e se esforçar para não verbalizar o que se sente são atitudes que contribuem para que coisas boas cheguem. Sou prova viva disso. Foquei no que poderia fazer de novo para mudar minha realidade, em vez de me lamentar, me vitimizar ou deixar a raiz da amargura brotar no meu coração.

Graças a Deus, temos o livre-arbítrio!

Tomei a decisão de perdoar aqueles que me causaram mal, afinal, eles são vítimas de outras vítimas. Todos temos nossos motivos para ser como somos e fazer o que fazemos. Entendo que não cabe a mim julgar e a mágoa é a cola que me prende ao passado, me impedindo de seguir em frente. O que eles fizeram é responsabilidade deles, mas o que eu vou fazer com isso é escolha minha.

Escolhi que minha existência seria essencialmente para amenizar a dor das pessoas, ajudá-las a superar seus traumas e tornar suas vidas mais leves e felizes.

Vivi um casamento de 12 anos e meio, me sentindo frustrada, até que se tornou insustentável. Estava depressiva, sem sonhos e sem esperança, uma vez que, ao me tornar uma pessoa religiosa, tinha me aprisionado em uma situação que deveria se manter "até que a morte nos separasse"'.

Essa forma de ver a vida me aprisionou por anos e me deixou sem saber o que eu queria, do que eu gostava, quem eu era de verdade.

Hoje, considero libertador poder ser eu mesma em essência, com minhas qualidades e limitações, ser o que Deus me criou para ser única e especial.

Foi, então, que tudo mudou. Diante da minha condição emocional, decidimos – eu e meu marido, na época – interromper nossa relação.

O mundo desabou. Do dia para a noite, não tinha mais marido ou casa. A empresa em que eu trabalhava encerrou as atividades, a igreja não concordava com essa decisão; estava fora dos padrões do sistema.

Tinha duas opções: me sentar e lamentar, ou recomeçar e construir minha história do jeito que eu quisesse. Tinha uma página em branco para desenhar como achasse melhor, com as cores, tamanhos e formas do meu desejo.

Como citado por Friedrich Nietzsche: "O que não me mata, me fortalece!".

Fiz uma lista com meus sonhos não realizados e coloquei-os como objetivo de vida. Meu foco era viver um dia de cada vez, afinal, basta a cada dia seu próprio mal. Olhar para o futuro trouxe temor e precisei de força, esperança e fé; vencer apenas um dia era fácil.

Aos poucos, fui realizando meus sonhos, um a um; busquei me desenvolver de todas as formas, emocionalmente, espiritualmente e profissionalmente.

As coisas começaram a sair melhor do que eu esperava e compreendi o amor e o cuidado de Deus como um pai por mim.

Hoje sinto-me realizada e orgulhosa de tudo que conquistei e, principalmente, da pessoa que me tornei. Entendi que sou, com toda a certeza, a protagonista da minha história.

Tenho como objetivo ser inspiração e transmitir meu aprendizado. Acredito que tudo o que vivi não foi em vão, mas, sim, contribuição para o bem de outras pessoas.

Adriana Alvarenga

3

O AGIR DE DEUS POR MEIO DAS PAUSAS

Neste capítulo, você encontrará uma história na qual o verdadeiro protagonista foi Deus, ao agir, em cada momento de nossas vidas, invisível aos olhos e além da compreensão da nossa mente, ainda que em momentos de pausa, sendo um instrumento de verdadeiro amor e permitindo ver alegria na dor, encontrar um novo começo no ponto final. Enfim, uma nova vida, capaz de transformar novas pessoas em grandes protagonistas pela promessa de Deus.

ALINE REBELO

Aline Rebelo

Contatos
contato@nobriumcarreira.com.br
Instagram: @nobrium_carreira

Administradora pelo Centro Universitário Newton Paiva, com pós-graduação em Finanças Corporativas pela Fundação Dom Cabral (FDC) e MBA em Logística Empresarial pela Fundação Getulio Vargas. Certificada em Inteligência Emocional (Escola de Administradores), Autoconhecimento e Personalidade certificado pelo Dr. Ítalo Marsili em Território Humano, estudante de neurociência aplicada à psicologia positiva, uma eterna aprendiz e apaixonada pela evolução humana, especializada em Psicoterapia – Filosofia e Antropologia – além de controle da ansiedade e produtividade através de Ilhas da Estabilidade – ambos com Dr. Saulo Barbosa, em sua Especialização Cientifica. Facilitadora e orientadora de carreiras, atuou no mercado corporativo por 22 anos, no Brasil e na China, com projetos paralelos nos Estados Unidos, França e Itália, e conseguiu unir, por meio de pesquisas e vivências práticas, todas as estratégias de sucesso para um modelo de desenvolvimento de carreira com um plano de ação simplificado e acessível para um autoconhecimento em busca de sua identidade, acelerando os resultados almejados, com a fé e estruturados na espiritualidade, com leveza e amor. Idealizadora do programa Não Procure Seu Propósito!, que restaurou muitas carreiras e famílias, aplicado de maneira individual e em treinamentos empresariais. Acredita fielmente na capacidade das pessoas, no agir pelo coração em busca de sua vocação e na fé em Deus como a principal base para o sucesso.

Desde muito nova, eu entendia que o grande guia da minha vida era Deus, através de seus pequenos gestos junto a minha gratidão, ou seja, à medida que eu agradecia o poder dEle na minha vida, eu recebia seu reconhecimento. Isso me ajudou a conquistar tudo o que eu sempre sonhei e, principalmente, a ser protagonista da minha vida, sem temer quaisquer obstáculos, com a coragem de agir com o coração e sustentada pela fé.

Deus a todo momento quer nos mostrar isso, mas insistimos em seguir a vida com base somente em nossos planos e objetivos, e não naqueles que o Senhor desenhou quando nascemos. Constantemente nos esquecemos da oração que Ele nos ensinou: "Seja feita a Sua vontade". Por muitas vezes queremos exercer a nossa vontade. Eu só percebi isso quando Deus me parou, no seu agir, em um convite forçado para uma pausa, um chamado para me reconectar e pensar para onde meus caminhos estavam me levando – e entender por que esses caminhos não poderiam ser diferentes, com mais amor, mais calma, e, principalmente, mais tempo em busca da minha vocação. Aceitar esses momentos de maneira genuína e ouvir nosso Deus nos remete à busca pelo nosso autoconhecimento, fortalece nossa fé, nos faz lembrar da essência de nossa identidade. É um reencontro com sua alma na busca para encontrar as feridas e aceitar a cura.

A busca pelo autoconhecimento não deve ser algo com começo e fim, mas uma constante evolução, de encontro com seu passado e com o que te fez acreditar e construir o que tem até aqui, conhecendo-se cada vez mais e permitindo-se entender sua identidade – fazendo valer seu verdadeiro propósito, desenhado por Deus antes mesmo de nascermos.

Eu sou filha do meio de pais empreendedores do varejo e cresci em um meio em que o trabalho sempre foi uma luta diária e constante, moldando caráter e atitudes – trazia o prazer, mas também trazia renúncias em meio a escolhas que eram felizes. E eu estava decidida a seguir dessa forma, trabalhando duro, batendo metas e realizando sonhos, chegando cada vez mais alto, de modo a ter a tranquilidade financeira conquistada pelos meus pais; porém, eu queria conseguir mais cedo – e, de fato, consegui.

Quando temos metas e sonhos, a disciplina e a intensidade do nosso esforço são o caminho ideal para atingi-los. E, isso, eu consegui graças aos ensinamentos da minha mãe, junto com o conceito de autorresponsabilidade em minha vida desde muito nova, mas muito nova mesmo, talvez com uns cinco ou seis anos, junto com os compromissos escolares. São inúmeros acontecimentos que me remetem a essas lições maternas, às quais serei eternamente grata. Tenho uma lembrança muito forte do bilhete que deveria ser entregue à professora do ensino infantil a respeito da foto de formatura, da qual eu não participaria por razões financeiras na minha casa. Mas eu, sozinha, expliquei para a professora, não minha mãe. E eu não tive essa foto com a primeira beca, mas lembro que assumi a responsabilidade sem cobranças.

Lembro que busquei, aos 9 anos, uma escola de inglês para estudar e aprender – porém, o curso nunca existiu e eu mesma ligava dia sim, dia não cobrando quando minhas aulas começariam. Quando eu vi que não daria certo, pedi para minha mãe para me matricular em uma escola em outro bairro e, aos 11 anos, eu ia sozinha de ônibus estudar uma segunda língua.

Foi nessa época, também, que fui sozinha à igreja ao lado da minha casa, me matricular no catecismo, e em que fazia eternas negociações com a Romilda, inspetora do meu colégio, para me deixar fazer as provas de segunda chamada por causa das férias com meus pais, que ocorriam somente na semana de Carnaval. Era só naquela semana que meu pai se permitia ter férias, para não ficar longe do seu negócio. E era nessa mesma semana que eu perdia as provas e, como não tinha atestado, ou a escola aceitava aplicar a segunda chamada pelo meu desejo de fazer dar certo ou eu ficava com zero. E o zero, definitivamente, eu não aceitava. Também está muito presente em minhas lembranças meu planejamento para estudar em uma escola melhor durante o ensino médio e, por fim, conquistar uma bolsa de estudos em cursinho para estudar para o pré-vestibular. Minha mãe me dava e cobrava essa autonomia. Orientava, apoiava meus sonhos e coordenava minhas atitudes, mas a ação era minha. E, assim, nascia ali aquela protagonista de mim mesma, em busca de um molde perfeito à procura do sucesso – sabendo, desde sempre, que se não fosse eu por mim, ninguém seria.

Não preciso lembrar que o sucesso tem um conceito muito particular e diferente para cada um de nós!

Em meu primeiro semestre de faculdade, aos 18 anos, eu consegui meu primeiro emprego após a aula, das 12h às 20h, todos os dias. Era a única maneira de trabalhar, já que eu estudava pela manhã e, naquela época, os estágios eram de oito horas. Estudar à noite ainda não era uma opção que meus pais permitiriam àquela altura, mas eu também não pensava em ficar a tarde toda em casa assistindo à televisão. Então resolvi esse problema buscando esse desenvolvimento em troca de uma bolsa de estudos. Após o fim de expediente, às 18h, eu ficava ali mais duas horas, cumprindo a carga horária. Ao final do segundo ano de faculdade, para buscar um emprego melhor, tive que mudar meu horário de estudo para a noite. Naquele momento, eu já tinha um carro e carteira de motorista, o que me ajudava na mobilidade entre casa, trabalho e faculdade.

Consegui um estágio melhor, conquistei o primeiro lugar de vendas na Amcham Brasil em 2002... e, depois, um emprego com carteira assinada, ainda estudando na faculdade. Foi uma época extremamente dura e cansativa. Além das aulas noturnas, tinha aulas aos sábados. Muitas horas por semana fora de casa – eu saía as 6h e retornava às 23h30 –, com muito aprendizado, mas, quando vejo as pessoas dizendo que sentem falta da faculdade, eu nunca senti, de verdade. Sempre foi muito difícil estudar depois de um dia inteiro de trabalho, assim como acontece com milhares de outros jovens.

Dois anos após minha formatura, consegui um emprego em uma indústria de joias que me permitiu viajar o mundo, conhecer e aprender como viver e me comportar no mundo do luxo. Eu fazia 11 viagens internacionais por ano, conheci países que eu jamais imaginaria, e eu não tinha nem 25 anos naquela época. Quando eu senti que queria criar raízes, me casar e ter filhos, ingressei na indústria automobilística como analista de compras e ali fiz minha carreira, crescendo ano após ano. Casei-me, fui transferida para a China, retornei, tive filhos e cheguei ao cargo mais alto de gestão antes da vice-presidência. Um feito, um marco em minha vida.

Logo em seguida, recebi um convite para ingressar em uma das maiores siderúrgicas do país. Uma chance de buscar o novo e aprender mais. Aceitei a proposta e fiquei lá por mais dois anos. Durante esse período, descobri que estava com alguns nódulos nas mamas, que precisavam ser retirados imediatamente, e assim, aos 41 anos, passei por uma cirurgia que por si só nos afeta física e emocionalmente: a possibilidade de um câncer de mama bateu à minha porta.

É exatamente aqui que Deus traz seu agir de maneira silenciosa na busca de uma pausa em minha vida; nesse momento eu fui desligada por três mulheres da empresa em que trabalhava – exatos 60 dias depois da minha cirurgia para retirada dos nódulos cancerígenos, a única via para evitar o desenvolvimento de uma doença. Elas eram mães, mulheres, tinham dores e conheciam as minhas dores – cada uma ali à sua maneira mais dura e rígida, sem um abraço ou uma palavra de apoio na reunião, uma delas levantou-se em menos de três minutos, sem dizer adeus ou um "conta comigo". Em tempos de inclusão e diversidade, nós, mulheres, ainda enfrentamos preconceitos e duras batalhas no mercado de trabalho.

As justificativas – uma reestruturação da área, minha falta de disponibilidade de mudança para outra cidade, apesar de ter minha *performance* reconhecida e o total suporte da empresa, com portas abertas a todo momento – pouco importavam ali. Minha opção sempre declarada de ficar na minha cidade, junto aos meus filhos, não se encaixava no novo formato. Mulheres deveriam apoiar umas às outras, tentar ajudar, dar as mãos e unir-se cada vez mais. Mas Deus estava agindo ali, ainda que eu não conseguisse perceber – e isso acontece com muitos de nós –, pois me retirar de um lugar de trabalho onde o cuidado com a saúde não é valorizado é um carinho do Pai e isso Ele fez com muito amor. Aquelas três mulheres obviamente não causaram esse impacto positivo em minha vida, mas, de uma certa maneira, tiveram um impacto transformador.

Foi esse momento que me acendeu, novamente, a chama de trabalhar somente com pessoas, por pessoas e para pessoas. Às vezes, é no deserto que encontramos a libertação, e só passa pelo deserto quem foi salvo. E eu não tenho dúvidas de que foi Deus agindo nessa pausa, me mostrando que eu sou a protagonista da minha vida ao lado dEle – autor principal do meu destino.

Se por anos eu entendia exatamente meu propósito de impactar positivamente a vida das pessoas, dos meus liderados, dos fornecedores, daqueles ao meu redor por intermédio das minhas negociações, agora estava claro que não seria mais por intermédio das minhas negociações dentro de uma empresa. Deus me capacitou por anos, e seria a partir daquele momento, diretamente junto a essas pessoas – homens e mulheres –, transformando a vida de cada um em Deus, na sua fé e espiritualidade, e no autoconhecimento, e ajudando, passo a passo, na elaboração de um plano de vida e não somente de carreira – por meio de uma conexão direta, humana e cheia de amor. Seria dando a mão, caminhando juntos e permitindo viver a jornada – porque, mais do que chegar lá, o importante é quem vai com você, e eu queria acompanhar mais e mais pessoas – servindo e levando meu conhecimento, ensinando-as a aproveitar o caminho, acreditar na trajetória e não buscar atalhos.

Esses momentos de perda (no meu caso, a demissão), por mais doloridos que sejam, são também um agir de Deus. Somente quando temos a real consciência de que não somos tudo que pensamos e enxergamos nossas mazelas, nossas fraquezas e nossas vulnerabilidades, é que Deus trabalha profundamente em nós. São durante essas crises – em que por vezes não entendemos e buscamos incansavelmente questionar a Deus – que não conseguimos enxergar com nossos olhos naturais, que Ele nos ajuda, com calma, a ver que, sempre, Ele está cuidando de absolutamente tudo.

Ao ser desligada por aquelas mulheres que conheciam minhas dores e meu tratamento, minha primeira ação foi desistir da minha carreira e meu erro foi não entender o presente que Deus estava me dando. Porque a gente insiste em não parar, respirar e pensar e deixar que seja feita a Sua vontade. Ali, Deus abria uma porta para eu seguir o propósito que ele desenhou para minha vida: o de transformar pessoas, mas, agora, diretamente com minhas ações e não mais por intermediários, me proporcionando uma gestão melhor do meu tempo junto à minha família. No dia que eu saí, uma querida amiga me disse: "Coragem, Deus não erra nos planos". E Deus também falava aos meus ouvidos naquele momento: "Deixa eu ser protagonista da sua vida? Você deixa?".

Em 22 anos de carreira, foram mais de 120 pessoas impactadas diretamente e, se Deus me permitiu, outras tantas indiretamente. Mais de 1.200 pessoas impactadas todos os dias com meus textos e aulas de carreira na internet, transformando-as com uma palavra amiga, um ombro ouvinte ou uma promoção, um desenvolvimento de carreira, um ensinamento, uma semente plantada na busca do crescimento. Era isso que me transformava e me alimentava – ainda que, para isso, eu atuasse diretamente nas negociações de grandes empresas junto a outras grandes empresas. De lá para cá, nunca mais parei.

Essa semente esteve sempre em meu coração, e foi no pausar de Deus, com Seu presente de me fazer parar, pensar e respirar – e, assim, poder viver no Seu agir, conectando-me cada vez mais com Ele –, que meu sonho se fez ainda mais real, tornando possível viver minha vocação. Na dor, me fortaleci nEle, confiei no que Ele estava guardando, trazendo toda minha experiência para um novo momento da minha carreira e exercendo meu propósito de fato e real, na essência da minha identidade – ajudando cada vez mais pessoas a

Aline Rebelo

se encontrarem em suas carreiras, a se conhecerem primeiro, a curarem suas dores e a estarem abertas ao agir de Deus, respeitando as pausas e o tempo. Tudo no seu tempo.

Dali em diante, mais pessoas foram impactadas em uma jornada de conhecimento e paz, conexão consigo mesmas e momentos diários com sua espiritualidade e fé.

Eu facilito esse processo na vida de cada pessoa que busca viver essa jornada comigo. Eu parei na dor, mas você pode parar ainda no amor; basta ouvir a voz de Deus e seguir a vida nesse lugar de confiança, de fé, junto a sua espiritualidade e, para isso, você pode contar comigo.

O caminho é lindo! Acredite!

Com amor, Aline.

4

DE VÍTIMA DAS CIRCUNSTÂNCIAS A AUTORA DA MINHA PRÓPRIA HISTÓRIA

Toda mudança positiva – todo salto para um nível maior de energia e consciência – envolve um ritual de passagem. A cada subida para um degrau mais alto na escada da evolução pessoal, devemos atravessar um período de desconforto, de iniciação. Eu nunca conheci uma exceção.
DAN MILMAN

Você atrai aquilo que você vibra. Tudo começa em você.
A expansão de consciência é um processo lento e contínuo que exige comprometimento e disciplina, porém permite a criação de uma realidade mais próxima de nossas expectativas.

ANDRÉA AMBRÓZIO

Andréa Ambrózio

Contatos
Instagram: @deh_vanglioli
@cantinhodezemoreno
Facebook: dehvanglioli
cantinhodezemoreno

Formada em Administração de Empresas pela FEI e pós-graduada em Gestão de Pessoas. Formada em Psicanálise Clínica pela Escola Paulista de Psicanálise, atuou como professora universitária por mais de 10 anos. Espiritualista e estudante do universo quântico, atualmente atua como psicanalista e terapeuta holística, auxiliando na integração de corpo, mente e espírito. Sacerdotisa de umbanda, atua como dirigente espiritual do templo de umbanda Cantinho de Zé Moreno.

Desde muito cedo, aprendemos muitas coisas. Aprendemos todos os dias alguma coisa nova, desde práticas simples até outras mais complexas, mas dificilmente aprendemos a lidar com nossos pensamentos e nossas emoções. Isso não é algo que se aprenda em casa ou na escola. Vivemos na chamada "era do conhecimento" sem ao menos entender a forma como processamos nossas emoções e como lidamos com nossos relacionamentos, afinal, a forma como conhecemos a nós mesmos é a base para todas as nossas interações sociais.

A sociedade moderna em que vivemos gera, em nosso íntimo, uma necessidade incessante de corresponder às expectativas que nos são projetadas e isso faz com que cobremos mais de nós mesmos. Tornamo-nos escravos do que esperam que sejamos. Condicionamo-nos a olhar para fora e não nos damos conta do que se passa dentro de nosso íntimo. Desconhecemos quem somos e o que sentimos e, por isso, somos escravos de algo que possui uma força que também desconhecemos. Quantas vezes nos permitimos uma pausa para nos perguntar o que estamos sentindo?

Somos resultado de nossas vivências, de nossas experiências, sejam elas enriquecedoras ou traumáticas. Tudo o que vivemos e as pessoas com as quais interagimos, desde a nossa mais tenra idade, são a base orientadora de nossas ações e reações, assim como de nossas emoções e de nossa forma de pensar. Mas isso não pode ser responsável por nos fazer vítimas de nossos pais, familiares e colegas ao longo de nossa vida. Precisamos estar conscientes de que necessitamos de um choque de lucidez para sermos protagonistas de nossas vidas e donos de nossos destinos. E isso tem um ponto inicial, que é o autoconhecimento.

O autoconhecimento é uma jornada em direção a nós mesmos que pode ter inúmeros pontos de partida. Muitas são as possibilidades de descobrir esse novo olhar de forma amorosa e mais acolhedora. Meditação, processos terapêuticos e psicoterapia são exemplos de práticas que nos permitem maior conexão com a nossa essência.

Andréa Ambrózio

Minha proposta aqui é apresentar a possibilidade de cocriar uma realidade a partir de um processo de transformação da mente, que impede a atração de situações desagradáveis, desgastantes e repetitivas, favorecendo a criação de um padrão com maior possibilidade de atração de coisas novas e positivas, afinal, o universo é abundância!

Somos seres vibracionais e, segundo a física quântica, tudo o que acontece é energia. Cada pensamento, cada sentimento, equivale a uma vibração específica que, de forma geral, é possível definir como vibrações positivas e negativas.

Segundo o Dr. David R. Hawkins, as emoções humanas se apresentam em uma escala evolutiva que ele mesmo elaborou para ilustrar essas emoções. A chamada Escala Hawkins ordena, de forma muito simples, as emoções humanas, da mais negativa para a mais positiva. Com esta ilustração, podemos mapear nossos comportamentos e despertar o desejo de buscar o autoconhecimento, para que possamos ser mais responsáveis pelas vibrações que emanamos.

ESCALA DAS EMOÇÕES

700+	Iluminação
600	Paz
540	Alegria
500	Amor
400	Razão
350	Aceitação
310	Boa vontade
250	Neutralidade
200	Coragem
175	Orgulho
150	Raiva
125	Desejo
100	Medo
75	Tristeza
50	Apatia
30	Culpa
20	Vergonha

Fonte: www.empatas.com.br.

A Escala Hawkins traz alguns dos principais sentimentos e sua equivalência vibratória em Hertz. Por meio dela, podemos ter melhor compreensão do nosso próprio estado de consciência e, dessa forma, entender o que estamos vibrando e, consequentemente, o que estamos atraindo para nossas vidas. Podemos usar essa escala como base para o início de uma profunda transformação em nossa vibração, a partir da estruturação consciente do pensamento.

Repetidas vezes, tentamos lutar contra nossas emoções porque acreditamos que esse é o caminho para eliminarmos o sofrimento de nossa vida, porém demoramos a entender que esse caminho somente favorece que essa emoção mal significada se fortaleça ainda mais. Assim, qual seria o caminho para a libertação da dor? Seria possível doutrinar nossas mentes para que estejamos conectados, em grande parte, com sentimentos bons e enriquecedores? A resposta é que o caminho a ser percorrido não é tão simples e tampouco acontece de um dia para o outro.

Uma sugestão para sair do patamar de vítima é o caminho para o autoconhecimento. Quantas vezes conseguimos entender com clareza se o que estamos sentindo é raiva, culpa, tristeza ou mesmo quando esse sentimento traz bem-estar? Somos capazes de entender com clareza o que sentimos em nosso íntimo?

Somente quando estamos dispostos a percorrer o caminho que nos leva em direção a nós mesmos podemos identificar, de forma mais assertiva, o que sentimos e, consequentemente, conseguimos identificar os padrões vibratórios que circulam em nosso campo eletromagnético e que são responsáveis por tudo o que é atraído para nossas vidas em forma de vivências e experiências.

Por mais que o mundo moderno tenha proporcionado muita facilidade à nossa rotina, devido à rapidez da tecnologia, que traz comodidade e fácil acesso a diversas informações por meio apenas de um toque; em contrapartida, o modo automático de pensamento se instalou. A lógica de raciocínio, o bom senso e até mesmo as relações interpessoais seguem regras ditadas pelas mídias sociais e podem nos condicionar por caminhos distantes da nossa própria essência.

O despertar poderia seguir a exatidão de uma fórmula matemática, mas ele depende do quanto a necessidade de mudança é maior em relação ao conformismo de uma vida aquém da plenitude que merecemos viver. Mesmo assim, podemos realinhar a rota de nossos hábitos para que possamos extrair o melhor que a vida pode nos oferecer. Com disciplina e disposição, somos capazes de não só dar início a essa nova maneira de ser, mas, também, de manter nosso propósito de mudança em harmonia com nossos objetivos.

Andréa Ambrózio

No caminho do autoconhecimento, a disciplina pode ser uma grande aliada, pois pode nos ajudar a manter o foco, para que possamos manter nossa mente mais equilibrada. Uma nova atitude, muito positiva nesse sentido, é prestar atenção aos nossos hábitos que constituem uma rotina de comportamento, ou seja, é o modo regular de desempenhar uma atividade.

Você já parou para analisar que músicas você ouve, a que programas assiste, quem são as pessoas mais próximas a você? São aspectos importantes a serem observados por quem quer assumir o controle da própria vida. Você sabia que, segundo a neurociência, somos a média das cinco pessoas com quem temos um relacionamento mais próximo? Então, se você se relaciona com cinco pessoas de sucesso, você é a sexta! Você está atento à sua média? Está sendo responsável com relação às músicas que ouve, assim como a todo conteúdo ao qual tem acesso de forma consciente? Quantas vezes somos "contaminados" por tudo o que está a nossa volta, mas não nos damos conta disso?

Somos movidos por crenças que se encontram enraizadas em nossos inconscientes e que influenciam a interpretação de tudo o que acontece conosco. Muitas dessas crenças são equivocadas no que dizem respeito ao funcionamento misterioso do universo, mas podem ser responsáveis pela criação de pensamentos e sentimentos que trazem bloqueios e estagnação para nossa vida. É importante que lembremos, sempre, de que tudo o que pensamos, sentimos; tudo o que sentimos, vibramos; tudo o que vibramos, atraímos. Todos temos o poder de mudar nossa realidade, mas, para isso, precisamos desenvolver uma mente quântica. Tudo que existe é formado por átomos, cujo interior é, em grande parte, vazio. Tudo que é físico em nossas vidas é composto de campos energéticos ou, em outras palavras, de partículas subatômicas que estão em um estado de onda enquanto não são observadas. Dessa forma, são "tudo ou nada" até que sejam observadas, e é justamente isso que explica que tudo o que existe na nossa realidade física existe como puro potencial e possui uma vibração energética específica. Assim, somos capazes de colapsar uma infinidade de realidades possíveis. Se você imaginar um acontecimento em sua vida e a esse acontecimento for capaz de vibrar na frequência correta, essa realidade já existe como possibilidade no campo quântico, esperando que você a observe. Se sua mente é capaz de influenciar o aparecimento de um elétron, em teoria também pode influenciar a aparição de qualquer possibilidade!

Há uma infinidade de possíveis ondas eletromagnéticas que já existem como um padrão de frequência de energia. Assim, se você for capaz de ajustar sua frequência àquilo que você deseja, será capaz de criar um campo eletromagnético compatível com esse potencial no campo quântico da informação. Mas, para que isso aconteça, é importante ressignificar crenças limitantes, pois a mudança exige coerência, uma vez que alinha pensamentos e sentimentos.

Quando se fala sobre a vibração para a realização de sonhos e de mudanças positivas, as ondas de um sinal são muito mais potentes quando são coerentes e o mesmo ocorre quando seus pensamentos estão alinhados com seus sentimentos. Dessa forma, entendemos que, ao ter pensamentos claros e centrados em seu objetivo, acompanhados por uma forte sugestão emocional, você pode transmitir um sinal eletromagnético capaz de atrair uma realidade mais compatível com a que deseja. Esteja atento para que seus pensamentos estejam em harmonia com seus sentimentos, caminhe sempre em direção a você e a todo o potencial de conquistas que vibra em você!

Somos um campo de energia. Só que visível.
ALBERT EINSTEIN

5

DO CINZA DA TRISTEZA ÀS CORES DA FELICIDADE

De uma alma livre e de grandes asas, me vi presa em uma gaiola de ouro que julguei ser a felicidade. Neste texto, mostro minha jornada pelo cinza até o reencontro comigo e com minha liberdade pela arte, que trouxe as cores e a vida de volta para um novo voo.

ANDRÉA ARAÚJO

Andréa Araújo

Contatos
andreardearaujo@gmail.com
Instagram: @andreaaraujo.art
13 99709 3378

Graduada em Artes Plásticas (Escola Panamericana, 2018) e Publicidade e Propaganda (Faculdades Metropolitanas Unidas - FMU, 1995). Autora do livro *A vida em todas as cores* (Literare Books International) e coautora do livro *As donas da p****toda: celebration*. Cursos: *Creativity Masterclass* 1, 2 e 3 (MAM, ministrado por Charles Watson, São Paulo, 2017 e 2018); História da Arte Moderna (MAM, São Paulo, 2018); Mulheres Pintoras Através dos Tempos (Ateliê Oficina FWM de Artes). Principais exposições: "Eco Estação Cultural Olímpia". Coletiva. Olímpia/SP, 2021; "Fluxo". Individual. Pinacoteca Benedicto Calixto, Santos/SP, 2019; "A Diversidade e pluralidade da arte contemporânea". Coletiva. 25º Salão de Arte de Praia Grande/SP, 2018; "Artes plásticas novos talentos 2018". Coletiva. Escola Panamericana, 2018; "Desafio criativo Canson". Coletiva. Premiação: Menção Honrosa. Escola Panamericana, 2018; "TodoMeuSer". (Individual). Studio Dalmau, São Paulo/SP, 2018; "Muretas na cidade". (Coletiva). Projeto Santos Criativa 2ª edição. Jardim da Praia, Santos/SP, 2017.

Hoje, dois anos depois do turbilhão que a minha vida se tornou, sinto o sol queimar a minha pele, olhando para o mar enquanto penso no caminho que fiz até sentir essa tranquilidade novamente; me pergunto como pude esquecer, por tanto tempo, o quanto eu gosto de sol, de praia e de entrar no mar, mesmo gelado.

Perco-me em meus pensamentos...

Naquele momento, tudo era cinza ao meu redor, o pranto e a tristeza eram meus companheiros, e o uísque, meu parceiro, na tentativa de aliviar aquela dor imensa que dilacerava meu peito e minha alma.

Meu corpo doía, gritava por socorro e eu não conseguia me mover; continuava ali, afundada naquele sofá, olhando para o nada, esvaziando as garrafas da prateleira e chorando, completamente apática, sem vida, dia após dia.

Como pude chegar a esse lugar? Como saio daqui?

Foi um dos períodos mais difíceis da minha vida; eu não sabia mais quem eu era, o que eu queria, o que faria; logo eu, que me achava tão dona de mim, tão forte, estava ali, à base de remédios e álcool, tentando achar respostas em meio a um turbilhão de sentimentos, dores, mágoas e culpa. Sim, eu ainda me sentia culpada pelo sonho acabado, me perguntando o que eu poderia ter feito melhor, onde eu havia errado, quando a porta se fechou e ele se foi.

Nasci em uma família simples e de mulheres fortes, fui uma criança feliz, brinquei na rua, tomei banho de chuva, chutando as poças d'água, gostava de parquinho, pizza e sorvete, mas, geniosa desde cedo e diferente da maioria, não gostava de brincar de casinha ou de bonecas; preferia brincar com os meninos, correr ao ar livre. Comecei a namorar cedo e minha mãe era minha parceira para esconder do meu pai.

Andréa Araújo

Como entender aquela criança precoce naquele tempo?

Sorrio e me emociono, olhando para as ondas do mar.

Cresci e, no começo da adolescência, mudei-me para uma cidade maior e mais moderna, cheia de turistas. Eu era a caipira ali, mas sempre me adaptei e não seria essa ruptura com o que eu entendia por raízes que seria diferente; me enturmei. Fui uma adolescente audaciosa, com cara de menina, mas a cabeça muito à frente da minha idade. Sempre gostei de arte desde pequena, aprendi a desenhar sozinha e a pintar com a minha avó paterna, ainda na infância. Era estudiosa e namoradeira, sempre gostei de sair e, apesar da rigidez do meu pai, eu burlava os limites, sempre com a ajuda da minha mãe, santa mãe de cabeça aberta. Comecei a trabalhar na lojinha de artesanato da família e descobri que independência era uma palavra de significado muito importante para mim. Descobri o prazer que meu corpo podia me dar em um namoro que as famílias acreditavam que seria casamento, mas eu queria viver a vida e o namoro terminou. Os amores acumularam-se; eu era uma apaixonada.

— Ai, Deus, coitados dos meus pais!

Então, veio a faculdade, e lá fui eu estudar na cidade grande. Eu queria sair de casa, ter meu espaço, fazer o que eu quisesse, queria ser livre, e era. Trabalhava e estudava, mas vivia. A noite era o meu templo; sempre gostei dos bares, discotecas e festas... de dançar até o dia nascer e de beber. Não me apegava a nada. Nem sempre ia para casa nos fins de semana: os conflitos com meu pai eram enormes, pois ele não conseguia entender aquele ser tão diferente do que ele sonhou, a tal mocinha para casar e criar uma família. Eu me vestia somente de preto e ele dizia que eu estava sempre com a mesma roupa, mas eu era *clubber*, uma amante da vida noturna.

Terminei a faculdade de publicidade e voltei para o ninho. Resolvi voltar a pintar, montei uma loja-estúdio, comecei a estudar Design de Interiores e, por fim, resolvi fazer Artes Plásticas, mas o destino tem suas reviravoltas e uma proposta de um amigo me levou para a Itália.

Lá fui eu trabalhar em um restaurante, deixando para trás tudo o que eu conhecia, sem saber uma palavra em qualquer outra língua. Em um domingo quente de Carnaval, saí do Brasil e fui parar no inverno europeu, com malas extraviadas, para encontrar pessoas que eu nunca havia visto. Senti-me em casa, como se eu pertencesse àquele lugar. Mesmo as neuras, as dúvidas e os medos do meu pai não tiraram a minha paz. Como era linda a neve! Passei por vários lugares, os perrengues e trapalhadas não foram poucos, e o verão chegou no litoral de Veneza... Novos amigos, novos trabalhos e um novo amor. Apaixonei-me e em poucos meses eu ia casar, então descobri que estava grávida. Porém, quando fui contar a ele, soube que estava com outra pessoa, e então tive que tomar a decisão mais difícil e que por muito tempo assombrou a minha vida: fiz um aborto e resolvi voltar para o ninho. Doeu, e como doeu.

Você não fazia ideia do que era dor, Andréa!

Como o ser noturno que sou, resolvi trabalhar com isso e fui estudar para ser *bartender*. Noite, estou de volta! Como eu amava minha coqueteleira, a maquiagem, o *glitter*, as plumas e meu apito... De uma discoteca para outra, deparei-me com aquela luz que cega, aquele sentimento que faz as pernas tremerem e faltar o ar: apaixonei-me por quem não deveria. Ele era casado, mas a paixão nos tomou de assalto. Resisti o quanto pude, pois isso feria minhas crenças e meus conceitos, mas foi em vão. Nossos olhares nos entregavam, respirávamos um ao outro, era algo incontrolável e fulminante e, contra tudo e todos, o amor venceu.

Um verdadeiro conto de fadas, o príncipe e a plebeia, fomos morar juntos e, apesar das diferenças dos nossos mundos, culturais, familiares e financeiros, tudo era perfeito; nos entendíamos, nos encaixávamos. Não demorou muito e engravidei do nosso primeiro filho: veio um menino lindo, loiro, de olhos azuis, saudável, sorridente e de bochechas rosadas. Meu marido na época foi o melhor pai que eu poderia imaginar: trocava fraldas, fazia dormir, acordava para dar mamadeira. Não demorou muito e engravidei da nossa filha, aí meus medos vieram fortes, pois sempre acreditei na justiça divina e a sombra daquele aborto me perseguiu por toda a gestação. Para piorar, sofri três acidentes, em um deles capotamos de carro, mas ela veio ao mundo saudável, linda e assustada.

Fomos a família feliz de filme, mas, cada dia mais, tive que me adaptar ao mundo e à realidade glamorosa dele, e assim o fiz, por amor. Nossa vida era alegre: brincadeiras no tapete da sala, passeios, viagens, festas... A felicidade estava sempre entre nós.

O tempo passou, as crianças começaram a crescer e eu passei a ter mais tempo para pensar, mesmo com os compromissos e as atribulações do dia a dia. Algo começou a me incomodar, a fazer falta, um vazio sutil começou a se instaurar em minha alma, mas eu não entendia o que era. A adolescência dos filhos estava chegando e nossas diferenças – minhas e do meu marido – começaram a se fazer presentes na forma de pensar e de educar. Sentia-me

Andréa Araújo

presa, amarrada, sufocada, perguntava-me onde estariam as minhas asas, que já haviam sido tão grandes e livres.

Adoeci, emagreci, fiquei apática, fraca, sem vida e sem brilho. A pele cheia de feridas, restrições alimentares, dores pelo corpo todo. Meses a fio de médicos, exames e nada de diagnóstico. Confesso que ele se preocupava comigo dia e noite, tentava me tirar daquela bolha, mas nada fazia a vida voltar ao brilho dos meus olhos. Anos se passaram até eu descobrir, por fim, que era a depressão, que trouxe com ela a psoríase, a fibromialgia, o vitiligo, o risco de trombose pela síndrome antifosfolípide e a artrite psoriásica, minha turma de doenças autoimunes; veio com elas, a necessidade de medicação diária e visitas regulares a reumatologistas. Eram altos e baixos entre a alegria e a apatia.

Resolvi voltar a estudar, pensei em Design de Interiores novamente, mas as Artes Plásticas pulsaram mais forte. O cheiro da tinta fez o sangue correr nas veias novamente e algo acendeu em mim. Após tantos pedidos a Deus para me levar e do profundo desejo de morrer, a vontade de viver voltava e eu me dediquei aos estudos e à pintura. Por outro lado, doenças nas nossas famílias e alterações do dia a dia começaram a ser mais intensas. As cobranças diárias eram muitas e comecei a me sentir cansada, mas feliz por fazer algo que eu tanto amava. Os filhos já não exigiam dedicação integral e, com muita terapia, comecei a enxergar que eu existia na engrenagem familiar, não só como esposa ou mãe, mas também como pessoa, como mulher, e a sensação de sufocamento aumentou. Se por um lado eu brilhava, por outro eu sentia aquele que era meu parceiro se distanciar. Eu me realizava e ele se afastava, meu mundo colorido era ininteligível para ele. Então, vieram mais cobranças com a casa, os filhos, o casamento, as reclamações sobre o corpo, o cabelo, a comida, até o cheiro do xampu. E, aí, o cinza se apresentou, as dores voltaram, as feridas, as discussões, os desencontros e, por fim, o silêncio total. Somente monossílabos e tudo ficou preto, até a conclusão de que precisávamos de terapia de casal, algo em que eu não acredito, mas abracei. Foram meses de tortura e discussões semanais, e choro, muito choro. Afundei no meu precipício atrás de respostas que eu não encontrava e ele não sabia dar. Remédios para equilibrar, mais terapia e a luz se apagou, a porta se fechou e ele foi embora depois de duras verdades virem à tona.

E agora, meu Deus? O que vou fazer?

Afundei-me no sofá, com as garrafas de uísque e as lágrimas. Eu era um farrapo humano em frente ao espelho, não sabia mais quem era, do que gostava ou o que queria... Mais terapia, massagem tântrica e muito diálogo comigo mesma. Eu não me sentia nem sequer mulher. Mergulhei nas minhas profundezas até o dia em que resolvi me levantar do sofá e sair, sozinha. Com ele, foram-se também os amigos e 19 anos de vida. Eu não tinha ninguém para quem ligar.

Timidamente, fiz amigos, comecei a sair novamente e a vida voltou a ter cores, pálidas a princípio, mas a minha fome de vida ganhou corpo e as cores tornaram-se intensas, brilhantes e infinitas. A rua era minha casa, a arte, minha coluna, e meus filhos, a força que me empurrava para a vida. Toda a minha intensidade voltou como um turbilhão e voltei a ser infinita e intensa, apaixonada, verdadeira. Eu mesma, protagonista de mim e da minha vida. Energética, conturbada e frenética, nada mais era cinza, nem tabu, nem apatia. Lembrei dos meus gostos e prazeres antigos e descobri novos gostos, lugares, pessoas, bocas e corpos.

— Estou viva! Eu sei dançar! Eu amo sol!

Hoje, com a pele sob o sol, sei o que quero e não quero na minha vida, aquilo que não me permito mais fazer por ninguém, estou em paz e feliz em estar comigo. Sim, tenho o prazer da minha companhia, do meu silêncio, das conversas comigo mesma... Rio, gargalho, sozinha. Sou mais leve, não me cobro, o tempo todo, o cumprimento de tarefas e compromissos. Transformei as dores e as tristezas em cores e letras. Sei que a vida não termina com o fim de um sonho, que novos sonhos virão e que tenho serenidade e maturidade para vivê-los sem me perder de mim. Acredito no amor, mas não abro mão de mim; conheço e aceito as minhas asas e a liberdade que elas me dão.

Admiro o vai e vem das ondas do mar.

— Gaiola, nunca mais! Obrigada, Universo! Voa, Andréa!

6

COMO SONHAR ALTO MUDOU MINHA HISTÓRIA

Neste capítulo, você vai encontrar uma história real, de uma menina pobre com uma realidade difícil como a da maioria dos brasileiros, mas que sonhava alto e que, em meio a tantas adversidades, contrariou as estatísticas e superou dificuldades e perdas, tornando-se uma empreendedora de sucesso.

ANDREIA PEREIRA

Andreia Pereira

Contatos
www.andreiapereiraadv.com
andreiapereira_@adv.oabsp.org.br
Instagram: @andreiapereiraadvocacia
11 93805 2851
+647 608 0908

Advogada graduada pelo Centro Universitário das Faculdades Metropolitanas Unidas (FMU), com pós-graduações em Direito do Trabalho e Processo do Trabalho pela instituição Damásio Educacional, em Direito da Seguridade Social – Previdenciário e Prática Previdenciária e em Gestão, Tecnologia, Empreendedorismo e Marketing Digital Jurídico pela Legale Educacional. Pós-graduada em Direito de Família pela instituição Legale Educacional. Especialização em Direito de Família na Universidade de Direito de Coimbra (Portugal). Certificada em Advocacia das Sucessões – Inventário e Partilha pela instituição Legale Educacional e certificada em Direito de Família – Excelência em Alimentos e Divórcios.

O que fazer quando nossa realidade de vida é muito diferente da que você deseja?

Eu era uma menina, filha de pais que não completaram o ensino médio, mas que eram pessoas sábias e amorosas. Minha referência de vida sempre foi minha mãe, uma mulher forte, corajosa e destemida. Ela me ensinou a nunca duvidar de mim mesma e a nunca desistir, pois tudo que eu me dispusesse a fazer seria possível.

Nossas condições financeiras eram mínimas. Morávamos em uma casa de um cômodo, com um banheiro do lado de fora, que era compartilhado com as outras casas do quintal. Lembro-me que, em meio a tantas dificuldades, eu sonhava alto e era feliz: tinha um pai amoroso, a melhor mãe, a melhor irmã que alguém poderia ter e as melhores tias.

Quando não podíamos pagar por um cachorro-quente, eu comprava o pão com molho e sonhava em frequentar os melhores restaurantes e cafeterias.

Quando não podíamos ir à Praia Grande, eu sonhava com viagens internacionais. Quando eu não era vista pela sociedade, por ser apenas uma garota pobre, preta e filha de pais sem estudo, eu sonhava em ajudar muitas crianças.

Naquela época, eu já sabia que seria advogada.

Já na adolescência, comecei a realizar serviço voluntário em uma instituição de abrigo para adoção. Como aquilo me fazia bem! Depois, ia para casa tomar chá da tarde (que tinha que ser na xícara).

Ainda bem jovem, comecei a trabalhar. Fiz estágio em banco, trabalhei em telemarketing, vendi seguros, trabalhei em bingo e, em todos os lugares, eu sempre buscava ficar no setor de vendas, assim tinha a possibilidade de aumentar minha renda.

Sabia que trabalhar para os outros não me levaria aonde desejava ir, então comecei a comprar bijuterias para vender e repassar para amigas venderem e ganharem comissão. Assim, nascia uma empreendedora.

Andreia Pereira

Nessa fase, em que eu e minha irmã já estávamos trabalhando, conseguimos nos mudar para uma casa de dois cômodos e com banheiro dentro. Algum tempo depois, nos mudamos para uma casa com três cômodos; que alegria foi poder ter uma sala e um sofá!

Cada conquista, por menor que fosse, era comemorada com alegria. Sabia que estava longe do que eu sonhava, mas me apegava ao fato de não estar parada no mesmo lugar.

Ainda jovem me casei e tive dois filhos, que são minha vida: Phelipe e Rafaella. Sofri uma avalanche de críticas, todos diziam que seria impossível ir mais longe, pois meus filhos me impediriam de realizar qualquer coisa. Ainda bem que nunca me importei com tais críticas, sempre fui teimosa e confesso que não acho isso um defeito. O que todos achavam que me paralisaria foi justamente o contrário: com a chegada deles, tornei-me mais forte e meus sonhos aumentaram. Mais do que nunca, eu precisava realizar tudo o que já tinha definido lá atrás.

Minha mãe e minha irmã sempre foram as maiores apoiadoras dos meus sonhos. Talvez porque elas sonhavam tão alto quanto eu.

Todos diziam que minha mãe criava a mim e a minha irmã fora da nossa realidade, que ela se arrependeria e que precisava nos colocar limites, e ela, com sua sabedoria, dizia: "Filha, tal pessoa diz isso porque ela não tem a nossa coragem. Tudo que você se determinar a ter você terá, desde que esteja disposta a passar pelo processo".

Desde pequena, ela me ensinava que eu não podia desistir antes de alcançar, que seria difícil, mas possível, e que a única coisa que não poderia me faltar era a coragem de seguir nos momentos difíceis. Parece que ela já sabia por quantos momentos difíceis eu iria passar.

Um deles foi a minha separação. Segui mãe solo de dois, com mais críticas, mais perrengues e dificuldades, como tantas mães passam, mas uma coisa que sempre foi clara em minha mente é que eu sou a única responsável pela vida, pelas minhas escolhas e pelas suas consequências.

Naquele momento, mais uma vez, resolvi empreender: abri a Inovação Foto e Vídeo. O detalhe é que eu não era fotógrafa; busquei aprender, contratava pessoas para realizar a filmagem, o que, por óbvio, não deu muito certo a longo prazo. Foi um grande aprendizado, pois empreender requer conhecimento específico do negócio, e meu objetivo estava errado, pois visei apenas o lado financeiro.

Eu, protagonista da minha história

Algum tempo depois, casei-me novamente e, desse relacionamento, veio meu terceiro filho, meu ar, Otávio.

Eu e meu marido abrimos uma loja de sofás e cortinas e tudo estava indo bem, quando meu companheiro precisou se ausentar por motivos de saúde, e eu, em meio às dificuldades, novamente segui.

Nessa fase, minha realidade já era bem distante daquela menina: minha vida já era bem mais confortável, meus filhos estudavam em escola particular, morávamos em uma casa com dois quartos, e aí veio a maior dor da minha vida: o falecimento da minha mãe.

Foi o único momento em que eu perdi o chão, a referência, tudo. Foi a primeira vez que me desesperei, pois nada poderia fazer para mudar minha realidade. Sofri, chorei, questionei tantas coisas, contei com o apoio de amigos preciosos e, mais uma vez, com muita dor, segui. Incentivada pela minha irmã, decidi voltar aos estudos, dessa vez para realizar outro sonho daquela menina: a advocacia.

Quanto mais dificuldade eu tinha, mais eu me lembrava da minha amada mãe, que sempre me ensinou que não poderia faltar coragem e que eu não podia parar até alcançar.

O pai do Otávio retornou aos negócios, abrimos outra loja no interior de São Paulo. Novamente, uma perda: o pai do Otávio veio a falecer. Eu me vi com dois adolescentes e uma criança de 4 anos. E não era só isso: eu tinha uma família para prover o sustento.

Aqui, a vida me apresentou duas opções: ficar paralisada ou seguir. Mais uma vez, escolhi seguir. Fechei a loja de São Paulo, ficando somente com a loja do interior, na qual tínhamos um sócio; voltei a trabalhar no bingo e continuei cursando a faculdade pela manhã.

Dormir era algo que eu fazia muito pouco. Não sabia o que era realmente uma boa noite de sono. Com três filhos precisando de atenção, a palavra 'mãe' era constante durante todo o decorrer do meu dia e eu, no meio, administrando meu dever de mãe e o objetivo de estudar para me tornar advogada, um desafio quase impossível.

Quando tudo já estava difícil, meu pai ficou doente e veio morar comigo, pois precisava de cuidados médicos. Eu tinha que ser forte, precisava seguir. Então, os meus sonhos não eram só por mim, mas pelos meus filhos e pela minha melhor pessoa, minha amada mãe, mulher de muita fibra. Quando me vi sem ela, com tantas responsabilidades, novamente prometi a mim mesma que daria orgulho para ela e mostraria a todos que ela nos criou da

Andreia Pereira

melhor forma possível, com amor e coragem para enfrentar cada dificuldade apresentada pela vida.

Como toda boa história sofrida (e foram cinco anos de muita luta e de muitas críticas), as frases que eu mais escutava eram: "Quando você terminar a faculdade, estará velha", "Muitas pessoas nem conseguem passar no exame da OAB[1]"; outros diziam: "Você tem que entender o momento de parar", e alguns ainda me incentivavam a trancar a faculdade, mas eu sabia que conseguiria e apenas seguia, com dor, sofrimento e a certeza de que conseguiria.

Meu pai, que no primeiro momento veio morar comigo para ser cuidado, quando melhorou, passou a ser minha maior rede de apoio.

Durante o curso de Direito, não fiz estágio na área porque precisava manter meu salário para poder prover o sustento da família, então eu prestava muita atenção às aulas e isso fez a diferença. Fiz bons amigos e aprendi com excelentes professores.

No final dos cinco anos de estudo, o desafio de me formar foi cumprido, com um sentimento de alegria. Fiz questão de participar da minha festa de formatura, e digo isso porque tenho algumas histórias sobre formatura que ficam para outro livro.

A festa foi maravilhosa, com a presença de amigos e familiares. Eu pensava em como gostaria de ter minha mãe comigo naquele momento, mas estava feliz, pois estavam comigo meu pai, minha irmã, meus filhos e sobrinha, além de familiares queridos. O olhar de orgulho do meu pai, eu nunca vou esquecer: um homem sofrido, sem acesso a estudo, vendo a filha adulta se tornar advogada.

Em seguida, veio o desafio de passar no exame da OAB. Como eu disse, não fiz estágio, não tinha experiência e sabia de vários relatos de pessoas que se formavam e passavam anos tentando passar na prova para poderem advogar.

Mas eu tinha certeza de que seria advogada e que não iria trabalhar para nenhum escritório, e assim fiz: passei no exame da Ordem e me tornei advogada. Naquele momento, minha felicidade se tornou completa. Aprovada na OAB, era oficialmente Dra. Andreia Pereira de Oliveira.

As mesmas pessoas que não apoiaram minha decisão de estudar me parabenizaram. Gostaria de esclarecer que as pessoas que não me apoiaram são amigas e o motivo de não apoiarem não era por não quererem ver meu crescimento, mas, sim, porque vivemos em uma sociedade muitas vezes injusta e muitos

---

1 Ordem dos Advogados do Brasil

desistem antes mesmo de tentar. Às vezes por medo de falhar e outras vezes pela certeza de que não terão oportunidades de trabalho.

Por isso, não leve tão a sério o que o outro te diz; na maioria das vezes, o que as pessoas falam tem base em si mesmas e não em você. O mais importante de tudo é você não duvidar de si mesmo e ter certeza de que consegue.

Agora apta para exercer a profissão de advogada, abri um escritório com uma sócia. Erramos muito, como em todo início, pois a faculdade não ensina a prática e não ensina a empreender, entre tantas outras coisas. Aprendemos muito com os erros e acertos e foi assim que surgiu a vontade de ajudarmos outros advogados iniciantes, compartilhando com eles todo o nosso aprendizado prático, e, principalmente, mostrando como é possível superar o medo de começar.

Quando ainda estávamos gravando nosso curso, mais uma perda inesperada: meu amado pai veio a falecer e novamente uma dor avassaladora tomou conta de mim. Impossível escrever sobre esse acontecimento e não cair em lágrimas. Mais uma vez me vi em desespero, sentindo uma dor que não imaginei ser possível, depois do que já tinha passado.

Foi uma fase muito difícil. Seguir, naquele momento, foi necessário porque eu sabia que não podia parar, mas confesso que foi muito difícil; segui com muita dor. Lembro-me que, no primeiro Dia dos Pais sem ele, gravamos para o curso por toda a manhã e, quando paramos e fiquei sozinha em minha casa, chorei como uma criança em desespero. A morte é a única coisa que me desespera, pois é a única realidade que ninguém pode mudar.

Passado algum tempo, eu e minha sócia seguimos caminhos diferentes. Segui novamente com um escritório, mas não mais em sociedade.

Investi muito em conhecimento técnico, gestão e empreendedorismo. Mais do que nunca, me fiz ser vista, procurei estar entre pessoas que via como potenciais clientes para meu escritório, e meus resultados melhoraram absurdamente: fechei os melhores contratos. Hoje, sinto-me realizada profissionalmente, atendendo clientes no Brasil e no Canadá. Realizei o sonho de ajudar mães a buscarem os direitos de seus filhos.

Em meu trabalho com mentorias para advogados iniciantes, ajudo estes profissionais a voarem mais alto com o empreendedorismo na advocacia. Isso, sem dúvida, traz grande alegria ao meu coração: poder, de alguma forma, fazer parte do processo de transformação na vida dessas pessoas é um dos sonhos que a menina Andreia tinha lá atrás e a mulher Andreia de hoje realizou.

Andreia Pereira

Como mãe, sinto que cumpri meu dever: tive três filhos amorosos. Rafaella hoje é cidadã canadense e cursa a universidade de Direito; Phelipe é contador; Otávio, meu pequenino, está estudando; e minha sobrinha amada cursa a faculdade de Medicina. Todos atualmente moram no Canadá.

A menina que não podia nada sonhou alto, quebrou padrões para suas possibilidades, pagou o preço disso – vale lembrar que foi um preço doloroso –, mas, em momento algum, duvidou ou desistiu.

Com muito trabalho e esforço, por meio do empreendedorismo, realizei o desejo de jantar em bons restaurantes, tomar café em boas cafeterias, fazer viagens internacionais, ajudar outras pessoas com meu trabalho e proporcionar aos meus filhos o que eu poderia dar de melhor: bons estudos e o exemplo de que tudo é possível.

Por mais difícil que seja, acredite em você. Esteja disposto a passar por processos que muitas vezes serão dolorosos, foque no próximo passo, em passos rápidos ou lentos; apenas dê o próximo passo. E nunca pare; quando tiver de escolher, escolha seguir.

7

O VOO DA ÁGUIA

Conhecer e respeitar sua essência, seus valores pessoais, suas forças e virtudes farão com que você se torne protagonista da sua vida. Esse é o convite para que assuma o controle de suas ações e emoções.

Não importa o que a vida faz de você,
mas o que você faz do que a vida fez de você.
JEAN-PAUL SARTRE

BENÔNIA MOREIRA

Benônia Moreira

Contatos
benonia.moreira@gmail.com
Instagram: @benonia
LinkedIn: Benonia Moreira
11 99903 1344

Uma pessoa apaixonada pelo aprendizado e autoconhecimento, guiada pela criatividade, integridade, respeito e justiça. Há mais de 20 anos, atua em liderança, despertando os talentos das pessoas para que possam utilizá-los em toda sua potencialidade. Acredita que todos vieram para este mundo com uma missão e precisam de apoio para desenvolvê-la. Suas principais certificações são: Administração com pós-graduação em Gestão Hospitalar pela Faculdade Anhanguera, *Master Coach* Criacional pelo IGT International Coaching, com especialização em Carreira e Liderança. Analista de perfil comportamental e especialista em sabotadores pelo Instituto Eric Arruda. Especialista HMI pelo Instituto Ahava e analista de forças de caráter – psicologia positiva com Edu Oliva.

Durante muito tempo na minha vida, eu observava certas pessoas e pensava: "Por que não consigo ter sucesso como ela?". O paradoxo aqui é que, se alguém me perguntasse quem era o protagonista da minha vida, naquele momento eu diria de forma contundente: "Eu, óbvio". Mas, na verdade, não era.

Protagonista é aquela pessoa que assume as rédeas de sua vida, tem atitudes totalmente norteadas por autorresponsabilidade, autoconhecimento e clareza plena. Sua vida é planejada, organizada e não existe sucesso ou fracasso, mas resultados de suas estratégias. Porém, até chegar a esse nível de consciência e maturidade, há uma trilha de dor, dúvida, vulnerabilidade e aprendizado que precisamos percorrer. Aqui, vou dividir com você algumas dessas etapas da minha trilha.

Sempre fui uma pessoa inconformada, em busca da minha verdadeira essência! Nascida no fim da década de 1960, encarei minha adolescência nos anos 1980, quando a luta pelos direitos de todos estava no auge. No Brasil, o grande movimento Diretas Já se fortalecia a cada dia. O rock nacional, como grande pilar de protesto, surgia para incomodar ainda mais os pais, que eram filhos do pós-guerra e para quem a disciplina deveria prevalecer, e a censura reinava de forma velada.

Em meio a este cenário, encontrei aquele a quem chamei, na época, de "O amor da minha vida". Com 15 anos, estava certa de que meu "príncipe encantado" me daria a melhor vida que alguém poderia ter. Aos 18, contrariando todas as expectativas dos meus pais, estava morando com ele e dando à luz minha primeira filha. Naquele momento, parecia que havia passado por um renascimento: o amor tomava conta do meu coração de uma forma inexplicável e eu tinha certeza de estar no caminho certo.

O que veio na sequência foram seis anos de instabilidade e tristeza. Meu "príncipe encantado" era alcoólatra e percorreu todo o caminho desse vício que leva ao fundo do poço. Durante aquele período, larguei os estudos, comecei

Benônia Moreira

a trabalhar, tive minha segunda filha e um terceiro filho, um menino, que foi morar nos braços do Pai. Em 1993, perdida, me sentindo sozinha – embora tivesse todo o apoio dos meus pais –, envolta em tanta dor que cheguei a duvidar da existência de Deus, dominada pela síndrome de vitimização, surgiu dentro de mim um resquício de atitude e coloquei um ponto final naquela relação (mal sabia que era a minha essência gritando para ser ouvida). Assim, aos 24 anos, retornei à casa dos meus pais, que me acolheram com todo o amor que tinham no coração.

Recomecei minha vida, buscando concentrar minhas energias em oferecer um futuro para as minhas filhas. Iniciei meu trabalho na área da saúde, no atendimento ao cliente, e trabalhava dia e noite – literalmente – com esse objetivo. Havia perdido toda e qualquer esperança de ter um companheiro ou uma família. Novamente, deixei-me dominar por todos os sabotadores internos que uma pessoa pode ter, principalmente o de vítima e o de hiper--realizador. Vivia como um trecho daquela música famosa: "...deixa a vida me levar, vida leva eu...". E nesse ritmo seguia, trabalhando e sobrevivendo. Meu círculo social restringia-se às pessoas do trabalho e minha família, e seguia no "efeito manada" deles, sem grandes perspectivas.

Nesse círculo social, conheci meu segundo companheiro, que trabalhava no mesmo local que eu e, assim, reacendi a esperança de ter uma família. Afinal, era um homem trabalhador, "de bem", responsável e dedicado (palavras dos meus pais ao conhecê-lo), recém-divorciado e com uma filha do relacionamento anterior.

Com a bênção dos meus pais, o que não havia acontecido anteriormente, entendi que estava no caminho certo. Aos poucos, fomos construindo nossa base: compramos um carro, alugamos uma casa e decidimos morar juntos. Achava que minha vida estava, gradativamente, entrando nos eixos; fui me reaproximando de Deus e aceitando que Ele me dava uma segunda chance de ser feliz. Troquei de emprego, ainda na área da saúde, mas com uma possibilidade de crescimento profissional. Retomei os estudos, comecei a fazer alguns cursos extensivos, conseguia enxergar um futuro, mas ainda sem muita clareza de onde chegaria.

A convivência com meu parceiro era uma montanha-russa: dias calmos precediam dias repletos de discussões intermináveis. O relacionamento abusivo estava instaurado, porém eu não me dava conta disso. A roupa que eu vestia, uma reunião que eu teria com algum cliente ou uma conversa com o colega de trabalho eram motivos para o início de um desentendimento. Mas era tudo por amor...

Apesar desse cenário, aos 28 anos engravidei. Estava tão feliz por ser mãe novamente, com uma situação financeira e profissional mais estabilizada, que continuei cega em relação aos desafios do meu relacionamento. Após o nascimento da minha terceira filha, esses desafios aumentaram dia a dia. Os desentendimentos, que eram esporádicos, tornaram-se praticamente diários, até que, certo dia, ele arrumou as malas e foi-se embora.

Nesse dia, um misto de alívio e choque tomou conta de mim. Alívio, pois não aguentava mais viver aquela sensação de incerteza e abuso; choque, pois novamente tinha falhado na missão de ter um relacionamento e uma família, e essa sensação evoluiu para uma profunda depressão, enquanto tratava dos assuntos burocráticos para dissolver nossa relação: venda da casa, divisão de bens etc. Meio que como um zumbi, resolvi todas as questões, novamente com o apoio dos meus pais, porém, dessa vez, comprei um pequeno apartamento para viver com as minhas filhas, sozinha.

Posso dizer que foi nesse momento que iniciei a minha virada de chave. A depressão é um estado do qual você não consegue sair sozinho, e precisei de ajuda para superar. Busquei auxílio em médicos, terapeutas, pais e amigos; toda essa rede de apoio foi fundamental para que eu pudesse sair daquele estado emocional. Durante esse período, desenvolvi todo o "arsenal universal contra a vulnerabilidade", descrito por Brené Brown em *A coragem de ser imperfeito*: o perfeccionismo, o entorpecimento para anestesiar qualquer estado de desconforto ou solidão e a repressão a qualquer estágio de felicidade momentânea. Tinha certeza de que esses escudos me protegeriam de qualquer tipo de dor emocional.

Munida dessa armadura, segui em frente. Coloquei meu foco ainda mais no trabalho, me tornando uma legítima *workaholic*. Nessa área da vida (profissional), eu alcançava grandes resultados, que poderiam ser lidos como sucesso por muitas pessoas. Passo a passo, assumia novos cargos e responsabilidades, ampliava meu — *networking* —, estudava cada dia mais. Minha meta fixa era prover o melhor futuro possível às minhas filhas e, quando pensava nele, podia vê-las felizes, em segurança e com relacionamentos saudáveis e felizes. Nada remetia ao meu próprio futuro: continuava sobrevivendo, sozinha. Tinha como lema sempre esperar o pior, pois, assim, poderia ser positivamente surpreendida caso viesse o melhor.

Durante todo esse processo, houve um marco extremamente importante: meu verdadeiro reencontro com Deus, como Pai que me deu a vida para que eu pudesse vivê-la em plenitude. E como isso aconteceu? Quando estava reconstruindo, pela segunda vez, a minha casa, Ele falou comigo, de forma contundente, afirmando que tudo de que eu precisava estava em mim, e senti, no meu coração, que algo estava sendo preparado por Ele para minha vida. Iniciei um processo lento, incômodo e doloroso de olhar para dentro. Foi naquele momento que começou minha verdadeira transformação.

O primeiro passo foi gerar novas conexões. Percebi que o ambiente em que estava inserida tinha um enorme impacto nas minhas atitudes e resultados. Assim, passei a criar relacionamento com pessoas de outras áreas, outras culturas, outras "tribos"; escutei meu inconformismo como uma coisa boa e comecei a assumir minha essência, mesmo que inconscientemente.

E, não sei se você já percebeu, mas quando VOCÊ muda suas atitudes, se permite e se abre para o novo, o novo vem! Foi assim, naturalmente, que conheci meu atual parceiro de vida. Num primeiro momento, foi um susto: recém-divorciado e com uma filha da mesma idade da minha caçula – aliás, elas eram melhores amigas na escola – e que, para deixar a situação ainda mais complexa, morava com ele. Uma parte dessa história parecia até reprise da anterior. Começamos a nos relacionar e percebemos muitos pontos em comum: valores familiares, responsabilidades, a fé, o gosto por animais, músicas. Rapidamente, a confiança e o amor foram aumentando, nossas famílias se uniram e formamos uma única: eu, ele, minhas filhas do primeiro relacionamento – uma com 17 e a outra com 16 – e as duas menores, uma minha e a outra dele, ambas com 6 anos.

A partir daquele ponto, tudo começou a fazer sentido na minha vida. Por não permitir mais que minha essência e meus valores não fossem preenchidos, troquei novamente de emprego. Instintivamente, enveredei-me no estudo do desenvolvimento humano, realizando vários cursos de extensão na área e, em 2020, formei-me *coach* com especialização em carreira e liderança. Daí para a frente, foram inúmeras outras especializações: perfil comportamental, valores humanos, forças de caráter, autossabotagem, *master coach*... Continuo nesse caminho todos os dias, pois, como aprendi com um dos meus mentores, Geronimo Theml, o treinamento nunca termina.

É óbvio que, com todo esse processo, atingi um nível de autoconhecimento enorme. Tive total clareza dos meus valores pessoais, do meu perfil comportamental e da minha família, de como a autossabotagem atua na minha mente, das minhas forças de caráter e virtudes humanas, da minha linguagem do amor, do meu temperamento. Isso tudo com muito estudo, sendo uma cientista de mim mesma (aqui, novamente, citando Geronimo Theml).

Você pode se perguntar: "Com esses conhecimentos, conseguirei me tornar protagonista da minha vida?".

E eu respondo, sem pensar muito: NÃO. Essa é uma parte importante do que você precisa ter, mas não é tudo e vou explicar. Talvez você já tenha escutado a história de um filhote de águia que foi criado em um galinheiro, mas que em determinado momento é desafiado a voar e, sem nunca ter feito isso antes, consegue alçar um lindo voo. Como? Vivendo a sua essência!

Na história, a águia que viveu entre as galinhas não voou enquanto não foi desafiada a entrar em contato com sua verdadeira essência. Até esse momento, ela estava entorpecida, sendo engolida pelo ambiente em que vivia, não tinha consciência de seu potencial, pois se enxergava como as demais aves ao seu redor.

Você pode ter o conhecimento de todas as teorias, mas, se não perceber, ouvir e viver sua essência, nunca conseguirá ser protagonista de sua história. A partir desse encontro, atente-se aos seguintes fatores:

- Autoconhecimento – fundamental para que você possa utilizar suas potencialidades.
- Autorresponsabilidade – coloque a frase de Sartre no seu espelho, se tiver dificuldade de se lembrar dela.
- Crie à sua volta um ambiente que possibilite crescimento – não sucumba ao efeito manada, vivendo na mediocridade.
- Conheça seus sabotadores e os combata diariamente – me inspiro muito em uma frase da autora e palestrante Chai Carioni: "Você aí duvidando de si mesmo e as pessoas lá fora assustadas com seu potencial".
- Celebre suas conquistas, por menores que sejam – afinal, elas são fruto do seu protagonismo.
- Seja um eterno aprendiz – cada situação da sua vida te ensina algo. Geronimo Theml tem uma citação que tenho sempre comigo: "A vida está muito mais para uma escola, onde aprendemos a cada desafio, do que para um parque de diversões, onde tudo é só entretenimento".
- Tenha mentores – sozinho, não dá. Não nascemos para a solidão, nosso Pai nos criou para que possamos viver uns com os outros.

Eu descobri a minha essência, que é a de despertar o potencial e talentos das pessoas para que possam ser tudo aquilo que o Pai as criou para ser.

Ah, talvez você queira saber como está o meu terceiro relacionamento... Completamos 18 anos juntos em agosto desse ano. Nossas filhas já se casaram, estão felizes, com suas vidas direcionadas e projetos em andamento. Somos avós de uma menina, um menino e de três netos de patas. Escrevendo este livro, descobri que serei novamente avó, que alegria! Afirmo que, sem a menor dúvida, estou no melhor momento da minha vida.

Agora é a sua vez: vá para o seu voo de águia e seja protagonista.

Referências

BROWN, B. *A coragem de ser imperfeito: como aceitar a própria vulnerabilidade, vencer a vergonha e ousar ser quem você é*. Rio de Janeiro: Sextante, 2016.

CARIONI, C. *Guerreiras dizem sim para si mesmas*. São Paulo: Gente, 2021.

SARTRE, J. P. *O ser e o nada*. Petrópolis: Vozes, 1943.

THEML, G. *Assuma o comando da sua vida: chegou a hora de parar de tentar e começar a conseguir*. São Paulo: Gente, 2020.

8

IDENTIDADE PROFISSIONAL

Ao longo das próximas páginas, convido vocês, queridos leitores, a exercitar comigo reflexões que me tornaram protagonista da minha história. Isso aconteceu quando eu descobri qual era meu verdadeiro propósito e me empoderei da minha identidade profissional. Deixarei aqui dicas e *insights* que uso nas minhas mentorias e *workshops*. São mais de 30 dicas que vão alavancar sua carreira e sua identidade profissional.

CÁMILLA DE SOUZA

Camilla de Souza

Contatos
Instagram: @camilladesouzadh
mentoracamilladesouza@gmail.com
21 98800 3686

Com atuação em Desenvolvimento Humano Organizacional (DHO), tem formação em Neurociência e Física da Consciência e é terapeuta cognitivo-comportamental, docente e especialista em Gestão Estratégica de Pessoas. Atua desenvolvendo habilidades sociocomportamentais em colaboradores de diversas empresas. Com toda sua experiência de carreira e acadêmica, ministra cursos e treinamentos voltados para um olhar humanizado do colaborador. É enfermeira graduada pela UFRJ e fundadora da *startup* Enfermagem Terapêutica, capacitando profissionais de enfermagem no desenvolvimento de carreira por meio de cursos online, consultorias e mentorias. Fez uma feliz transição de carreira há 10 anos para a área comercial e de marketing, incluindo a maior multinacional de saúde do mundo, que fez com que a escritora desenvolvesse uma abordagem corporativa humanizada, alinhada com as suas formações em Educação Executiva, Comunicação Não Violenta e Inteligência Emocional na Aplicação do Bem Estar do Trabalhador.

Para inspirar

Comecei minha carreira como enfermeira, trabalhando na área hospitalar, mas não sentia realização profissional. Muitas horas de trabalho, pouco reconhecimento e baixa remuneração me faziam sentir, diariamente, que havia feito uma escolha equivocada de profissão. Percebia que minha vocação em ajudar pessoas havia sucumbido com uma rotina exaustiva e sem muitas perspectivas de crescimento profissional.

Encarei com coragem a possibilidade de fazer a transição para uma nova profissão, na qual eu pudesse exercer habilidades que são inerentes às minhas características pessoais, como a habilidade em relacionamentos interpessoais e comunicação. Foi, então, que optei por ingressar na indústria farmacêutica. Em paralelo, eu tinha um bebê de poucos meses quando optei pela mudança. Contudo, decidi que nada impediria meu sucesso.

Nessa época, eu não fazia ideia de que já estava trilhando a busca da minha identidade profissional. E pouco se tinha acesso a materiais com ajuda para transição de carreira ou até mesmo alguma mentoria ou cursos voltados ao assunto. Nesse momento, o processo aconteceu todo por uma dedicação intensa da minha parte em busca da mudança.

E o primeiro grande salto profissional aconteceu: de enfermeira, passei a gerente de produto em uma indústria nacional. Posteriormente, tive mais uma vitória profissional: ingressei como especialista no marketing da maior multinacional de saúde do mundo. Sim, uma enfermeira se transformou em especialista de produto e trabalhou no marketing de uma multinacional.

Percebam que, mesmo migrando de profissão, a área da saúde continuava alinhada com a minha carreira e com as habilidades que compõem minha identidade pessoal.

O primeiro passo para as grandes mudanças foi quando encontrei meu mentor, o dr. Gualter Nunes Maia (e aproveito para deixar aqui registrada

Cámilla de Souza

minha eterna gratidão por todo o suporte, apoio e vivência compartilhada), que me auxiliou em orientações assertivas, com direcionamento a estudos que me levaram a um grande crescimento, permitindo, assim, potencializar minhas habilidades. Dessa forma, tornei-me cada dia mais diferenciada no mercado de trabalho. Tive momentos de premiações, felicidade e reconhecimento. Mas também chegou o momento da crise profissional, em que eu já não enxergava claramente meus propósitos nessa área de atuação.

Fui, então, para novos caminhos, nos quais empreender era o que faltava no meu currículo. E foi uma experiência transformadora. Inúmeros aprendizados que me fizeram utilizar toda minha bagagem profissional, curricular e pessoal, e abraçar a minha verdadeira identidade profissional: ajudar pessoas a transformarem suas carreiras para uma nova perspectiva, principalmente com a inserção do autoconhecimento como a força motriz para essa mudança.

Isso mostra que você pode sair de uma profissão e migrar para outra completamente diferente. Pode, até mesmo, reavaliar sua carreira com pontos de melhoria na construção da sua identidade profissional e ter uma vida alinhada com seus propósitos, dentro da mesma profissão, de forma planejada.

Essa inquietude e a busca pela realização se tornaram constantes. Tão intensas, que entendi que minha vocação, alinhada com a paixão por ensinar e desenvolver pessoas, vinha desse conjunto de experiências profissionais anteriores, com muito estudo e dedicação na área de desenvolvimento humano. Finalmente, a verdadeira identidade profissional se tornou realizável.

Identidade profissional

Cámilla, o que é isso que você chama de "identidade profissional"? Eu classifico como a marca registrada na sua profissão. É aquele conjunto de habilidades inerentes à carreira exercida, mas que também estão ligadas à sua identidade pessoal. No nosso RG (documento de identidade), somos diferenciados um dos outros por características únicas contidas na nossa digital. Isso vale também para nossa carreira. Temos um conjunto de habilidades que nos diferencia de qualquer outra pessoa que tenha a mesma profissão que a nossa. E sua identidade pessoal está completamente conectada à sua identidade profissional.

A construção dessa identidade tem influência em diversos fatores: sociais, culturais, familiares e intelectuais.

Levamos para o ambiente profissional nossos comportamentos, nossas crenças e nosso modo pessoal de agir e pensar. Por isso, ter inteligência emocional é um pré-requisito fortíssimo para se manter em qualquer trabalho. Seu currículo abre as portas para a contratação, mas é sua habilidade de se relacionar que o mantém em seu cargo.

Dez perguntas para entender se você está em sintonia com sua identidade profissional

1. O que você carrega como marca única em sua carreira, assim como sua identidade pessoal?
2. Se você fosse definir a característica que mais o diferencia de outros colegas de profissão, qual seria?
3. E essa característica está ligada à função que você exerce todos os dias?
4. Essa característica que você escolheu acima é suprimida ou exaltada por você e pelo seu ambiente profissional?
5. Quais emoções você sente constantemente no trabalho? Sente-se calmo? Estressado? Comprometido? Crítico?
6. Os comportamentos acima estão ligados à sua personalidade ou ao seu ambiente de trabalho?
7. Quanto interesse você possui nas atividades com as quais trabalha?
8. Você vive no piloto automático (trabalha e vai para casa e vice-versa) ou tem estratégias para crescer na carreira?
9. Sem o seu trabalho de hoje, o que você seria? Ele faz diferença na sua vida?
10. Você consegue dissociar sua vida do seu trabalho? (A maioria das pessoas para quem eu faço essa pergunta vive em uma simbiose entre trabalhar para viver e viver para trabalhar).

Geralmente essas perguntas, quando analisadas, podem nos levar a uma série de reflexões, gerando desdobramentos, fazendo perceber que estamos diante de uma crise profissional, em círculos viciosos, contaminados pelo ambiente que trabalhamos e longe do nosso propósito.

Crise profissional

A crise profissional está ligada a uma crise de identidade profissional. Eu costumo dizer que é quando percebemos que estamos usando uma carteira de identidade falsa. É a hora que a frustração bate à porta e convida você a tomar um café, fazendo provocações. Ou você fica ali no sofrimento ou toma alguma atitude em busca da mudança.

Provavelmente dez de nove pessoas que estão lendo este capítulo agora entendem o que estou dizendo.

Noventa por cento dos brasileiros se dizem infelizes e insatisfeitos no trabalho. Essa é uma pesquisa da SurveyMonkey, que também aponta que 36,52% dos profissionais pesquisados estão infelizes com o trabalho que realizam e 64,24% gostariam de fazer algo diferente do que fazem hoje para serem mais felizes.

Infelizmente, eu já fiz parte do número citado acima. E, por isso, sei que viver uma carreira sem propósito e infeliz leva cada vez mais ao afastamento de pessoas por doenças como *burnout* (Síndrome do Esgotamento Profissional), depressão e ansiedade, e afasta do sucesso e do protagonismo profissional que você merece viver.

O que eu fiz para mudar tudo isso? Fiz um mergulho profundo das minhas habilidades, investi em estudos de desenvolvimento humano, em que tenho minha maior competência vibrante, e tive o suporte de um mentor, como citei. Eu ressignifiquei a minha identidade profissional e, hoje, sou protagonista da minha história.

Bom, já deixei dez reflexões para você se perguntar como está sua identidade profissional e, agora, vou apresentar a vocês o conceito de *ikigai*, palavra de origem japonesa que nos faz nos concentrarmos no ponto de equilíbrio entre reconhecimento, sermos remunerados e termos paixão pelo que exercemos.

Também deixarei dicas que uso nas minhas mentorias e *workshops* sobre autoconhecimento, relação interpessoal e como sair de ciclos de autossabotagem, entre outros aspectos importantes que alavancam a vida profissional e farão você refletir sobre sua carreira.

Lembre-se: ser protagonista requer coragem de conhecer a si mesmo e respeitar sua verdadeira identidade.

Conte comigo! Minha missão é trazer você para sua identidade profissional. O próximo protagonista a escrever uma página aqui será você!

Ikigai e identidade profissional

Cámilla, o que é isso?

Ikigai é uma palavra japonesa que descreve os prazeres e sentidos da vida. A palavra significa, literalmente, "*iki*" (viver) e "*gai*" (razão). *Ikigai* dá propósito à vida ao mesmo tempo que dá determinação para seguir em frente.

Ela é usada no Japão como uma palavra comum, que serve para diversos aspectos da nossa vida. Mas, aqui, eu a concentro como modelo de ajuda para qualquer carreira.

Fonte: G1.globo.com

Cinco dicas para iniciar o *ikigai*:

- Passo 1: começar pequeno.
- Passo 2: libertar-se.
- Passo 3: harmonia e sustentabilidade.
- Passo 4: a alegria das pequenas coisas.
- Passo 5: estar no aqui e agora.

Esses cinco pilares aparecem com frequência, pois cada um deles oferece o contexto elementar (as próprias bases), que permite que a técnica do *ikigai* prospere. Eles não são mutuamente excludentes nem precisam ser concomitantes, assim como, também, não têm uma ordem particular de hierarquia.

Esse ponto comum é desejo de muitos e também era a minha busca. Mas só encontra o *ikigai* quem tem autoconhecimento. Essa não é uma busca externa. Ela depende 100% de você. E eu posso ser sua facilitadora com algumas perguntas essenciais para gerar reflexões, de modo que você encontre sua identidade profissional.

Cinco perguntas essenciais para construir seu autoconhecimento direcionado ao trabalho

1. O quão motivado você se sente no seu dia a dia de trabalho?
2. Quanto interesse você ainda possui na sua área de formação?
3. O quanto seu trabalho tem suprido as suas necessidades de remuneração, reconhecimento e relacionamentos?
4. Se as coisas fossem como você idealiza, o que estaria acontecendo na sua vida agora?
5. Quais são os obstáculos para chegar a uma nova carreira?

Três dicas para melhorar sua relação interpessoal

1. Inteligência emocional (desenvolvi um e-book só sobre essa temática para te auxiliar).
2. Invista em autoconhecimento e estudos para a área na qual você mais tem afinidade.
3. Peça *feedbacks* às pessoas próximas (familiares, colegas de trabalho, chefes, amigos) e veja como as pessoas enxergam você.

Três dicas para sair do ciclo da autossabotagem

1. Retire o medo do fracasso do seu vocabulário. Tenha coragem e entenda que mudanças fazem parte da evolução de todos. Não tema o desconhecido.
2. Não procrastine. Priorize as tarefas mais importantes do seu dia.
3. Não deixe a síndrome do impostor fazer você achar que é um fracasso ou uma fraude. Você é potente. Se você conhece a fundo sua identidade profissional, não vai sucumbir a essa síndrome.

Dez dicas para ser protagonista da sua vida e recuperar sua identidade profissional

1. Escrever: a escrita ajuda a organizar os pensamentos. Quando estiver se sentindo incapaz ou com medo, escreva no papel como está se sentindo.
2. Saia da autocrítica: o perfeccionismo e a falta de empatia por nós mesmos fazem com que a autocrítica e a exigência sejam cruéis demais conosco. Para sair dessa autossabotagem, pense nos *feedbacks* positivos que você já teve.
3. Seja grato: a gratidão é um estado de vibração que nos faz transcender qualquer tipo de vulnerabilidade. A gratidão nos traz resiliência, um olhar mais amoroso conosco e com quem está à nossa volta.

4. Tenha um mentor(a): eu não estaria aqui se não fosse a contribuição do meu mentor.

5. Entre no *flow*: esse é um estado que o indivíduo experimenta quando está desenvolvendo alguma atividade que gera muita satisfação e prazer. Na prática, é uma espécie de fluxo contínuo em que a pessoa sente enorme realização (psíquica e física).

6. Respire: aprenda a respirar. A respiração modula as emoções e dá serenidade à mente. Respire em ciclos de inspirações profundas para oxigenar a mente sempre que se sentir ansioso.

7. Tenha coragem: a coragem de ser aprendiz em uma nova fase de vida. Busque corajosamente sua realização. Nada pode parar alguém que quer vencer.

8. Tenha metas: lembre-se do *ikigai*. Comece com metas pequenas e vá fazendo metas de médio e longo prazos.

9. Planeje: faça planejamentos que sejam tangíveis e claros.

10. Parcerias: busque parcerias e *networking* conectando-se às pessoas certas.

Agora está nas suas mãos dar um salto profissional e cumprir sua missão, com destaque, autoconfiança e alinhamento com a sua verdadeira identidade profissional.

Espero que minha jornada possa ter lhe inspirado a ser um(a) profissional que busca seu propósito, alinhado ao autoconhecimento. E um último lembrete: seja grato todos os dias.

Eu sou grata principalmente pela existência e por todo amor que dedico ao meu filho, Pedro. Ele é a personificação da minha gratidão e do meu amor.

Referências

COMO SERÁ. *Faça a sua mandala do Ikigai.* 16 mar. de 2019. G1. Disponível em: <https://g1.globo.com/como-sera/noticia/2019/03/16/faca-a-sua-mandala-do-ikigai.ghtml>. Acesso em: 26 ago. de 2022.

MOGI, K. *Ikigai: os 5 passos para encontrar seu propósito de vida e ser mais feliz.* Bauru: Astral Cultural, 2018. p. 7;12.

MUNDO RH. *90% dos brasileiros estão infelizes no trabalho.* 17 dez. de 2021. Disponível em: <https://www.mundorh.com.br/90-dos-brasileiros-estao-infelizes-no-trabalho/>. Acesso em: 01 ago. de 2022.

PUC-RS. *Mentoring.* Rio Grande do Sul: PUC-RS (material interno), 2019. p. 50, 52 e 53.

9

EU SOU UM VEGETAL?

Não é uma história de superação. Por quê? Simplesmente, porque não sou vítima da vida. Meus pais nunca me trataram como coitada. Pelo contrário, eu cresci sabendo que sim, tinha e tenho uma deficiência causada por falta de oxigenação durante o parto, e que isso só faz parte da minha vida, ou seja, a deficiência não me define.

CAROLINA CÂMARA DE OLIVEIRA

Carolina Câmara de Oliveira

Contatos
carolinac.o@hotmail.com
Instagram: @carolcamarao

Psicóloga com especialização em Semiótica Psicanalítica, pela PUC-SP. Ministra palestras sobre paralisia cerebral, inclusão e diversidade. Tudo o que escreve e fala é baseado em sua vivência, sua formação e nos estudos dos profissionais em quem confia. Tem uma filha que a ajuda no trabalho de desmistificar a paralisia cerebral e a pessoa com deficiência (como é ter e conviver com uma mãe com deficiência?).

Sou filha do Gutemberg e da Vera Lúcia, tenho três irmãos. Minha família nunca foi perfeita, brigamos, discutimos, mas em casa temos o que eu considero o mais importante: amor e fé. Estamos sempre unidos, um perto do outro, buscando ajudar ao próximo no momento em que for preciso.

Eu sou a segunda filha do casal. Na hora do meu nascimento, o médico queria tentar o parto normal, mas minha mãe não tinha dilatação. O processo foi muito demorado até que decidiram fazer a cesariana. Nasci com mais de três quilos, chorei logo ao nascer, tive dez na avaliação dos primeiros cinco minutos de vida, mamei bem e saí da maternidade com meus pais no tempo previsto. Mas, com o tempo, a minha mãe foi percebendo que algo estava estranho. Eu era mole, não sustentava a cabeça, não me sentava sozinha, estava longe de conseguir engatinhar. Então, aos 7 meses, o médico falou que eu tinha paralisia cerebral e que seria um vegetal.

Paralisia cerebral, como assim? O que isso? Paralisia cerebral pode acontecer até os 2 anos da criança. A minha paralisia cerebral aconteceu durante o meu parto, a demora para o médico me tirar da barriga da minha mãe, ou seja, para fazer a cesariana, gerou falta de oxigenação, causando sequelas motoras, tais como dificuldade para andar. Como meus membros superiores foram muito afetados, não consigo comer sozinha, não faço praticamente nada sozinha – aqui falo dos cuidados básicos como escovar os dentes e pentear o cabelo. Mas não sou um vegetal!

Meus pais e minha avó – que sempre foi figura presente na minha vida e na vida da minha família – sofreram bastante, passaram pelo luto, pela culpa e pela aceitação. Veio, então, a procura por tratamentos, médicos e começaram a conhecer, de fato, o que é paralisia cerebral. Para mim, o mais importante é aceitar o processo de luto para seguir em frente.

Tratamentos fiz vários, uns malucos, que hoje a gente até ri, porque não fazem sentido, e os tradicionais, que, na minha opinião, foram essenciais: fisioterapia, fonoaudiologia, terapia ocupacional, dentre outros. Eu tive muitos

Carolina Câmara de Oliveira

ganhos, conquistas, aqui estou falando de ganhos físicos, consigo trocar passos sozinha, tenho controle da cabeça e do tronco, uso celular e computador sem ajuda. Às vezes, também preciso limpar minha filha, quando ela precisa ir ao banheiro e estamos sozinhas em casa.

Fiz reabilitação durante 20 anos. Decidi parar, porque não via mais sentido naquilo, estava cansada daquela rotina. Comecei a refletir e percebi que não parava, porque tinha alguma esperança de melhora; é claro que era inconsciente, sempre fui esperta, ligada quando o assunto era paralisia cerebral. Sabia das minhas limitações e que não teria mais nenhuma conquista física significativa, que seria apenas um "paliativo"; era mais para não perder o que havia conquistado. Eu precisava sim; hoje, vejo que tinha sentido ter continuado. No entanto, não me arrependo de ter parado, precisava de um tempo para viver uma etapa da minha vida, ir para a faculdade, queria liberdade.

Quando comprovaram meu diagnóstico, comecei a trabalhar, digo, fazer físio, fono e tudo mais. Todos os dias, de segunda a sexta, eu e minha mãe, a tarde toda. Quando fui para a escola, o ritmo era mais estressante. Não tinha tempo para nada. Anos depois, minha mãe bateu o martelo e tirou as atividades das sextas-feiras. Que delícia! Passei a amar as sextas-feiras! Eu me lembro muito da sensação de ficar livre, poder brincar mais. Sextas até hoje têm gosto de "festa". Eu, minha mãe, meu irmão e minha avó sempre fazíamos alguma coisa diferente. Alguns anos depois, minha mãe cortou mais um dia, mas aí não era mais para fazer "festa" e sim porque a escola estava exigindo cada vez mais. Nesse momento das nossas vidas, a paralisia cerebral já não era a coisa mais importante, ela tinha o lugar dela. Aqui, o fundamental era nossa família, nossa infância, falo "nossa", pois na época do diagnóstico se "esqueceram" de que eu era uma criança. Meus pais e minha avó só enxergavam a paralisia cerebral.

Enfim, com 20 anos, eu assinei a carta de alforria. Não aguentava mais aquela rotina, os mesmos exercícios, as mesmas conversas e nada de novo, nenhuma conquista. Não dava. E olha que eu ia muito bem, era raro fazer birra, malcriação para ir à clínica. Eu cansei e acho justo, foi muito tempo da vida dedicado à reabilitação e, digo mais, minha mãe também merecia, foi minha grande companheira, ia, ficava lá comigo durante horas, tendo outros filhos em casa, precisando dela também. Mas uma coisa é real, tive os melhores profissionais; sem eles, sem minha família, eu não teria conseguido fazer a metade de tudo o que já fiz e quero fazer mais.

Interromper a clínica e o tratamento não foi a única mudança que eu fiz. Na escola, tinha acompanhante, uma pessoa que me ajudava em praticamente tudo. Ela copiava a lousa, escrevia o que eu falava, as lições, as provas, me ajudava na locomoção dentro da escola. Tive três pessoas que ficaram comigo em diferentes etapas da minha vida, tenho um imenso carinho por elas, tenho contato com todas ainda. Quando entrei na faculdade, decidi ir sozinha, não queria ninguém comigo, queria eu comigo mesma, a minha liberdade, de certa forma, era uma independência, privacidade. Não fazia a menor ideia de como seria. Eu não ando sozinha em ambiente público, não escrevo, não faço nada, mas fui na raça. No primeiro dia, a turma foi para o trote e eu fiquei na sala "abandonada". Isso bateu em mim de um jeito bem fundo, liguei para a minha mãe. Ela, não sei como, chegou em 5 minutos. Realmente tive uma crise de pânico, chorava muito, suava e senti um medo que nunca tinha sentido, foi horrível. No entanto, não desisti, fui no dia seguinte, no outro e continuei indo, conhecendo as pessoas, fazendo grandes amizades. O pessoal foi me ajudando, amei a experiência, não faria diferente, aprendi a me virar, amadureci. Eu me formei em Psicologia com meu próprio esforço, porém tenho que agradecer aos meus pais e a todos os amigos e conhecidos que, de algum modo, me auxiliaram. Tive vários problemas durante a minha formação acadêmica, porém foi uma época muito gostosa, tenho saudade.

Fui criada sabendo que nada seria fácil na minha vida, porém nada seria impossível, teria e tenho que lutar e lutar; para mim, não é um problema. Minha questão é quando alguém fala que tal coisa eu não vou conseguir fazer, aí sim, mexe comigo.

Me formei, tinha certeza de que eu arrumaria um emprego. É claro que não seria fácil, mas logo estaria empregada. Jamais imaginei que não conseguiria um emprego. Mesmo com todos os obstáculos, sempre os ultrapassava de certa forma. Contudo, o emprego não veio, não consigo ainda aceitar essa situação, pois fiz faculdade, me dediquei, era uma excelente aluna, gostava das matérias e sabia que tinha que ser a melhor, tinha que chamar atenção por meu potencial; afinal, tenho uma deficiência, que não é pequena. Talvez a deficiência ainda seja maior que meu potencial, tudo o que aprendi na sala de aula e tudo o que estudei, li e toda a minha vivência.

A minha base é muito sólida, meus pais formaram uma família com valores, virtudes e amor; é incrível o modo como construíram nossa família. Eu cresci com essa alegria de viver, a felicidade de descobrir que vem alguém novo para nossa família, um irmão. Vivenciei duas gestações da minha mãe, era mágico para mim todo o processo de gerar um ser humano dentro de outro. E o amor que meus pais sentiam por esse ser que nem conheciam. Como assim? Eu que não entendia muito bem, já tinha algum sentimento pelo ser. Deveria ser ciúme. Apesar disso, já era um sentimento por um ser abstrato, para a criança que eu era. É extraordinário que um corpo possa gerar um ser, dar à luz, produzir alimento para que ele se sustente, cresça e se desenvolva.

Com toda a minha criação, meu exemplo de família, de mãe, de avó, fez nascer em mim a vontade de ser mãe. Todo mundo que me conhece sabe do meu sonho de ser mãe, nunca escondi esse sonho; falava muito sobre e olha que sou uma pessoa reservada. Eu tinha um namorado, que também tem paralisia cerebral, namoramos por anos. Ele e a família dele também sabiam do meu sonho. Meu sonho era algo muito latente.

Tomava remédio para não engravidar e não lembro o motivo, parei de tomar, não foi de propósito. Mas obviamente sabia que teria riscos, não sou hipócrita. Aconteceu! Fiz o teste com a minha mãe: grávida. Eu só comecei a chorar, chorava muito, compulsivamente. Não era um choro de alegria nem de tristeza. Acredito que foi de susto, não sei, não esperava engravidar tão fácil. Foi algo bem maluco para mim, não entendi até hoje; não consigo explicar a minha sensação, o meu sentimento. Já no dia seguinte, eu estava melhor, entrei em outro mundo; não acreditava que eu estava gerando uma vida. Que coisa fabulosa! Inacreditável! Já sentia um amor incondicional. Eu estava encantada com minha nova situação, feliz. Descobri a gravidez com sete semanas; com nove semanas, fui fazer o primeiro ultrassom, animada, ansiosa. Contudo, não foi como eu esperava, o bebê não tinha batimentos cardíacos. Foi muito triste, mas o tempo é o melhor amigo nesses momentos; aos poucos, a ferida vai fechando, ficando a cicatriz.

Passaram-se anos, viajei, dei palestras, continuei buscando emprego; não desisto nunca, ainda estava com o mesmo namorado. Mesmo assim, a vontade de ser mãe era enorme e foi aumentando, acho que devido à idade também.

Eu e Felipe, meu namorado, terminamos; depois, voltamos e eu engravidei. Dessa vez, foi bem consciente, era um sonho. Eu tentei passar por cima, esquecer, substituir por outro sonho; contudo, não consegui. A vontade de ser mãe era maior que eu. Descobri com 4 semanas. Mudei de médico, minha médica foi e é incrível. Minha gravidez foi perfeita, eu fui feliz durante toda a gestação. Me sentia completa e abençoada: que experiência, que amor incondicional, doido. Gerar um ser, e esse nascer de dentro de você, é fenomenal.

Meu parto foi por cesárea, não posso ter parto normal, pois não tenho musculatura suficiente. Tomei raquianestesia, o era uma dúvida, não sabia se ficaria imobilizada devido aos espasmos frequentes. Como minha médica é demais, assumiu a situação, confiou no procedimento adotado, falou que a gente conseguiria. Na hora, ela me abraçou e uma enfermeira, que eu nunca tinha visto, também me abraçou, o anestesista também. Calmo, me explicou tudo, inclusive o que eu sentiria e foi narrando todo o processo. Foi muito tranquilo tomar a anestesia. Minha mãe e meu irmão entraram para assistir ao parto, eu já estava deitada conversando com a equipe. Logo, a Alice nasceu, no meio de piadas, risadas, música e muita emoção. Alice veio direto mamar, mamou direitinho. Amamentei até os dois anos. Foi uma experiência incrível e importante para meu vínculo com ela, porque não fazia nenhuma atividade com a Alice. Quando falo atividade, é dar banho, trocar fralda, colocar para arrotar. Por isso, não usei mamadeira, fui radical, também nunca deixei ninguém colocar para dormir, eu que fazia e ainda faço. Quando digo que fui radical, é porque até minha filha nascer, ficava pensando como construiria nosso vínculo, tinha medo, não imaginava que amamentaria. Isso foi uma surpresa, um presente, outro milagre.

Ser mãe não é fácil! Ser mãe com deficiência é mais complicado ainda! No entanto, cada sorriso que nosso filho dá para a gente é único, inexplicável! E o amor é incondicional, sublime; acho que não cabe em mim. A gente conversa, ela me conta como foi na escola, fala do esforço que faz para acabar com sua timidez. A cada dia, o vínculo entre nós só cresce.

Alice, aos quatro anos, já me questiona sobre a deficiência; sabe que tenho paralisia cerebral. Se alguém perguntar, ela responde. É lógico que têm situações ou atividades em que não vou poder participar com ela, como andar de bicicleta, por exemplo; porém, estarei presente na sua primeira pedalada, encorajando, orientando e comemorando.

Quero sempre transmitir segurança e amor para ela. Se eu for capaz disso, o resto vai ser tranquilo, natural e sempre com muito diálogo.

Será que eu sou um vegetal?

10

ACREDITO EM VOCÊ!

Não existe sucesso sem percalços, sem luta! Não existe sucesso se você não quiser! Mas então corra, o sucesso está logo ali! Vivemos em busca do sucesso, mas mal sabemos que o sucesso não é apenas uma palavra.

CÁSSIA CRISTINA DA SILVA

Cássia Cristina da Silva

Contatos
atendimento@silvaesilva.com.br
47 98811 9234 / 47 3368 4032

Brasileira, casada, advogada, professora e escritora. Formada em Magistério pelo Instituto de Educação. Foi juíza eclesiástica por cinco anos na comarca de Sinop (MT) e é sócia-fundadora do escritório Silva e Silva Advogados Associados. Escreve para revistas jurídicas, jornais locais e revistas de Santa Catarina sobre temas jurídicos e moda. É influenciadora e faz um evento anual, denominado Natal das Amigas, no qual reúne toda a sociedade de Itapema (SC) para ajudar ONGs locais, asilos, casa de caridade etc.

Você precisa acreditar em você, no seu potencial, nos seus sonhos. Quem se reconhece como protagonista, que luta, que corre atrás, sabe que ficar esperando nas montanhas ou na areia do mar que algo aconteça não dá resultado. Tudo na vida requer planejamento, estratégia, nem que seja oral. E muitas vezes em minha vida foi assim... mal imaginava alguma coisa e já corria atrás daquele sonho. Estudava dentro das minhas possibilidades, lutava para que tudo de bom acontecesse. Nunca fui de reclamar; sou de agir e correr atrás. Deus sempre foi o autor da minha história. Não é sorte, é Deus! Na minha trajetória sempre foi eu e ele ou Ele e eu. Em minha vida sempre fui protagonista: ou eu lutava ou ficaria pra trás. É preciso enxergar o que se idealiza.

Família

Não vim de uma família rica, mas de uma família de classe média que tinha alguns sonhos e limitações. Que tinha vontade de vencer. Sempre me espelhei em pessoas mais maduras. Além disso, sempre fui muito observadora, e o espelho em nossa vida é tudo! Meus pais foram grandes espelhos para minha caminhada. E sempre tive em mente a frase "Vai dar certo"! Buscava ser positiva, fazer leituras que me acrescentassem, e ter conversas boas. Sempre fui muito observadora, detalhista. Ser criativa também sempre fez parte do meu universo. Nunca tive medo; sempre fui corajosa, buscava conhecer e aprender de tudo um pouco. E sempre fui muito de questionar.

Curiosidade

Sempre fui curiosa e corria atrás para saber o funcionamento de tudo.

Nascimento

Nasci em uma família cercada de amor. Tinha já duas irmãs e meus pais eram pessoas muito batalhadoras.

Meu pai e minha mãe, exemplos

Meu pai também foi um grande protagonista: sempre correu atrás de seus sonhos. Era sozinho no mundo, pois seus pais eram falecidos. Perdeu a mãe aos dois anos de idade. Então, ou ele lutava ou poderia ter o triste fim de uma família muito humilde. É, ele foi guerreiro! Cuidou de sete irmãos. Militar, casou-se, teve quatro filhas e nós não poderíamos seguir outro exemplo! Minha mãe foi nossa modelista particular: costurava como nas revistas, cozinhava muito, falava algumas palavras em outros idiomas, cantava em francês, dançava e nos ensinou a fé.

Dos direitos

Aprendi desde cedo a lutar por meus direitos. Sempre fui em defesa de muitos e sempre me dediquei ao máximo.

Profissão

Aos 14 anos, já era formada em balé clássico.

Morava no interior de Minas Gerais, em Três Corações (cidade do Pelé). Lá eu tive como professora Mariliza Martins, uma grande mulher e bailarina que perdeu sua única filha aos 15 anos. Eu me dedicava à dança e disse a meus pais que gostaria de fazer um curso de balé em outro estado para me aperfeiçoar. Meu pai, mesmo tendo suas dificuldades financeiras, nunca disse não: deu um jeito e correu atrás do sonho. Ligou para meu padrinho em São Paulo e perguntou se eu podia passar férias lá.

Fui então fazer um curso de balé em São Paulo. Imaginem: nunca tinha saído nem na esquina longe de minha família. Recebi mil orientações, minha mãe me colocou no ônibus e lá fui eu. Sozinha? Sim… porque ela não tinha condições financeiras de ir e eu precisava me especializar, dar aulas, tinha um futuro pela frente. Aprender a me virar. Tive medo no ônibus, não desci nem para comer de tanto que me colocaram limites: "Não desce que o ônibus vai embora e te deixa lá". Fui obediente, por medo ou por respeito. Mas deu certo! Chegando em São Paulo, visitei umas quatro academias até que encontrei a do Ismael Guizer, de balé profissional. Fiz o melhor curso; tinha apenas 14 anos. Este foi meu presente de 15 anos: me especializar no balé enquanto outras meninas da minha idade sonhavam com baile de debutante e coisas do tipo. Eu também sonhei, mas naquele momento o balé foi o que tive.

Do meu sustento quando jovem

Passei a me sustentar com o balé. Eu era muito jovem, mas muito responsável. Com meu primeiro salário, comprei uma roupa para cada irmã. Dei aulas por quase 20 anos ao longo da vida. Fui empreendedora desde cedo, dei aula na favela da Rocinha, no Rio de Janeiro. Dei aula em Minas Gerais quando morei lá e no Mato Grosso, onde fui morar depois de casada. Tive inclusive uma academia de dança que só abria após meu expediente no trabalho do escritório como advogada. Por volta das 18h eu abria a academia, levava minhas duas filhas e mais tarde, dei aula até o fim da gravidez da terceira filha e após o nascimento da caçula, Gi, dei aula por mais nove meses.

Da profissão de advogada

Exerço a advocacia desde 1992 até os dias de hoje. Aos 40 anos, com quatro filhos, fechei a academia, pois os planos eram outros: morar em Santa Catarina e continuar meu ofício como advogada, o que faço até os dias de hoje. Meus filhos haviam crescido e precisavam de um lugar que oferecesse melhores opções de estudos, já que onde estávamos ainda era precário em termos de ensino superior.

Sempre li muito, desde pequena me interessava por muita coisa. Lis revistas de dança, de moda, livros e vários jornais. Assim, português era matéria preferida, na qual nunca tive dificuldades. Pausa para lembrar que recém-formada em direito,

Do tempo de residência no Rio de Janeiro

Durante a faculdade de direito, fiz estágio em um escritório e não recebia nada, nem vale-refeição nem vale-transporte. Ao contrário, eu tinha que me bancar para aprender. Em um mês a situação complicou, e surgiu uma vaga de trabalho. Aceitei a vaga, mas chegando lá o que me ofereceram não era satisfatório. Resolvi então estudar para um concurso na Promotoria, mas acabamos por fazer um concurso no Mato Grosso para o fórum e eu acabei indo trabalhar em uma empresa de cobrança. Os conhecimentos lá adquiridos me serviram como base e em seis meses quis abrir meu próprio negócio.

Do meu escritório

Abri um escritório só meu. Procuramos uma sala com um custo médio e comecei a fazer alguns processos e cobranças. Era um lugar simples, mas aco-

Cássia Cristina da Silva

lhedor: um sofá azul, uma mesa, minha velha companheira: uma máquina de escrever Olivetti verde (detalhe: eu "catava milho", errava mais que acertava). Eu era a secretária, eu era o faz-tudo.

Acredito que muitos que estão lendo passaram por isso. Eu poderia não ter tudo. Todo começo é difícil, assustador... persista! Não desista! Você chegará lá! Mas eu tinha muita dignidade e orgulho da minha trajetória. Valorizava cada dia, cada cliente que ali entrasse. Tinha educação. Tinha vontade de crescer! Me arrumava direitinho e sempre tive presença, apesar da pouca idade (nessa época do começo estava com 24 anos). Eu estava lidando com a concorrência, na época, 30 advogados, alguns que já estavam estabelecidos há mais de dez anos.

Das lutas e vitórias

Lutei como um leão, me dediquei; precisava ser autoridade, demonstrar confiança. Mas no fundo eu era aprendiz. Todo mundo teve um começo bom ou difícil. Copiar de livros não era fácil. Computador era para gente rica, os livros eram pesados demais. Mas eu me deliciava nas escritas e julgados. Quando chegava alguém eu educadamente atendia e nunca tive vergonha de dizer que iria pesquisar algo mais profundo se não soubesse. Pior seria passar uma informação errada!

Cresci; logo, o escritório cresceu e precisava mudar. Sonhei... vi... encontrei um novo local, mas não tinha como pagar um valor tão alto estava começando ali naquele lugar, com filhos pequenos e outros compromissos para pagar. Foi quando tive a brilhante ideia de falar com o proprietário e propor a ele uma assessoria em troca do aluguel ou parte dele. O prédio ficava na Avenida das Acácias e meu nome (Cássia) facilitaria a associação dos clientes. Sim, estratégia, planejamento: eu precisava vencer.

Nada vem fácil se não houver esforço. Eu inovava: meu cartão de visita era rosa, o prédio do escritório era rosa, as folhas da minha petição eram rosa, eu me dediquei a fazer o melhor. Como luta, honestidade e trabalho andam de mãos dadas, deu certo! A estratégia que criei de visitar clientes também deu certo. Precisava exercer a humildade. Coloquei a vergonha no bolso: era nova na cidade, então ligava, marcava visitas e visitei algumas empresas. Com trabalho sério, um foi indicando para o outro. Alguns clientes aceitaram, outros não. Mas isso só me fortalecia a buscar mais e mais. Pensava: "O tempo dirá quem sou". Me achavam novinha, inexperiente, mas eu sabia a força de leão que tinha em mim. Eu sabia que daria certo. Fiquei cinco anos nesse lugar, trabalhando para a empresa e, depois de bem conhecida, trabalhando duro, consegui abrir minha própria sede com meu marido. Trabalhamos por 13 anos no Mato Grosso e hoje estamos há quase 30 anos no mercado.

O mercado é competitivo: você precisa ser o melhor, treinar para ser muito bom, estudar para ser exímio. O mercado não admite erros: ou acerta ou está fora! É preciso ter sabedoria, jogo de cintura, paciência: tudo é longo prazo, mas uma hora chega. Não dá pra desistir quando se quer uma vida próspera e uma velhice tranquila. Você pode me perguntar: "Faria tudo de novo?" Eu responderia: "Faria!"

Das dificuldades

Sabem qual a maior dificuldade que encontrei? A saudade da família, que morava a 3.800 km. Minha família sempre foi minha base, minha inspiração! Eu precisava lutar para um dia voltar a ficar mais perto deles. Lutei e consegui.

Das tristezas

Houve bênçãos no caminho, sim. Tive quatro filhos, minha herança! Mas também tive perdas no caminho, a maior delas meu pai e minha mãe. Eu sonhava diariamente em vir morar mais perto deles para curti-los, mas a vida foi um pouco cruel, difícil; antes de deixarmos o Mato Grosso, meu pai faleceu no Rio de Janeiro. Isso me fez apressar minha saída de lá com medo de perder minha mãe. E, infelizmente, oito anos depois ela faleceu. Ficam os ensinamentos que eles me deixaram, ficam os momentos bons, as coisas boas que pude dar a eles quando os visitava.

Foram muitos sacrifícios, muitas renúncias. Mas Deus sempre esteve ao nosso lado! E é nisto que me inspiro até hoje: em buscar fazer a vontade dele e não a nossa! A ensinar algo de bom nesse mundo muitas vezes tão cruel! A inspirar pessoas a acreditarem em si, sem terem medo ou receio de olharem para trás!

Do conselho

Fica aqui o meu conselho: foca e vai! Não espere por nada nem por ninguém! Dê o seu melhor, faça tudo com excelência, com amor e com dedicação e colherás bons frutos! Uma árvore boa não pode dar frutos ruins. Nós somos aquilo que queremos ser: dedique-se! Procure aprender com quem está ao seu redor. Leia, viaje: leitura e viagem abrem horizontes. Observe a natureza e

Cássia Cristina da Silva

faça tudo com comprometimento. Mas, acima de tudo, ame o que fizer! Você sempre vai ser aquilo que você quiser! As oportunidades aparecem: agarre-as, pois é você quem faz sua história acontecer! Seja você o novo protagonista!

Agradecimentos

Cada página deste trabalho é resultado de experiências vividas. São um resumo de fatos gravados em minha memória com muitos atores que me ajudaram a conquistar cada retalho da colcha da minha história. A riqueza de um homem é o tesouro que ele carrega em sua bagagem. Tenho muito o que agradecer e muitos a quem agradecer por esses passos vividos.

Um agradecimento especial: a Deus, que sempre me ilumina; a meus pais, Sevy e Teresa (*in memoriam*); a minhas irmãs, Cláudia, Katia e Karla; a meus cunhados, Carlos, Alexandre e Alcir; a meus sobrinhos(as), Jonas, Matheus, Davi, Samuel, Stefanie, Raphaela, que são minha base.

Agradeço também a meu esposo, Celso Silva; aos frutos desse amor, meus filhos amados Pedro, Mariana, Beatriz e Giovanna; às minhas netas, Mariah e Mikaela, e minha nora, Monique; aos meus sócios, Maiko, Kim, Celso e Pedro; aos meus professores Lúcia Pereira, Marina Alberti, Paulo e Mariliza. À minha melhor amiga há 20 anos, Denize Rech; à minha secretária, Cláudia Moraes, e estagiárias, Elizabeth e Rafaela Queiroz, que muito me ajudaram.

11

É POSSÍVEL ALCANÇAR SEU PRÓPRIO PROTAGONISMO?

Cada escolha, conquista, posicionamento e atitude que tomamos se reflete em nossa vida e nos leva a um caminho de aprendizagem. Somos inteiramente responsáveis por toda ação que adotamos, querendo ou não. Ser protagonista da própria vida exige decisão e ação.

CLAUDIA LOLITA FREITAS

Claudia Lolita Freitas

Contatos
www.claudialolita.com.br
claudialolita@grupoclac.com.br
Instagram: @dizpramimcontadora
Facebook: @claudialolitafreitas
@dizpramimcontadora
LinkedIn: @claudialolitafreitas
21 99989 7513

CEO da CLAC Contabilidade. Ministra cursos, palestras, *workshops* e treinamentos das áreas contábil e de planejamento sucessório, e com temas para os segmentos de mercado em que sua empresa contábil atua. Pós-graduação em Contabilidade, pela Fundação Getulio Vargas (FGV-RJ). Pós-graduação em Perícia Judicial pelo Instituto Mauá de Tecnologia. Atualmente faz MBA em Empreendedorismo Contábil. MBA em Gestão Tributária. Mestranda em Ciências Contábeis pela FUCAPE. YouTuber dos canais CLAC Contabilidade e Diz pra mim, contadora. Advogada e corretora de imóveis. *Executive & business coach* pelo Instituto Tania Zambon. Especialista em Direito Tributário. Participou de mais de 300 cursos, seminários, congressos e mentorias. Presidente da Associação dos Profissionais Contabilistas de Teresópolis/RJ por quatro anos. Atual diretora do SESCON-RJ (segundo mandato). Sócia do Clube de Contadoras. *Leader trainning* pelo Instituto Kenia Gama. Especialista em Liderança de Negócios, formada na Disney (EUA). Participação da Imersão Internacional de Negócios do Vale do Silício (Califórnia, EUA). Apaixonada pelo empreendedorismo contábil e pelas técnicas e estratégias que a contabilidade pode oferecer para o desenvolvimento econômico e dos negócios.

De quem é a responsabilidade de protagonizar sua própria vida? Meu nome é Claudia Lolita, sou nascida no Rio de Janeiro em 20 de abril de 1968, em um lindo sábado de sol. Filha primogênita de Geraldo e Maria Helena, um baiano e uma cearense que, com amor, geraram uma carioca. Hoje, tenho 54 anos, sou viúva, mãe da Marianna e avó do adorável Miguel. Ser avó é ser mãe duas vezes, dizem por aí, mas eu só sei que realmente é uma experiência indescritível, de tanto amor envolvido. Na área profissional, sou empresária contábil há 27 anos, advogada, *coach*, palestrante, escritora, mentora, corretora de imóveis, diretora de sindicatos e professora.

O título desta obra nos faz refletir profundamente: *Eu, protagonista da minha história...* Mas, afinal, o que sou eu? E o que quer dizer, na realidade, ser protagonista da própria vida? Se formos descrever o que é ser "eu", não caberia certamente nas páginas deste livro. O "eu" é algo extremamente complexo de descrever, e, por isso, talvez exista uma vasta literatura acerca do tema, só para tentar explicar, descrever e filosofar a respeito do significado real do "eu"...

Simplesmente porque o "eu" descreve a individualidade, a personalidade da pessoa humana. O quanto a ser protagonista da própria vida? Neste mundo, com novo normal, VUCA – volátil, incerto, complexo e ambíguo –, pós-pandemia, muito se fez necessário: força, foco, determinação, sensibilidade, paciência, enfim... Mas, acima de tudo, precisamos assumir o comando de nossa própria história, sermos verdadeira e conscientemente responsáveis pelas nossas escolhas, e assumirmos suas consequências, sejam boas ou ruins.

Mas, afinal, o que é ser protagonista? Essa condição se inicia quando somos crianças. A criança é protagonista quando elabora teorias provisórias. É, de certo modo, "incômoda", pois expressa seu ponto de vista, produz mudanças e desestabiliza seu entorno, e não somente segue diretrizes, padrões e receitas. Ela é o sujeito de sua história, aprende e ensina, produz cultura. Ela é dotada de potencialidades e de recursos afetivos, relacionais e sensoriais que se explicitam em uma troca com o contexto social e cultural.

Claudia Lolita Freitas

Vou contar uma história. Leia com atenção. Vejamos a importância de ser protagonista da própria vida.

Helena queria ser estilista, desenhando roupas e acessórios, fazendo moda. Residia no Rio de Janeiro, mas o destino a levou a morar em Guapimirim, cidade pequena no interior do estado, depois da separação de seus pais. Na época, não existia nenhuma faculdade lá. Nem de administração, muito menos de moda. Ela queria ser mais, desenhar, brilhar em um desfile. Assim, seu pai determinou: "Helena, se você for estudiosa, mudaremos para Teresópolis" (uma cidade bem maior) e, lá, ela cursaria uma faculdade. Pois bem: Helena estudou muito. Afinal, ela queria ser bem-sucedida desenhando moda. Mas aí veio a surpresa: Teresópolis, naquela época, só tinha quatro cursos de graduação: Medicina, Enfermagem, Administração e Ciências Contábeis. Nada a ver com moda. Além disso, para acrescentar uma pitada de dificuldade a essa empreitada, Helena engravidou aos 17 anos. Ela era totalmente avessa a sangue, então a área da saúde estava descartada. Administração não era um curso tão conceituado como é hoje em dia. Lá foi Helena ser contadora e logo foi paixão à primeira vista. Que profissão maravilhosa é poder cuidar do patrimônio das pessoas e das empresas: a ciência da riqueza.

Essa paixão se transformou em um profundo amor. Afinal, Helena trabalha nessa profissão há cerca de 30 anos. Há 27 anos, fundou sua própria empresa contábil. Para ser uma contadora de sucesso, entendeu que era necessária a constante atualização dos conhecimentos técnicos e o estudo da Contabilidade Comparada, ou seja, um estudo para conhecer o que se passa nas principais nações do mundo, nos campos da tecnologia e da teoria. Além disso, o estudo das mutações do patrimônio, das regras contábeis internacionais e nacionais e da legislação trabalhista/tributária requer profunda dedicação à atualização constante para que se possa fornecer informações aos seus clientes e que estes possam tomar decisões seguras nos seus negócios. O propósito de vida de Helena é poder compartilhar seus conhecimentos com o maior número de pessoas, minimizando as possibilidades de erros e os impactos que esses erros podem causar na vida das pessoas. E, assim, Helena segue em frente. Erros? Foram muitos. Mas houve muitos acertos também! Não dizem que é errando que se aprende? Bem-vindos à minha história, eu sou Helena!

A vida de Helena tem alguma semelhança com a sua vida? Olhando de fora, o que você acredita que Helena fez de diferente? Ela teve ou não teve muitos obstáculos na vida, inclusive tendo de mudar o rumo de sua própria história? Ser protagonista da própria vida está intimamente ligado à importância de se arriscar, enfrentar a vida e suas adversidades com coragem e vigor. Incertezas e riscos são inevitáveis; no entanto, é necessário experimentar certas situações na vida para, só então, descobrir o que é bom e o que é ruim. Nessa persuasão, tentar blindar sua vida, fugindo de riscos e incertezas, pode até ser uma tentativa de fazer diferente, de evitar as falhas humanas, de minimizar o sofrimento. Contudo, não conseguimos sustentar esse modelo de vida por muito tempo. Defender-se a todo custo dos possíveis fracassos e erros pode aumentar o sentimento de frustração. Além disso, essa fuga constante nos afasta de experiências marcantes, de momentos que verdadeiramente dão significado para nossas vidas.

Somos, por essência, seres sociais. Precisamos uns dos outros. No entanto, devemos nos atentar ao quanto comportamentos alheios nos influenciam. E isso começa no início da vida, com nossos pais e professores, depois nossos amigos, nossos chefes. Reflita sobre uma escolha que você fez recentemente. Desde o que comeu no almoço ontem até uma decisão importante que você teve de tomar, como conseguir poupar mais dinheiro ou mudar de emprego, por exemplo. O que o levou a tomar essa decisão? Pode haver inúmeras razões envolvidas, mas todas têm a mesma direção: você. Suas preferências e seus gostos. Sem que percebamos, o comportamento de outras pessoas tem enorme influência sobre nossas preferências e nossos gostos. Isso é influência social. Não quer dizer que simplesmente repetimos hábitos alheios. Às vezes, o que nos guia é exatamente o oposto. Existem influências sutis e invisíveis por trás de nossas escolhas como indivíduos.

Muitas vezes, nesse mundo contemporâneo, compartilhamos a sensação de distanciamento de nós mesmos. Vivemos histórias como se não fizéssemos parte delas. Tomamos decisões como se elas não fossem nos afetar, no curto, médio ou longo prazo. Por muitas vezes, a sensação é de que estamos, o tempo todo, sendo direcionados por formas que escapam ao nosso controle; baseados em histórias alheias, decisões que podem ser melhores para nossos pares, mas não para nós como um todo. Isso não quer dizer individualismo nem egoísmo. Estou querendo explanar sobre o controle que devemos ter sobre nós mesmos e nossas decisões; sobre estarmos impregnados da consciência daquilo que estamos fazendo com nossas vidas e para onde estamos direcionando nosso futuro; sobre assumir o comando, assumir que todos nós temos escolhas e que, sim, só depende de nós mesmos. O contexto faz parte. E, por isso, as decisões nos parecem por vezes incompreensíveis.

Claudia Lolita Freitas

Muitos de nós temos a cultura da vitimização, o hábito de achar que dependemos disso ou daquilo, daquela determinada pessoa, do não poder, de pensar demais nas nossas limitações. Por isso, essa minha proposta, de ser protagonista da sua própria história, pode lhe parecer tão desafiadora.

Por estarmos mergulhados nos problemas do cotidiano, nesse excesso de informações dinâmicas em que vivemos hoje, não percebemos que somos capazes de viver de outra forma. Na verdade, os únicos responsáveis pela escrita de nossa própria história somos apenas nós mesmos. É possível ter consciência daquilo que queremos e quais são e serão nossos caminhos para desenvolver a habilidade de escrever nossa própria história. Mas, não se engane. Trata-se de um processo constante, que nunca se finalizará e ao qual devemos estar sempre atentos. Veja, por exemplo, a era da pandemia que estamos vivendo. Quem imaginaria que viveríamos algo assim?

Compreendendo a importância dessa visão para nosso desenvolvimento pessoal, vou listar alguns pontos de atenção a respeito de como ser protagonista de sua própria vida.

Conheça seus medos e os controle

O medo tem uma função muito importante, apesar de, em um primeiro momento, você apenas ter medo do medo. O medo contribui muito para não tomarmos as rédeas do nosso destino. É uma emoção que, muitas vezes, nos impede de avançar e nos faz enxergar os obstáculos da vida e do cotidiano de uma forma muito maior do que eles realmente são. Michael A. Singer explana, na obra *A alma indomável*, que temos uma voz que fala sem parar dentro da nossa cabeça. E como manter a serenidade diante do falatório mental que julga, critica e decide por nós? Como viver sem ser comandado por essa voz que, muitas vezes, nem conseguimos controlar? Usamos o medo como justificativa para nos esquivarmos de desenvolver nosso verdadeiro potencial e, então, continuamos seguindo por caminhos confortáveis e aparentemente seguros. Entretanto, essa postura é um engano e verdadeiramente nunca estaremos livres do acaso e da instabilidade.

O grande segredo é o seguinte: na maior parte das vezes, fantasiamos coisas catastróficas e elas nem sequer acontecem. E, se acontecerem, devem ser vistas como aprendizado. Assumir a fragilidade da experiência humana e enfrentá-la é diferente de se lançar aos obstáculos e objetivos de maneira imprudente. A coragem precisa sempre ser acompanhada de ponderação e avaliação de riscos, certamente. Diante disso, podemos desenvolver o hábito de sempre partir para a ação, com planejamento, mas nunca nos escondendo atrás de temores infundados.

Sua vida depende de você; assuma sua responsabilidade

Coisas pequenas, que passam despercebidas, nas quais é fácil transmitir a culpa para outro agente, podem ser facilmente melhoradas, com uma prática constante de autorresponsabilidade. Pense nas tarefas mais simples, como acordar pela manhã. Coisas que podem acontecer – como a falta de luz, fazendo com que você tenha de tomar banho frio – podem desencadear uma crise nervosa naqueles que não estão conscientes de suas ações. Em vez de tentar resolver, jogamos a culpa no parceiro ou parceira, ficamos de mau humor, gritamos com as crianças e tende-se a piorar uma situação que, às vezes, pode ser facilmente resolvida.

Se você é responsável por alguma atividade, assuma-a e a faça da melhor maneira possível. Caso se sinta sobrecarregado, exponha seus sentimentos de maneira direta, mas sem acusações. Tente resolver tudo com diálogo e atitudes positivas. Lembre-se: sua vida é um reflexo do que você faz e escolhe. Caso precise mudar, comece pela mudança em seu modo de responder aos estímulos que recebe. Isso é ser responsável pela própria felicidade. Ser autorresponsável implica cuidar de si mesmo, começando pela sua saúde mental, de forma a alimentar sua mente com pensamentos positivos e atitudes que solucionem problemas e não os tornem ainda maiores. Portanto, a autorresponsabilidade é um dos sentimentos que devem ser mais cultivados em nós.

Identifique seus valores

Cada pessoa possui uma maneira própria de se comportar e se relacionar com os outros. Essas particularidades são desenhadas ao longo da vida do indivíduo, com base em todas as experiências vividas por ele e nas interpretações atribuídas a cada momento. O que é verdadeiramente importante para você? Quais são seus valores inegociáveis? Com o que você consegue viver sem? Para entendermos nossa missão no mundo, precisamos estar em contato com nossos valores. Respeito? Empatia? Liberdade? Honestidade? Solidariedade? Espiritualidade? Quais são os seus? Essa concepção nos ajudará a avaliar o caminho que estamos seguindo, se nele vamos encontrar o que esperamos e se, assim, realizaremos nossos sonhos. Além do mais, auxilia-nos a nos comunicarmos e alinharmos nossas expectativas.

Aprendendo a renunciar a algumas coisas para corrigir a rota

Nem tudo o que desejamos, e o que nos leva para frente, é bom! A zona de conforto, por exemplo, pode ser maravilhosa, mas não ajuda você a cumprir com seus objetivos. É preciso ter prioridades e isso significa fazer escolhas. É importante você ter claro, na sua mente, onde você quer chegar, por que e como. Dessa forma, você identificará claramente do que você deve abrir mão e o que você deve potencializar. Muitas vezes, você poderá não atingir seus objetivos, por fatores completamente alheios à sua vontade. Aprenda o que você deve melhorar no seu plano de ação para que possíveis erros de percurso não atrapalhem o resultado. O que deu errado? O que fizemos? Recue e busque alternativas. Perceber que algo não está atingindo o resultado que gostaríamos nos permite ter novas visões, novas opções e novas rotas. O importante é seguir atento aos sinais.

Esteja aberto ao novo e próximo a pessoas que possam contribuir para um melhor resultado

Escrever a própria história envolve buscar experiências diversas e apreciar as mudanças. Devemos duvidar daquilo que temos como certo para que novas possibilidades e novas experiências possam abrir novos caminhos, melhorando a obtenção dos nossos objetivos. Toda nova jornada é feita de pequenos passos e não existem muitos atalhos confiáveis para pular etapas. Conforto e estagnação são inimigos das novidades. Conhecer novas culturas, espaços e pessoas são exemplos de ações da mudança de pequenos hábitos que podem trazer novas perspectivas. O crescimento pessoal verdadeiro envolve romper radicalmente com as barreiras que nos são impostas pelo mundo e até por nós mesmos. Estar próximo a pessoas com experiências já vividas podem nos encurtar caminhos e priorizar ações com a segurança de alguém que já conhece o processo.

Cada ser humano tem seu próprio modelo de alcançar aquilo que almeja, e o percurso nunca será o mesmo. Além disso, escolher ser protagonista da própria história implica necessariamente um trabalho constante, mas com inúmeros retornos. A sensação pessoal de autorrealização é indescritível. Saber que somos capazes de tornar real aquilo que sonhamos e idealizamos é algo que nos causa uma sensação de plenitude e bem-estar que ninguém tomará de nós. É algo nosso, uma conquista nossa, para sempre.

Referências

BERGER, J. *O poder da influência: as forças invisíveis que moldam nosso comportamento.* Rio de Janeiro: Alta Books, 2019.

BROWN, B. *A coragem de ser imperfeito: como aceitar a própria vulnerabilidade, vencer a vergonha e ousar ser quem você é.* Rio de Janeiro: Sextante, 2016.

CARVALHO, T. J. A. *A relação terapêutica em psicoterapias existenciais. A escolha de si próprio* – II Encontro de Antropologia Fenomenológica e Existencial. Porto: Hospital do Conde de Ferreira, 1996.

ERTHAL, T. C. S. *Psicoterapia vivencial: uma abordagem existencial em psicoterapia.* São Paulo: Livro Pleno, 2004.

SINGER, M. A. *A alma indomável: como se libertar dos pensamentos, emoções e energias que bloqueiam a consciência.* Rio de Janeiro: Sextante, 2018.

Após trabalhar como CLT, decidi sair da minha zona de conforto e recomeçar. Aprendi, ao longo da minha caminhada, com as necessidades e decepções, que o mais importante não é de onde você veio, pois isso não define onde você pode chegar, mas, sim, suas decisões. Decidi olhar para minha história, dar um novo sentido a ela, e ser autora da minha própria história.
O caminho é feito para nos fortalecer!

EDVÂNIA NOGUEIRA ALVES

Edvânia Nogueira Alves

Contatos
edvanianogueiramt@hotmail.com
Instagram: @edvanianogueiraoficial
66 99953 2595

Contadora, graduada pela Faculdades Integradas do Rio Verde (Firve - MT/MS, 2007. MBA em Auditoria, Controladoria e Finanças pela Faculdade Unic (2014), é bacharela em Direito pela Uniasselvi (2021), com formação continuada em Empreendedorismo e Gestão pelo Instituto Federal de Educação, Ciência e Tecnologia de Santa Catarina – IFSC (2021). Certificação em Liderança pela Pontifícia Universidade Católica do Rio Grande do Sul – PUC-RS (2021). É empresária, mentora de negócios e escritora.

Comecei a trabalhar aos 8 anos. Aos domingos, minha mãe e eu saíamos às 5h da manhã, de bicicleta, com uma trouxa de roupa na garupa, para vender nas chácaras em volta da cidade para complementar a renda familiar. Ela era enfermeira e meu pai, pedreiro.

Desde muito pequena, eu entendi que as coisas não seriam muito fáceis. Somos três filhos e, desde aquela época, eu já estava sendo desenvolvida para o mercado de trabalho; mais que isso, estava sendo desenvolvida para a vida, mesmo sem meus pais terem essa intenção.

Lembro como se fosse hoje que, para mim, trabalhar já significava uma grande conquista, pois tinha meu dinheiro para comprar minhas coisas. Comecei a pegar gosto pelo trabalho e por ter coisas que meus pais não tinham condições de nos proporcionar. Com 14 anos, já trabalhava em uma mercearia na rua de casa por meio período, vendia Avon, produtos da revista Hermes e Natura na escola, para professores, vizinhos e amigos. Naquela época, meus pais me levaram à cidade vizinha para que escolhesse meu *mini system* de três CDs, que, para mim, era sonho, pois sempre fui apaixonada por música, assim como meu pai. Eles parcelaram em várias vezes e era minha responsabilidade e compromisso pagar em dia aquelas parcelas.

Aos 16 anos, entrei no mercado de trabalho formal. Naquela época, pensava que possuir registro em carteira proporcionaria mais estabilidade. Assim, recebi uma proposta e trabalhei por alguns anos na área financeira e administrativa.

Terminei o ensino médio aos 16 anos e não sabia qual curso fazer ou profissão seguir. Passei dois anos parada com os estudos, sem saber qual curso fazer; não fui uma criança com muita clareza, como aquelas crianças que dizem "vou ser isso quando crescer". Não existia diálogos em casa e não tinha muita voz ativa para falar, pedir, sonhar. Em 2004, prestar vestibular era um sonho, pois minha cidade era muito pequena e não oferecia oportunidades, e ter uma graduação naquela época era um grande diferencial. A cidade mais próxima com uma faculdade ficava a 90 quilômetros, assim, eu precisava me

Edvânia Nogueira Alves

deslocar todos os dias por quatro anos. Minha família não tinha condições de pagar, mas fazer um curso superior era meu sonho e foram anos muito difíceis, desafiadores e cansativos: trabalhava em período integral e saía direto para o ponto de ônibus, cuja passagem era custeada metade pela prefeitura, metade pelo aluno. À noite, percorria os 180 quilômetros e, nos fins de semana, toda turma dos alunos, que cursavam diversas áreas, vendia salgados nas festas para arrecadar dinheiro para pagar a faculdade.

Em meu segundo ano, com muita dificuldade, consegui uma bolsa de 50% da mensalidade. Minha dedicação aos estudos sempre foi minha prioridade.

Naquela época, já trabalhava em uma das maiores instituições financeiras do país; estar em um curso de nível superior me proporcionou esse privilégio e grande diferencial no currículo. Quando encerrei a graduação, também foi encerrado meu contrato de trabalho com a instituição financeira.

Comecei a trabalhar na maior empresa da minha cidade, um grupo que já estava no mercado há mais de 25 anos.

Nessa empresa, aprendi muito como trabalhar em equipe, a importância das metas e a ter controle financeiro; foi a maior escola de aprendizado pessoal da minha vida.

Após alguns anos, recebi uma proposta para continuar na empresa, mas precisava mudar de cidade. Esse foi o primeiro grande desafio da minha vida: aos 24 anos, deixar aquela pequena cidade, o conforto da casa dos meus pais. Mas foi a maior e melhor decisão, um grande desafio, pois fui para uma cidade distante, sem conforto, sem minha família e sem os amigos por perto. Era desesperador.

Tinha apenas um colchão e um ventilador, mas fui me adaptando àquele novo cenário de vida, afinal, eu tinha decidido aquilo.

Foram os maiores anos de aprendizado: era como se eu tivesse começado a viver a partir daquele momento. Tomar aquela decisão foi um verdadeiro divisor de águas na minha vida.

Nesse período, fiz minha primeira viagem de avião sozinha. Conheci diversos lugares e precisei aprender a desenvolver várias habilidades, como exercer liderança, fazer treinamentos, bater metas, ganhar prêmios e vencer desafios que a empresa oferecia. Foi um tempo muito gostoso viajar para várias cidades para fazer esse trabalho, tinha liberdade financeira e geográfica.

Mudei-me de cidade novamente e surgiram novos desafios: consegui uma vaga na maior instituição cooperativista do país. Sempre fui uma pessoa comprometida e dedicada, e sempre investi em conhecimento, afinal, era um sonho trabalhar e estar ali. Foi quando fiz uma MBA na área Financeira e Controladoria.

Nesse período, muitas coisas aconteceram e muitas coisas não deram certo, então meu ciclo de trabalhar em regime CLT foi encerrado. Eu já tinha conhecimentos financeiros, entendi que a maior ilusão da vida se chamava estabilidade e entendi que o que no início da minha jornada era prioridade (trabalhar em regime CLT) não passava de uma crença limitante e falta de conhecimento.

Hoje, quando paro e faço essa reflexão, passa todo esse filme na minha memória: percebo que foi assim durante toda minha vida, que as decisões que tomei sempre fizeram a diferença e me fizeram ser a mulher que sou hoje.

Aprendi a olhar para minha vida e para minha história de uma maneira diferente; foi assim que consegui superar os desafios e a escassez, pois aprendi a lidar com muitas situações e emoções desde muito cedo.

Agradeço a Deus, a toda minha família, e a todas as pessoas que fazem parte dessa história.

Desafios

Quem você é hoje já conquistou tudo o que poderia conquistar?

Se você almeja conquistar coisas novas, precisa aprender a deixar muita coisa para trás e a construir um novo você. Todos esses desafios na minha jornada me fizeram entender várias situações na minha vida.

Muitas vezes, essa reconstrução ocorre quando estamos passando por dificuldades. Mas eu entendi que até as dificuldades acontecem para nos desenvolver.

Em 2015, deixei o mercado de trabalho e me tornei empreendedora. Comecei a estudar o mercado e, em menos de dois meses, já estava credenciada como um ponto de atendimento de certificado digital.

O começo de toda jornada é sempre um desafio; um dos maiores que vêm à nossa mente são as limitações, porque não aprendemos na escola como empreender.

A experiência que adquiri ao longo da minha caminhada foi o que realmente começou a me incomodar, pois vi o quanto eu me dedicava para fazer sempre para os outros.

Necessidades

Empreender exige desenvolvimento de várias habilidades, pois ninguém nasce pronto. A importância de investir em conhecimento e desenvolver essas habilidades.

É muito importante olhar para seu negócio como uma empresa, por menor que ela seja.

Desde o início, meu propósito era ser referência, e um dos maiores desafios, como empreendedora, foi ter que dar conta de tanta coisa sozinha.

Iniciamos como um ponto de atendimento, os dois primeiros anos foram muito desafiadores e acabei me endividando. Nessa época, recebi uma proposta para voltar para uma instituição financeira, e confesso que fiquei muito pensativa, porque as coisas naquele momento não estavam indo bem. Pensei em desistir e voltar para o mercado de trabalho com carteira assinada e, mais uma vez, fiz uma reflexão sobre a minha jornada.

Precisei ter coragem e continuar com a empresa, pois sabia que tinha conhecimento e capacidade. Coloquei em prática a experiência e percebi que tinha estruturado um modelo de negócio.

Constância e disciplina

Quais são os primeiros passos quando começamos a empreender? Por onde começamos?

Ter disciplina é fundamental, pois, se você não tem, não consegue persistir. No começo, vai dar errado, e será preciso repetir várias coisas diversas vezes até dar certo.

Nos primeiros anos, trabalhei na construção da carteira de clientes. Mudamos de endereço e nos tornamos uma autoridade em registro, credenciada, o que foi um grande marco na minha trajetória.

Decisão, coragem e ambiência

Como diz Steve Jobs: "Você não consegue ligar os pontos olhando para frente; você só consegue ligá-los olhando para trás. Então você tem que confiar que os pontos se ligarão algum dia no futuro".

Percebi que todas as decisões que precisei tomar na minha vida me fizeram ser a mulher que sou hoje.

Precisamos ser otimistas; mais do que fé, precisamos de ação; ninguém vai fazer por você o que você precisa fazer, decidir o que fazer, iniciar aos poucos e trabalhar nisso todos os dias é muito importante.

Sair do conforto da casa dos meus pais, de uma cidade pequena, deixar meu emprego para começar aqui em Rondonópolis/MT não foi fácil, pois muitas coisas deram errado. Decidir empreender, trilhar novos caminhos e estar aqui hoje, compartilhando isso com vocês, faz parte de decisões que precisei tomar.

Coragem é tudo o que precisamos para encarar nossos medos e os desafios que surgem.

Gestão do tempo e liderança

Nós precisamos aprender a ser líderes; entender que somos a inspiração e referência da nossa casa, trabalho e, principalmente, da nossa equipe.

Hoje, aprendi a organizar, estabelecer prioridades e fazer melhor gestão do tempo, o que me fez ser muito mais produtiva.

Com nosso trabalho em expansão, precisei me desenvolver como líder. Em outubro de 2019, mudamos nosso método de trabalho e estratégia do meu negócio e, no início de 2020, veio a pandemia de covid-19, um momento de incertezas em todo o mundo. Eu já tinha planejado minhas metas, foi desafiador, mas conseguimos superar a expectativa da estratégia traçada, pois o atendimento por videoconferência possibilitou fazer o atendimento sem fronteiras.

O ano de 2021 foi de muito resultado. Quanto mais eu compartilhava conhecimento com meu time e o envolvia em meus propósitos e sonhos, mais o negócio crescia.

Entendi que todos tinham as mesmas 24 horas do dia, mas, com a gestão do tempo, passei a ser mais produtiva e percebi que, durante algum tempo, eu era muito ocupada e não produtiva. Tinha resultados, mas não como eu gostaria. E, assim, consegui multiplicar meus clientes, meu time, meus negócios, meus números.

Em 2021, durante a pandemia, precisei ressignificar muitas coisas na minha vida e, nesse período, descobri o meu propósito.

Comecei a ler mais livros, durante o período de estudos para apresentação do meu trabalho de conclusão do curso de Direito.

Passei a me questionar sobre o tanto de conhecimento que já tinha investido e não compartilhava. Entendi que, com meu conhecimento e experiência, poderia ajudar outras mulheres a melhorar seus negócios e resultados.

Edvânia Nogueira Alves

Surgiu um forte desejo de transbordar na vida das mulheres por meio do conhecimento, e desejo de um dia contar a minha história em um livro, poder ser inspiração para outras mulheres.

Liberdade é poder decidir onde quero chegar!

Resultados, realizações e sonhos

O caminho para chegar até aqui foi longo; já se passaram mais de 21 anos de experiência no mercado de trabalho e eu sigo em construção, pois lembro-me como foi difícil chegar até aqui.

Ser empreendedora é um motivo de muita honra, porque faz parte do meu DNA.

Foram muitos desafios. Sabemos que não é fácil, muitas vezes estamos sozinhos, e não podemos desanimar por ter escolhido trilhar novos caminhos.

Não podemos pensar que as pessoas à nossa volta vão nos apoiar; no início, muitas vezes a jornada é solitária.

Quem já se sentiu sozinha(o), muitas vezes, para resolver tudo? E só havia você para resolver?

Comigo não foi diferente, mas, por meio de todos esses pilares, consegui obter resultados e realizar vários sonhos, mesmo pequenas coisas, como estar em datas comemorativas ao lado da minha família. Eles sabiam que estar longe seria necessário por um tempo, afinal, era um sonho, e ter o apoio deles foi fundamental.

Para as coisas darem certo, é preciso muita renúncia e clareza para conseguir manter-se forte e ser persistente.

Apesar de 2021 ser um ano de incertezas, foi um ano de muitas realizações, como a viagem dos sonhos da minha mãe, que era levar os filhos para o Rio Grande do Norte para conhecer o restante da família.

Outros sonhos foram sendo realizados: a conquista de um lindo apartamento, a construção de uma unidade própria no Mato Grosso do Sul, com recursos próprios. Eu continuo buscando conhecimento, aprendendo, desenvolvendo-me e sonhando!

Participei de um evento do Pablo Paucar, autor do best-seller *Mentalidade: blinde a sua mente para encher o seu bolso*. Admirava o trabalho dele desde 2018 e, no evento, conheci pessoas maravilhosas, que quero levar para minha vida.

Entendi que ter sido sempre mais reservada e dedicada aos estudos foi o que me possibilitou todo esse desenvolvimento, assim como estar perto de pessoas que têm o mesmo propósito que eu. Hoje, Pablo Paucar é meu mentor, pois ter alguém que já trilhou o caminho e te ensina esse caminho, economizando tempo, dinheiro e desgaste físico e mental, é muito importante.

Fiz parte da criação de um lindo projeto, chamado "Empreender é com elas" – de quatro mulheres, empresárias em áreas diferentes, com o propósito de transformar e impactar vidas de outras mulheres –, que nasceu para ser tudo aquilo que Deus nos enviou neste mundo para ser. Ter criado esse movimento foi outro momento desafiador.

Gratificante é a certeza de que o dom e a capacidade que Deus me deu para buscar tanto conhecimento e conseguir multiplicar isso me fizeram entender que esse é meu propósito.

Hoje, eu entendo o impacto de uma ideia e, principalmente, da decisão e da ação.

Sabe aquela viagem dos sonhos? A minha era Dubai e, com todo esse movimento e novas pessoas e ambiências, recebi um convite para, em outubro de 2022, participar de uma imersão para mulheres brasileiras em Dubai. Porque Deus faz assim: se Ele coloca um desejo em nosso coração, é porque já nos deu a capacidade para realizar tudo o que desejamos.

Ter começado minha jornada empreendedora, não ter desistido de mim e dos meus sonhos, além de todas as dificuldades passadas, me tornaram, hoje, uma empresária de sucesso e com resultados. Hoje sou empresária, mentora, palestrante, escritora e continuo aprendendo, nessa constante busca pelo conhecimento.

Quero dizer que, se você tem um sonho, não desista dele; questione a cada dia o que você precisa fazer para alcançá-lo e não desista, não pare até conquistar.

Tudo o que nós precisamos para nos desenvolvermos está dentro de nós, só precisamos ter esse olhar para dentro, aprender a questionar e não aceitar as verdades impostas pelo ambiente externo. Acreditar e não desistir!

Por meio desses tópicos, desenvolvi um método de sete pilares para uma jornada de sucesso, em que transformo conhecimento em resultados. Como mentora de negócios, direciono mulheres, empreendedoras, a serem líderes e referencia com o método planejar para faturar, tornando-as autoras de suas próprias histórias.

Vencer é transformar pessoas!

13

UMA MULHER, UMA ESSÊNCIA, ALGUMAS PERSONAGENS

Minha individualidade corresponde a algumas personagens no desenrolar de minha história. Acredito que, em cada ciclo, desempenho um papel de acordo com meus próprios pensamentos, sonhos, atitudes e ações. Acredito que viver é equivalente a assumir minha essência no aqui e agora.

ELIZABETH MARIA DA SILVA

Elizabeth Maria da Silva

Contatos
beth7msilva@gmail.com
Instagram: @bethsinaisinai
Facebook: Elizabeth Maria da Silva

Professora aposentada de Língua Portuguesa e Literatura, graduada pela antiga Organização Santamarense de Educação e Cultura (OSEC), atual Universidade Santo Amaro (Unisa); e em Pedagogia pela Faculdade de Moema. Especialista em Português e Literatura pela Universidade Metodista de São Paulo e em Educação de Jovens e Adultos pela Universidade Federal de São Paulo (Unifesp).

Uma mulher, uma essência, alguns pseudônimos

Na região do Autódromo de Interlagos, no lado periférico de São Paulo, por detrás da linha do trem, nascia Elizabeth Maria da Silva, lambida por um negro cão. Sua mãe, enquanto esperava seu esposo, que saíra em busca de uma parteira, não se conteve naquele momento solitário e cedeu ao desejo de sua filha para sair de seu útero e vir à luz. Foi assim que nascera a menina, entre a força e a coragem da mãe, com o carinho do cachorro e da necessidade de ver a luz do sol. Ali, no Jd. IV Centenário, Liza, assim apelidada pela família, viveu até os seus nove meses de vida, quando seus pais resolveram migrar para o outro lado da Represa Billings, às imediações do final da Avenida Nossa Senhora do Sabará, na zona sul de São Paulo.

Aos seis anos e meio, Liza iniciou seus estudos na escola do SESI 049 e, lá, estudou da primeira série até o quinto ano, que equivalia ao curso preparatório de admissão para o antigo curso ginasial. Liza não pôde prosseguir os seus estudos a partir dali, por causa da falta de escolas na região e as condições financeiras precárias de seus pais. Não poder concluir seus estudos a constrangia muito.

Os pais de Liza, oriundos de Minas Gerais, sem formação alguma, foram para São Paulo ainda muito jovens, sonhando com melhores condições de vida, o que infelizmente não aconteceu. Seu pai não passou de um simples operário, mas, como um ser humano comum, marcou presença com a sua honestidade e como homem trabalhador, apesar de, aos fins de semana, entregar-se ao vício da bebida, enquanto sua mãe se desdobrava com dedicação e zelo pelos seus filhos, trabalhando também como empregada doméstica para ajudar na sobrevivência da família, sob o jugo da falta de afeto, carinho e reconhecimento de seu valor como mulher e esposa por seu parceiro. Todavia, vencia os obstáculos que surgiam e nutria uma certa alegria de viver ao lado de seus filhos.

Elizabeth Maria da Silva

Liza, na adolescência, por mais que desejasse estudar, vivia longe da escola. Sem o direito de completar seus estudos básicos, simplesmente vivia em casa, onde imperava a ordem condicionante de que homem poderia entrar e sair de qualquer lugar sem problema algum, mas a mulher, não; esta servia para cuidar da casa, era apenas uma serviçal em prol da família. Liza, porém, com o passar dos tempos, passou a desejar o direito de ir a bailinhos de garagem, fazer novos amigos e ter a liberdade de poder recebê-los em casa com alegria e aceitação da família, mas nada disso se concretizava.

O rádio, ah! O rádio! Seus pais possuíam um e este era, para ela, um grande amigo. Por meio dele, Liza passou a ouvir e gostar de músicas, a ouvir boas narrativas de alguns locutores em seus noticiários, programas musicais e até mesmo algumas crônicas que enalteciam sua alma, contudo, ao cinema, pouquíssimas vezes pôde ir. Isso acontecia somente quando a mãe de uma amiga de infância a convidava para acompanhar a sua filha e lhe pagava a entrada. Televisão, apenas algumas pessoas possuíam, e a Jovem Guarda, um programa de domingo, voltado para os jovens, somente era visto por ela quando conseguia ir à casa de uma amiga para assisti-lo. Mas havia algo que, mesmo escondida, Liza aproveitava muito bem: lia todos os gibis que seu irmão colecionava em uma velha mala de viagem. Ele não gostava que ela mexesse em sua relíquia, mas, quando ele ia ao campo de várzea jogar futebol, todos os dias à tarde, ela aproveitava e fazia as suas leituras. Lia Kid Colt, Mandrake, Fantasma, Daniel Boone, Cavaleiro Negro, Luluzinha, Bolinha, Pimentinha, contos de fada, fotonovelas, enfim, lia tudo o que tinha na mala, correndo o risco de ser chutada por seu irmão, caso chegasse do campo de futebol e a encontrasse com as mãos em sua coleção de gibis. Mas valeu a pena ter lido tudo o que leu, pois a ajudou muito com relação ao ato de ler e de escrever.

Ufa, quanta tortura! Por que o que alegra a vida, o que ajuda a dar valor a ela, muitas das vezes nos chega sob um turbilhão de dificuldades? Por que não se pode viver a condição suprema que dignifica a vida humana, como a alegria de conviver em liberdade, em paz e amor uns com os outros, enfim, com dignidade humana? Eram questões alucinantes que vislumbravam, em Liza, a ideia de vida em comunidade, mochila nas costas, desejo de liberdade para vivenciar a própria vida; entretanto, o que experimentava no concreto de sua existência era a angústia por ainda não ter assumido o direito de viver a singularidade de sua própria essência. Como um cachorro sentindo-se solitário, almejando abocanhar seu próprio rabo, girando em torno de si mesmo, Liza divagava em torno de seus evasivos pensamentos, presa em seus próprios conflitos e emaranhada pelas correntes de um amor embriagado por costumes familiares pautados por uma moralidade ética social servil. Liza, em momentos de solitude, buscava em sua essência o desejo de tocar novos horizontes, mas como? Onde está o horizonte?!

Liza persistia em seu desejo de seguir seu próprio caminho, de ter um encontro real com ela mesma e de ter experiências concretas com o mundo lá fora, como autora de suas próprias atitudes, até que, num certo dia, a vida lhe sorriu e um simples texto caiu em suas mãos. Bendito texto! Foi a chave que abriu o portão para iniciar uma nova caminhada.

Que texto é esse?

A vida lhe sorriu com a chegada de um simples folheto ofertado por um de seus irmãos, que o recebera das mãos de dois jovens, num ônibus, que, depois de uma pequena palestra, emanando amor e fé em Jesus, entregavam, aos passageiro, um exemplar. Essas palavras foram lidas por Liza, que, em seguida, guardou o folheto após observar sua origem: *The Children of God*, um movimento americano que se espalhava pelo mundo. Até hoje Liza encara como providência divina o fato de seu irmão tê-la recebido, levado-a para casa e a presenteado sem saber que essa literatura seria um passaporte para iniciar o encontro com ela mesma.

O ato de escrever como forma de libertação

Um turbilhão angustiante dominou Liza, em um certo dia, e a fez desejar "dormir três dias e três noites, pelo menos, e descansar dessa droga de mundo", em suas palavras, e o sentimento de angústia levou-a a preparar e tomar um coquetel de medicamentos que havia em sua casa, tentando descansar de sua tortura mental; no entanto, tudo continuou da mesma forma. Dias depois, em meio a uma desavença entre seus pais, Liza buscou um lugar em sua casa, pegou um caderno e passou a lançar, no papel, o que sua alma gritava: depositou, em frente e verso de quatro folhas, a sua angústia travestida no desejo de deixar ir o mal dominante que tentava nocautear o seu ser, competindo com o seu desejo de viver em plenitude, em paz, amor e muita alegria. Perguntou a si mesma, em meio às lágrimas que lavavam a sua alma naquele momento: "Como ressuscitar para um outro ciclo e, de fato, viver a minha própria essência? De que maneira, como iniciar esse processo?". Liza, então, lembrou-se do "bendito texto" que recebera das mãos de seu irmão, com um número de uma caixa postal, e rapidamente arrancou as folhas do caderno, colocou-as em um envelope e o enviou pelo correio ao movimento

The Children of God, de quem recebera uma resposta, convidando-a a conhecer o amor revolucionário de Jesus, fornecendo-lhe, também, o endereço da colônia, nome dado às casas em que moravam, em comunidade, os participantes do movimento.

E lá se foi Liza

Liza bateu suas asas, saiu ao encontro da vida, de sua própria essência, para assumir o seu direito de ser ela mesma, a protagonista de sua própria vida. Era um inverno gelado, em 1976, que trazia aquela garoazinha típica de sua cidade natal, São Paulo!

Ao chegar à colônia, a primeira pessoa que seus olhos viram foi um jovem cabeludo, trajado com uma calça jeans e um sobretudo verde-oliva, daqueles que os "malucos" da época usavam. Usava uma bolsa de couro cruzada em seu peito e comia uma maçã. Seu nome era Isaías. Ele a cumprimentou, sorrindo, avisou-a que uma outra pessoa viria atendê-la e seguiu o seu curso; estava de saída. Esse momento marcou a vida de Liza: até hoje, ela se relaciona com este "mais que amigo", como ele também se define.

— O que deseja? – perguntou a pessoa que fora receber Liza no portão.

— Eu quero paz, preciso de paz! – Liza respondeu.

— Entre, sente-se!

O rapaz, anfitrião daquela comunidade, pegou o violão e tocou uma canção, cuja letra era a oração de São Francisco de Assis, que o grupo havia musicado e gravado. As lágrimas de Liza destilavam agora uma limpeza espiritual que aclarava a sua própria vida, que lhe pedia para assumir a energia de paz que transmutaria toda a tristeza e a angústia, incrustadas em seu interior, em alegria e amor!

Liza deixou para trás sua família, seus amigos, enfim, foi em busca de si mesma e morou com os demais componentes do movimento. Ganhou um novo nome, Sinai. Nome esse que, para ela, até hoje traz um grande e belo significado: o encontro com ela mesma e com aquele que ainda hoje constitui o seu mestre-mor: Jesus, o Redentor de sua vida. Passou a sentir o Espírito do Eterno, e, no tempo certo, bateu asas, voltou para a casa de seus pais, porém, agora, um ser transformado interiormente, assumindo a sua própria essência, uma pessoa mais resiliente para enfrentar as dificuldades da vida nessa sociedade capitalista, em que é melhor ter do que ser.

Continuando sua trajetória de vida, foi trabalhar na ABU Editora, onde era chamada Beth. Lá, conheceu pessoas de religiões diferentes, passou a ter contato com literatura cristã mais de perto e almejou, um dia, também escrever seus próprios textos. Por isso, voltou a estudar: entrou no curso de Letras, formou-se professora de português e literatura com muita gana e perseverança, mas, para atingir sua meta, trabalhou num banco como estagiária de um projeto e lavou roupas de jogadores de times de futebol de várzea. O valor que recebia pelos trabalhos realizados era insuficiente para custear os gastos com a faculdade, por isso almoçava e jantava ao mesmo tempo, de noite, por volta das 23h30, depois de um dia e parte da noite de trabalho e estudo numa correria desgastante. Assim, ela venceu os obstáculos e assumiu a sua profissão em algumas escolas de São Paulo, onde ficou conhecida como professora Beth Maria, professora de português e poesia, assim denominada por muitos alunos.

Ela sonhou encontrar, no cruzamento de sua história com as dos alunos, uma interseção que favorecesse a eles caminhos que os levassem ao encontro de cada um consigo mesmo, tudo isso dentro de uma sala de aula, através do estudo da língua portuguesa, comunicação e expressão. A professora se alegrava quando muitos deles quebravam o silêncio, ecoando, em voz alta, as suas próprias opiniões, dignificando, assim, o direito do ser humano não apenas de ouvir, mas, também, de falar. Já nas aulas de poesia, que doce bagunça na hora da leitura! A professora apresentava um poema, declamando-o para os alunos, e, a seguir, uma fileira de alunos lia um verso, outra fileira prosseguia a leitura, visando descobrir as rimas, perceber o som dos poemas de uma forma alegre e prazerosa, culminando em produções de poemas, depois organizados em cadernos de poesia, nos quais cada folha apresentava um poema escrito por eles. Eles são relíquias que até hoje a professora Beth Maria guarda como troféu.

Percebe-se que a perspectiva da professora era a de levar os alunos a descobrirem a beleza que havia dentro de cada um, assumindo a sua essência, sem medo de compartilhar suas ideias e pensamentos, quebrando o silêncio que reprime a liberdade de ser e vivenciar os seus sonhos, pois é na luta pela conquista deles, valorizando a própria essência, que nos afirmamos como guerreiros capazes de vencermos as nossas próprias guerras e as demais que a vida nos oferece.

Hoje, a menina que nascera lambida por um cão continua assumindo a sua essência, como uma professora aposentada, em uma pequena chácara no litoral paulista ao som dos passarinhos.

Elizabeth Maria da Silva

14

A ARTE DE SE REINVENTAR

Não devemos ter medo de mudar, pois as coisas só acontecem com os que estão dispostos a realizar algo. Tudo que já passamos nos tornou o que somos hoje. Você está feliz com sua trajetória e com quem vem se tornando? Temos a oportunidade de ajustar as rotas em busca de resultados diferentes. Faça diferente: a única jornada que não podemos desprezar é a que começamos dentro de nós.

ELLY FRANCA E SWÉLEN PARANHOS

Elly Franca

Contatos
Instagram: @ellymfranca
@visionvipoficial
@mulher360.graus

Cearense de nascença e paraibana de coração, cristã, mãe, esposa, empresária do ramo da beleza com o Centro de Beleza e Estética Vision VIP, formada em Marketing, Estética e Imagem Pessoal, empreteca, ex-vice-presidente da Associação de Mulheres Empreendedoras (AME), coautora do livro *Histórias inspiradoras para mulheres que desejam se reinventar* e, agora, idealizadora do Projeto Mulher 360°.

Swélen Paranhos

Contatos
Instagram: @swelenparanhos
@seja.omni
@mulher360.graus

Nascida em Arapiraca, interior de Alagoas, mas paraibana de coração. Cristã, mulher, mãe e empreendedora, funções às quais dedica muito empenho diariamente. Formada em Administração, Estética e Cosmética. Possui um vasto caminho de estudo na área de marketing. Atualmente, reside em João Pessoa, Paraíba, onde administra sua agência de marketing e gerencia o Projeto Mulher 360°, idealizado a partir dos conhecimentos adquiridos e experiências vividas.

A arte de se reinventar
Elly Franca

Venho de uma família simples, mas de grandes valores – os quais carrego comigo – como humildade, honestidade, princípios e valores inegociáveis ensinados por minha mãe, minha maior inspiração. Nasci em Crateús, interior do Ceará, mas sempre nutri o desejo de sair de lá, pois via que ali não seria o lugar mais propício para me desenvolver e crescer profissionalmente. Minha família era de classe média baixa e nossa vida financeira oscilava muito, ocasionando muitos transtornos nos relacionamentos. Comecei muito cedo a trabalhar para ter minhas coisas; acho tão abusivo não ter uma infância saudável, como deve ser! Aos oito anos já saía com a minha irmã mais nova pelo bairro onde morávamos, para vender cheiro-verde, com uma bacia na cabeça maior que eu, e só voltava depois que conseguia vender tudo. Fazia para ajudar no orçamento familiar, mas, na minha cabecinha de criança, não achava justo, e, por vezes, me senti humilhada por precisar fazer aquilo. O que eu queria de verdade era crescer como uma criança, brincando e fazendo coisas próprias da minha idade. Tudo isso gerou em mim algumas prisões emocionais, as quais não tratei e que me acompanharam em muitas tomadas de decisão na minha vida.

Casei-me muito jovem, aos 16 anos, e, aos 17, já era mãe. Tive três lindos filhos: Pedro Erick, Giulianne Karolline e João Vitor, que são, para mim, minha maior fonte de motivação e determinação para correr atrás dos meus sonhos. Vivi 13 anos em um relacionamento com alguém que professava a mesma fé que eu, mas isso não foi garantia de sucesso. Pelo contrário, era uma relação abusiva e disfuncional, que só piorava ano após ano. Tentei de tudo para que a família prevalecesse, mas, como diz o ditado, quando um não quer, dois não brigam. O desfecho foi a separação, para que não viesse a causar traumas ainda maiores em todos. Separei-me, porém não deixei para trás meus filhos, meus maiores tesouros. Agora tinha que trabalhar ainda mais para manter o padrão de vida deles, pois não achava justo eles pagarem por algo que não tinham feito. Desdobrei-me, trabalhei incansavelmente, dei o meu melhor, abri mão de mim mesma para que isso acontecesse, e até hoje me pergunto como foi possível sem uma rede de apoio. Foram anos desafiadores, mas nunca perdi a fé e o bom humor. Minha fé em Deus foi o combustível para prosseguir sem desanimar.

Nossa vida é um contrato cujas cláusulas mais importantes não estão escritas; ela segue com imprevisibilidades e ninguém tem controle sobre elas, por isso, precisamos ter humildade para nos colocarmos como etenos aprendizes nessa escola da vida. Humildade para entendermos que não podemos controlar as ações dos outros e que o que está ao nosso alcance são nossas próprias emoções e ações. Depois de tentativas frustradas em relacionamentos, resolvi dar um tempo nessa área e me dedicar somente aos meus filhos e ao trabalho. Foi quando, buscando mudanças na área de atuação profissional, conheci meu atual esposo, Clerton Franca, e tivemos nossa filha, Maria Hellena. Não posso deixar de agradecer todo o incentivo e a dedicação que ele teve por mim, mas eu havia criado expectativas maiores a respeito desse relacionamento. Achava que, enfim, tinha encontrado um homem que faria o papel não só de excelente esposo, mas, também, de um tutor para meus filhos. Entretanto, comecei a entender a duras penas que, na vida, não podemos ter tudo funcionando 100%. Alguns aspectos do relacionamento dele com meus filhos tiraram o brilho do meu tão almejado sonho de ter uma família funcional e equilibrada, o sonho que idealizei na minha cabeça. Ele não deixou de fazer pelos meus filhos, mas tratava nossa filha de uma maneira diferente.

Este breve relato da minha vida é uma pequena introdução para falar com vocês sobre resiliência, pois foi o que precisei aprender para chegar até aqui. O termo resiliência, que, na física, designa a capacidade que alguns materiais têm de absorver o impacto e retornar à sua forma original; em comportamento humano, o termo está ligado à capacidade, à habilidade, que cada pessoa tem para lidar e superar as adversidades.

Na psicologia, o ato de ressignificar serve para ajudar as pessoas a agirem de maneira mais positiva em relação aos acontecimentos. Sabemos que tudo o que passamos na vida, ou seja, nossas experiências, vão gerando em nós os sentimentos, sejam bons ou ruins; na psicologia, são as chamadas crenças. Como penso e percebo o mundo e os sentimentos que tenho sobre mim e sobre as pessoas são gerados pelas nossas relações e percepções de tudo o que passamos, e, pasmem: isso acontece desde o ventre. Algumas dessas experiências geram forte impacto emocional e, provavelmente, ditarão nosso comportamento e reações em determinadas situações. Por isso, o ato de nos analisarmos, buscando nos conhecer, traz mais clareza para ressignificarmos os acontecimentos em nossas vidas.

Vivo esse processo de mudança não só em minha vida pessoal, mas, também, na profissional. Após dez anos trabalhando na área da beleza, busquei algo que fosse além do trabalho, mas que estivesse alinhado com meu propósito de vida. Durante esses anos, vivenciei, diariamente, várias histórias de mulheres com dramas e anseios com os quais eu me identificava e nasceu em mim a vontade de fazer mais, usar meus dons, conhecimentos e experiências para ajudar outras mulheres a enfrentarem suas dificuldades e serem mulheres em sua totalidade. Nesse momento, me reencontrei com uma amiga de anos, Swélen Paranhos, e compartilhamos os mesmos ideais; foi aí que nasceu o Projeto Mulher 360°.

Nós, seres humanos, estamos sempre em busca de respostas para tudo. A maior, no meu entender, é saber qual o sentido da vida. Olhar para nossa jornada, de tantos desafios já superados, oportunidades de aprender com os erros e celebrar todas as vitórias e conquistas, pois, como diz Paulo Vieira, "O que ainda não temos, é pelo que ainda não sabemos ou ainda não colocamos em prática". Não podemos ficar presos ao passado, pois ele nos prende e nos faz carregar um fardo que já não faz sentido. Nosso aprendizado é contínuo e certamente será marcado por erros e acertos. A busca é para termos uma vida equilibrada em todas as áreas. Então, a pergunta é: o que eu posso fazer hoje para que tenha resultados diferentes dos que venho tendo e que não condizem com o que quero ter? Sermos gestores de nossas emoções nos transforma em seres verdadeiramente pensantes, produtivos e livres. Sejamos colaboradores e construtores de mudanças.

Sonhe grande e vá além
Swélen Paranhos

O limite até onde você quer chegar em sua vida é determinado pela sua capacidade de sonhar. Muitas vezes, pelas adversidades, nos limitamos a viver sem muitas expectativas, nos conformando com o mínimo necessário, mas Deus nos criou para viver uma vida próspera e abundante e não devemos nos conformar com menos do que isso. Estabeleça metas audaciosas para que você seja estimulado a ir mais longe, pois não tem noção de onde é capaz de chegar.

Sempre começamos a falar da nossa vida pela base, que é a família. Eu não poderia fazer diferente e, ao analisar minha estrutura familiar, vejo que pode não ter sido a ideal, pois cresci com minha mãe, meu irmão e padrasto. Conheci meu pai biológico apenas aos 17 anos e sempre tive uma relação com ambos – pai e padrasto – que era sustentada por uma linha tênue. Porém, tive uma figura forte e que me motiva até hoje: minha mãe, que partiu precocemente e me deixou, com meus 22 anos, sem chão por sua perda, mas com princípios e valores que me levariam por uma longa caminhada atrás da realização dos meus sonhos.

Formei-me em Administração e, por alguns anos, trabalhei em algumas empresas, mas, em meu coração, ardia a vontade de ir além; queria sentir aquela empolgação de criar algo meu, de andar com minhas próprias pernas e, como nunca tive medo de sonhar, fiz de um *hobby*, que era a maquiagem, um negócio. Foi aí, em meados de 2011, que conheci Elly, no curso de Maquiador Profissional. A conexão foi imediata e, desde então, já foram muitos trabalhos juntas, sonhos compartilhados, experiências vividas, risos, choros e uma amizade que dura anos, firme e forte, até apesar da distância. Do trabalho como maquiadora em domicílio, formação no curso de Estética e Cosmética e a sociedade em um centro de beleza e estética, foram quase dez anos na área da beleza, sempre com mulheres, escutando suas dores, pessoais e profissionais. Dores que, mais à frente, eu sentiria na pele, como a de uma separação e a dificuldade de crescer profissionalmente sem abrir mão do papel de mãe.

Aos 24 anos, casei-me e, por sete anos, cultivei meu bem maior, que é a minha família. Do meu relacionamento, vieram dois presentes de Deus: Laura, hoje com cinco anos, e Yago, com três anos. O casamento não deu certo e passei pelo primeiro desafio, que foi amadurecer, me separar em meio à pandemia, sem trabalhar, pois os atendimentos foram cancelados e tudo o que eu fazia, que era cuidar da família, estava indo por água abaixo. Ainda por cima, conseguir manter uma parceria com o pai das crianças para educar nossos filhos, fornecendo tudo o que eles precisam para se tornarem seres humanos incríveis, com valores, princípios, amor ao próximo e fé naquele que nos guia, nosso Deus. Mas, mesmo em meio a esse caos, divorciada, sem emprego, sem família perto e sem perspectiva do que faria da vida, não perdi duas coisas: minha fé e meus sonhos.

Se os nossos sonhos são grandes, então tudo o que fazemos é grande, proporcional a eles, e, quanto mais a gente sonha, mais vamos além. Meu sonho era ser bem-sucedida, realizada profissionalmente, com uma vida próspera e abundante, e iria batalhar para alcançar tudo isso. Sabia que não seria fácil, não queria mais a área de maquiagem, pois achava que tinha perdido o sentido; faltava algo pra me fazer suspirar. Olhei para o mercado, vi a pandemia, a internet, o *boom* digital e bingo! Comecei a estudar o marketing digital.

Empreender não é fácil e estar em uma área que sai totalmente da sua zona de conforto torna tudo mais intenso e desafiador. Tive medo, paralisei várias vezes, pensei em desistir, algumas pessoas me desencorajavam, inclusive pessoas próximas, acredite. Eu escutava coisas como: "Você precisa de estabilidade para você e seus filhos, vá procurar um emprego". Uns nem consideravam que eu trabalhava, porque trabalhar para si mesmo, fazendo seu próprio horário, passa a impressão de que você não faz nada ou que é uma desocupada, e me senti assim várias vezes. Eu pensava: "O que estou fazendo da minha vida mesmo? Não estou nem me mantendo (foram seis meses pagando para trabalhar, sobrevivendo da pensão que recebia das crianças), as contas acumulando, quase 32 anos e frustrada tanto na vida pessoal como na profissional".

Hoje faz um ano que consegui meu primeiro cliente, quando comecei sozinha e perdida (até hoje ele está comigo; bom sinal, né?). Há alguns meses, eu via que não conseguia escalar; a quantidade de clientes que eu atendia, mesmo já terceirizando alguns serviços, me deixava sem tempo e não conseguia mais crescer. Era melhor que o regime CLT, trabalhando para alguma empresa, com certeza, mas eu ainda queria ir além.

Meu sonho era ter uma agência de marketing, com espaço físico, equipe de criação, uma estrutura completa para o cliente ir lá e ver a equipe trabalhando, sem estar sobrecarregada com minhas demandas, podendo fazer o que mais amo, que é ser uma gestora e liderar pessoas, entender as necessidades dos clientes e levar soluções. Depois de tentativas de parcerias frustradas, consegui finalmente alinhar minhas ideias com alguém que compartilhava o mesmo ideal. Atualmente, estamos prestes a inaugurar nossa agência, com uma sala alugada, projeto do designer aprovado, data de inauguração definida, novos clientes entrando e o coração palpitando por dar passos em lugares que não imaginei que poderia.

A agência começou a dar seus passos sozinha e, hoje, posso me dedicar a um projeto que ardia em meu coração, pois jamais iria parar por ali. Após encerrar minha parceria com a Elly no Centro de Beleza e Estética em 2020, por ela ter ido morar em Portugal, mantivemos nossa amizade por meio das redes sociais e, dois anos depois, quando ela retornou ao Brasil, voltamos a falar de sonhos e daquilo que nos motivou a trabalhar por 10 anos com beleza e com mulheres: poder mostrar o poder que cada mulher tem dentro de si e externar essa força de poder fazer e ser o que quiser. A maquiagem nos dá esse poder, mas para nós, era pouco; queríamos ir além. Começamos a falar das nossas experiências de vida – tudo muito similar –, das nossas dores e frustrações.

O que faltava quando começamos, mas, hoje, temos? Conhecimento; daí vem o poder. Podemos proporcionar a essas mulheres o mapa para passar por caminhos que já percorremos, ajudar a lidar com dores com as quais já lidamos. Isso sendo só nós duas; imagine se nos unirmos com outras mulheres que podem compartilhar a mesma coisa; quantas mulheres vamos alcançar? Quantas áreas vamos poder tratar? Cada uma com seu campo de atuação, de extrema importância para o desenvolvimento dessa mulher. A partir daí, surgiu o Mulher 360°, um projeto de desenvolvimento feminino para você ser, de fato, protagonista da sua história e ir além.

Essa sou eu, com dívidas, divorciada, ainda no começo dos meus projetos, mas sou real. Eu não desisti, eu não deixei de sonhar, eu não fiquei na sombra de ninguém ou deixando os outros ditarem o que eu deveria fazer ou não. Assumi a responsabilidade pelas minhas escolhas e sou protagonista da minha história e é por isso que ela não acaba aqui. Aguardem!

15

EMPREENDEDORISMO FEMININO

Oi, Rainhas! Primeiramente, gratidão por estar sentada à mesa com todas vocês. Sou uma potiguara de 27 anos, empreendedora e apaixonada pela beleza que as joias podem proporcionar à vida das pessoas. Eu honro todo o processo que passei para chegar até aqui. Não é sobre o número, é sobre o que ele representa.

ERIKA DIVALDA JUSTINO SILVA DOS SANTOS

Erika Divalda Justino Silva dos Santos

Contatos
www.useluza.com.br/
erikasantos@useluza.com.br
Instagram: @useluzaoficial
84 98879 0238

Empresária do ramo de consignação de semijoias. Formada em Contabilidade pela UFRN. Idealizadora da Luza Joias Contemporâneas, empresa criada em parceria com Lucas Junqueira Baldasso.

Na última década, talvez um dos termos mais utilizados no mundo profissional tenha sido empreendedorismo. E ao ler ou ouvir a palavra, nossa mente é direcionada rapidamente a histórias de sucesso de pessoas que largaram tudo por um sonho que se tornou real. Mas o que poucos sabem é que empreender e ter sucesso são coisas tangíveis; nunca impossíveis. E em meio a um mundo de histórias, chegou a hora de destacar a força empreendedora da mulher, uma nova forma de quebrar barreiras sociais.

Uma pesquisa realizada em 2020 pelo GEM (*Global Entrepreneurship Monitor*) indica que cerca de 24 milhões de brasileiras são empreendedoras. Esse estudo avaliou a classe feminina de 42 países de todos os continentes, sendo o Brasil o 7º colocado na lista.

O início do empreendedorismo feminino é sempre muito difícil, cercado de incertezas, pouco apoio e muito preconceito, principalmente quando a escolha confronta permanecer no conforto e na segurança do seu trabalho, dos cuidados da casa ou se aventurar em um sonho particular.

O instante em que se assume o posto de administradora da própria empresa pode ser definido como um dos momentos mais ousados da vida e, aparentemente, parece ser o estágio mais complexo da trajetória de uma empreendedora. Muitas são mães e empreendem por necessidade, visando sair da dependência financeira do companheiro.

Diante da ideia de criar o próprio negócio, a mulher se põe a pensar: "O que será criado?". Uma pergunta geral que representa muitas vezes o difícil pontapé inicial do empreendedor. A ideia parece estar clara, mas a prática revela que é necessário planejar o ponto de partida. Devido a isso, a seguir, falarei sobre o início do ato de empreender, como são definidas as ações e como transformar vontade em sucesso.

É necessário iniciar este tema entendendo que, na vida e em qualquer negócio, precisamos ter um ponto de partida, uma bússola, uma direção.

Erika Divalda Justino Silva dos Santos

Quando entendemos que a magia do negócio habita dentro de nós, decolar e levar junto outras pessoas torna-se real e gratificante.

Meu ponto de partida

Sucesso não acontece no improviso.
MARY KAY ASH

Com a ideia de ter e gerar oportunidades a outras pessoas, a jornada inicial de quem empreende consiste em se manter na constante da criatividade, autoconfiança, pensar diferente e ter em mente que não se pode ser empreendedor se não estiver disposto a assumir riscos. O objetivo não é pensar "fora da caixa", e sim criar a própria caixa. O começo não é regrado de imensas conquistas, de sucessos repentinos e de ações "certeiras", é de dúvidas de como executar a ideia, de onde virão os recursos e quais os caminhos do mercado que devemos seguir. Cabe, então, nesse momento, montar uma estratégia sólida, apoiada em três perguntas: "Onde estou? Para onde vou? Aonde quero chegar?".

Montar uma estratégia de mercado, quem será influenciado com a empresa criada e onde conseguir os recursos necessários também são belos pontos de partida para qualquer negócio. Acima de tudo, porém, transborde suas ambições, seu negócio transborda quem você é, e em quem você se transformará, pois o ato de iniciar uma empresa gera uma transformação pessoal e profissional profunda em qualquer pessoa. É observado por muitos empreendedores como um "novo nascimento".

Meu começo surge por um sentimento pouco racionalizado pelo ser humano, o amor no que fazia e no que queria fazer, e na coragem de desistir da segurança de um emprego em uma grande empresa para iniciar o sonho que atualmente atinge e transforma a vida de mais de 700 consultoras, sendo que o impacto gerado ultrapassou mais de 3.000 pessoas.

A oportunidade foi oferecida pelo meu sócio Lucas Junqueira Baldasso, com o qual, juntos, em um pequeno espaço em casa, construímos o que seria a base de uma empresa que gera renda, proporciona independência e impacta a vida de muitas famílias.

A missão da empresa atualmente está em apoiar e incentivar as mulheres a empreenderem e a conquistarem seu lugar no mundo por meio da venda de semijoias. "Não vendemos joias, vendemos amor em forma de joias", e isso requer muito mais do que só iniciar o empreendimento, é ter a responsabilidade de conduzir sonhos e proporcionar condições reais para a realização deles. É o ato de atingir o íntimo de cada pessoa que procura a empresa para trilhar o caminho da independência financeira, pois um empreendedor sem as pessoas que acreditam na ideia é como uma "ilha", ele ou ela estará sempre só.

Quem acredita no sonho deve se sentir envolvido e acolhido, único, ouvido e respeitado, deve-se aceitar que cada pessoa é uma gota de um oceano profundo chamado de sucesso, e que esse só ocorre quando todas as mãos estão juntas em um objetivo: fazer dar certo.

7 pontos de partida que a empreendedora deve ativar

1. Seja um oceano, crie seu abundantemente.
2. Capriche na hora de servir outras mulheres.
3. Muita iniciativa e sempre finalize o que foi iniciado; não deixe para depois o que deve ser terminado hoje. Mulheres incríveis fazem isso.
4. Sua imagem tem de ser compatível com sua essência. Você pode escolher ser poderosa, livre, alegre, ousada ou todas essas.
5. Capacite-se, você só poderá cobrar alto se o conhecimento que possui estiver alinhado com o que cobra.
6. Confiança; o cliente só comprará se sentir que adquire algo de alguém que acredita no que faz.
7. Percepção; o mundo a sua volta é bem mais do que você está construindo.

A decisão de empreender foi bem complexa. Estava cercada de estereótipos, ideias deslocadas, receio de que, por ser mulher, teria maior dificuldades. Mas foi justamente o fato de ser uma mulher que me deu a certeza de que estava fazendo a coisa certa, foi um casamento rápido e perfeito com a liberdade e com quem realmente sou. Foi então que me fiz uma série de perguntas, as mesmas que exponho aqui para que você se faça e, assim, calcifique mais seu ponto de partida.

Qual é seu "para quê"? Por qual motivo deseja empreender?

Quais pessoas ajudará depois do sucesso como empreendedora?

Como será seu ambiente de trabalho? Sua equipe? Seus parceiros? Quanto deseja faturar?

Você não precisa ter uma vida de estrela de Hollywood ou ter uma rotina de celebridade, só é preciso ser artista da sua vida e compartilhar suas histórias para criar envolvimento entre todas as partes que te cercam e que vão surgir.

No meu caso, o intuito de empreender com semijoias não foi o de sair da dependência financeira, e sim de transformar vidas, mudar o ambiente ao meu redor e fazer da sociedade em que vivo algo mais justo e inclusivo, dando oportunidades reais a mulheres criativas e perseverantes.

Essa oportunidade não foi oferecida a mim muito cedo. Aos 15 anos, iniciei-me no mundo da estética. Entre uma sobrancelha e outra, descobri como retirar do interior de cada mulher a luz que há dentro, logo precisei e senti a necessidade de me especializar. Minha trajetória se une à da UFRN e ao curso superior conquistado.

Mesmo assim, ainda senti que faltava algo, mas como uma flor, ainda não tinha desabrochado. Foi então que a vida me levou a caminhos mais tradicionais; ingressei no mercado de trabalho e desenvolvi atividades administrativas, algo que não durou muito. Dentro do meu interior, algo gritava e falava dizendo que tinha nascido para empreender, o que se concretizou aos meus 24 anos junto ao meu sócio no quarto de minha residência. De tudo que vivi antes de empreender, ficou a lição de que eu tinha que viver o processo no mercado tradicional para ter a certeza de que buscava algo que estava no âmbito da criação.

Ao iniciar, o medo já não era de dar certo, e sim de não saber até onde era capaz de ir. Minha mente borbulhava e ideias brotavam a todo momento. Havia esperado isso por toda uma vida, só que ainda não sabia. Foi uma descoberta atrás da outra, era hora de brilhar junto das semijoias da marca.

O brilho que surgia das ideias iluminava a vida de mulheres que chegavam vendo na oportunidade de revender a chance de construir um futuro diferente. Rapidamente o negócio explodiu, já não tinha barreiras nem limites. E por que ter? Diferentemente de outros perfis, o empreendedor – aliás, a empreendedora – é arrojada, inspiradora, vencedora. É um produto de suas decisões.

Na prática, foram fundamentadas as bases legais e os valores da empresa, o espaço físico e as tecnologias, além da divulgação da marca; e o mais importante foi calcificar a ideologia da empresa. Não se tratava de venda de joias, e sim de vender poder, ou melhor, maximizar o poder de cada mulher. Nossa marca passou a ter identidade e, sem perceber, comecei a ouvir em todo lugar as pessoas se reconhecerem com a Luza, passando a se envolver e confiar mais no negócio.

O poder vendido era o da comunicação visual que as joias transmitiam, aliás até hoje recebo sempre mensagens falando como evoluí na maneira de falar, me expressar e me vestir, fruto da conexão com mulheres que conheço todo dia. Essa interação é alimentada por *stories, feeds* e toda comunicação visual disponibilizada pelas redes sociais. Faço questão de estar sempre presente, despertando desejo do cliente e mostrando que decidir usar Luza é ser poderosa.

Atualmente, conecto minha história com a vida de muitas vitoriosas. É prazeroso ver e saber que todo dia tenho a possibilidade de transformar vidas ou, no mínimo, proporcionar a mudança. Às vezes não começamos algo, esperando uma ideia cair do céu, de maneira clara, como a vida. Criar um negócio é um processo tão natural como se alimentar. Minha vida profissional é nutrida todos os dias pela certeza de estar no lugar que sempre mereci, movimentando tudo ao meu redor. Aliás, movimento é a palavra-chave da vida, gerando transformações e um novo ser.

Bora anotar? 4 pontos de partida para se tornar rica

Nesse ponto da obra, sinto-me capaz de revelar meu ponto de partida com todo amor e admiração. Penso na mulher que você vai se tornar e fico feliz em compartilhar os passos que dei até o presente momento, os quais chamo de HAPE.

1. H de habilidade: é seu ponto de partida, seja líder, acredite em suas habilidades, principalmente em resolução de problemas; caso contrário, as pessoas não vão investir dinheiro no seu empreendimento. Nós precisamos ser apaixonadas por resolver problemas. Você ensina bem? Você é hábil em acompanhar, encorajar? É boa em criar processos? Influencia bem? Se for, não se acomode, seja sempre sua melhor versão. Se hoje se considera boa, permaneça modificando e melhorando suas habilidades para ser ótima, posteriormente excelente, sem limites para suas habilidades. Comece listando suas habilidades, melhore algumas e utilize todas.

2. A de apaixonada: pelo que você é apaixonada? Sempre fui apaixonada por atender pessoas, e hoje continuo servindo mulheres. Por isso digo: não delete da mente tudo o que viveu, não anule, nossa nova história está intimamente ligada ao que passamos, um novo negócio só nasce da certeza de que não queremos viver na dependência do mercado profissional "seguro".

3. P de pessoas: você precisa estar antenada na vida, nas coisas que acontecem, disposta a resolver problemas. Esteja disposta a ser solicitada, busque conhecimento, mas não se esqueça do que adquiriu, não desmereça seu aprendizado.

4. E de experiência: qual experiência seu produto vai trazer às pessoas? Lembre-se de que qualquer ato que cometa na vida vai gerar impacto. Sendo assim, foque em algo grande, queira e impacte de modo gigante; olhe sua trajetória de vida e observe que o impacto que deve fazer nas pessoas será proporcional à história de vida que possui. Não deixe uma marca na vida das pessoas, seja a marca da vida delas.

7 elementos para sua marca deixar cheiro onde passa

1. Seja autêntica, verdadeira, legítima, adulta, construa a própria história, trilhe o caminho da autenticidade.

2. Essência. Conte sua história, ela precisa servir de inspiração, mostre sua evolução, seja ousada; uma rainha nobre começa e termina o que projetou, tome iniciativa.

3. Viva o que ensina. Aguce sempre seus desejos e sentidos, busque o "cheiro" do que não é real, seja fatal, irresistível.

4. Expresse-se como você gosta.

5. Não seja monótona. Lembre-se de que movimento é vida. Procure colocar no que faz o elemento surpresa; pode ser uma característica, como bom humor, ou técnica, como o conhecimento de pedras preciosas, mas aguce o que há de bom e ajuste o que há de deficiente.

6. Use do poder sensorial, explore, amplie-o.

7. Invista em conhecimento.

E o que eu te digo depois desta leitura saborosa?

• Honre a fonte que é você.
• Sua marca é o cheiro que você deixa aonde passa.
• Sua visão determina seu futuro.
• Relembre seus motivos diariamente.
• Não adianta pensar no resultado se você não vive o processo.
• Tenha um ponto de partida.
• Não espere, comece; ponha-se em movimento e vá sempre ajustando, aparando as arestas.

16

TRANSFORME SUA DOR EM AMOR

Nossas experiências nos trouxeram até aqui. Tudo aquilo que você viveu, experienciou e teve a oportunidade de sentir é parte do seu ser, sejam essas vivências boas ou não tão boas assim. Há um aprendizado esperando por você. Sua busca por autoconhecimento e desenvolvimento pode transformar a sua dor em amor.

GABRIELA CAMARGO

Gabriela Camargo

Contatos
suporte@elosdeamor.com
11 97508 7797

Pedagoga graduada pela Universidade Cruzeiro do Sul (2016), facilitadora do programa de Educação Emocional Positiva (EEP), com Miriam Rodrigues em 2020. *Master kid coach* reconhecida e formada pela Rio Coaching (2022). Educadora e orientadora parental com validação nacional e internacional, formada pelo Instituto Eduque Bem (2022). *Coach* de relacionamentos e mentora de mulheres. Idealizadora dos grupos: Elos de Amor – Transformando vidas (mentoria de transformação); Grupo Materna (mentoria e orientação de mães); Grupo Capacitação de Professores – Conecta & Transforma. Cursa o último ano de Psicanálise Clínica pelo Centro de Formação em Psicanálise Clínica – Wilson Cerqueira. Mãe de três meninos lindos, esposa dedicada e apaixonada por desenvolvimento humano. Minha busca pelo autoconhecimento e transformação pessoal me conectou a cada vez mais meios de proporcionar saúde emocional e bem-estar para mais mulheres e famílias.

Se você é mulher, mãe, filha, e nos dias de hoje busca encontrar seu espaço por meio do autoconhecimento, sente que pode transformar suas relações e sua vida, você deve ter alguns questionamentos, que eu também tinha antes de poder, de fato, viver minha transformação.

Como podemos, então, alcançar a tão sonhada transformação em nossa vida? Como podemos transformar nossos relacionamentos e, assim, transformar nossa história? Antes de te ensinar as chaves que podem e vão te guiar nessa jornada, que, eu garanto, não tem mais volta, quero dividir com você, leitora, um pouco da minha história e de como eu pude, com o desenvolvimento pessoal, transformar toda a minha dor em amor.

Sou filha de pais separados, realidade mais do que comum nos dias atuais. A grande questão é que, como criança, e com pais que pouco tinham instruções sobre desenvolvimento infantil, eu vivi desde os três anos em um ambiente hostil, com brigas, discussões e uma frieza extrema por parte de ambos os genitores, que, hoje eu sei, fizeram o melhor que podiam. Desde muito cedo, assumi certas responsabilidades que não me cabiam, amadureci e cresci mais rápido.

Traições, brigas, agressões verbais e um caos financeiro acompanharam minha vida. Sem saber, ali eu estava formando minhas crenças, minhas verdades sobre família, relacionamentos e como era ser mulher, mãe e filha.

Mas, veja bem: não acredito que sejamos vítimas de nossa história. Transformar nossa história só é possível se nos engajarmos na ideia de que somos nós os construtores dessa bela jornada que se chama vida; essa breve vida que desperdiçamos por não sabermos que é possível conduzi-la da maneira que se quer. Muitos não sonham, estão presos em suas amarras mentais, medos, inseguranças, problemas, dificuldades. Eu também estive por muitos anos acreditando que isso era a vida e que não havia qualquer coisa que eu pudesse fazer. Não conseguia enxergar além da negatividade que parecia me perseguir.

Gabriela Camargo

E por que estou dizendo isso? Porque acredito que, assim como eu, você tem uma história; boa ou ruim, ela é sua história de vida, e foi com ela que você criou os padrões que fazem com que você enxergue sua vida hoje.

Já adolescente, rebelde e querendo gritar para o mundo, calei-me.

Vamos para a transformação

O que preparei para este capítulo inclui as principais estratégias utilizadas em psicologia positiva, teoria cognitivo-comportamental, *coaching* e psicanálise, esquematizadas e testadas na prática por mim e executadas com todas as minhas mentoradas.

A partir de agora, meu convite é para que você viva o novo, porque, apesar de nossas dores, traumas e desafios, nós precisamos, com urgência, despertar para a vida.

Percebi isso, verdadeiramente, no nascimento dos meus filhos, Nick, Lucca e Benício. Transbordar de amor com a chegada deles, cada um no seu tempo, na sua necessidade, me fez perceber como somos capazes de transformar qualquer situação quando estamos de bem com as coisas. Sim, acredite: a vida, em seu máximo potencial, é ainda melhor quando sabemos transbordar amor. Por isso, hoje, se existe algum desafio em qualquer área da minha vida, fico atenta e sei que é preciso colocar uma pitadinha de amor para transformar o que puder.

Hoje, vivo o melhor momento da minha vida até aqui e sei que grandes coisas ainda me esperam; arrisquei-me e decidi viver a vida com a coragem que ela exige. O que desejo, aqui, é inspirar você a também transformar sua vida em sucesso, em todos os níveis; uma vida na qual você se sinta capaz de realizar todos os seus sonhos.

Não existe mágica. Pelo contrário: foram anos de muito trabalho, persistência, esperança e, acima de tudo, acreditando e começando pelo mais importante: por mim.

Nada disso seria possível se eu não tivesse tido a disciplina de criar a vida que eu queria para mim. Houve dias de solidão, em que chorava sem rumo. Aos 23 anos, eu me vi divorciada, com um filho de três anos para criar. Nessa época, lembrava-me de quando era criança e de quanto cada desafio vivido durante cada idade tinha deixado marcas profundas em mim. Vi-me sozinha, com um filho nos braços e sem receber apoio de ninguém, exausta; as lágrimas rolavam.

Enfrentando tantas dores e desafios, cercada por sentimentos de medo, tristeza e raiva, eu adormecia. Mas, na manhã seguinte, eu sempre me levantava da cama com disposição para tentar tudo mais uma vez.

O que eu não sabia é que toda essa história me traria aqui hoje, para dentro da sua casa, para servir como exemplo de superação. Vi uma oportunidade com as mentorias e atendimentos que realizo com mulheres que passam pelo mesmo que passei. E entendi que, a partir delas, eu poderia ser o farol daqueles que buscavam a transformação.

Se hoje você passa por dificuldades, acredite que, para tudo, existe uma saída e eu sou a prova viva disso: reinventei-me constantemente, até me tornar a Gabriela que sou hoje, resultado de imensas e constantes ações, de sofrimento, de horas de choro, de muito estudo, de sonhos e dedicação, de alegrias e de medos – assim como acontece com você. Mesmo que você pense em desistir, mesmo que a vida lhe dê motivos para chorar, está na hora de despertar para o seu potencial máximo.

Eu convido você a viver essa nova jornada com muito amor próprio.

Trabalhando a autorresponsabilidade

A consciência também abrange o autoconhecimento,
em particular reconhecer quando e como as emoções
ou os desejos distorcem a própria percepção.
JOHN WHITMORE

Dentro do Elos de Amor, meu programa de mentoria de vida, digo que "tudo começa em você". Se você foi envenenada pelo fracasso, pela autopiedade ou se você acredita que sua vida está destinada a ser um muro interminável de lamentações, entenda que é sua responsabilidade aceitar ou não uma existência infeliz. Está em suas mãos: você pode escolher, todas as manhãs, como viver seu dia; você pode escolher se preocupar, reclamar, fazer algo que você não ame para pagar as contas, ser vítima da sociedade, da falta de fé, ou você pode perceber que existem possibilidades infinitas cuja realização está sob seu controle.

Muitos de nós, marcados pelas histórias de sufoco, crescemos acreditando que não é possível romper com esse padrão e mudar. Repetimos a história de nossos pais e acreditamos que não há saída. Mas vou dizer o seguinte: há saída para essa situação, se encontrarmos a coragem que existe dentro de nós.

Gabriela Camargo

A vida não precisa ser uma reprodução daquilo que nossos pais fizeram, não precisamos seguir os passos deles. Porque as infinitas possibilidades nascem todos os dias, quando decidimos viver o novo. Não podemos ficar parados, nos apegar a estados emocionais ou mentais, a tipos de vida ou situações: a vida transformada só é possível quando saímos da zona de conforto e começamos a arriscar. Para ser a mudança, precisei agir de maneira diferente de tudo aquilo que eu havia aprendido a ser até então.

Tudo o que conquistei sempre foi batalhado e regado a muita determinação. Sempre soube o que eu queria e onde poderia chegar, aprendi a não medir esforços para conseguir alcançar meus objetivos.

Aquela menina sofrida, recém-saída de um relacionamento abusivo e caótico, não sabia que aquele era o início de um capítulo na sua vida em que começava a entender sobre a autorresponsabilidade e autotransformação.

Quando falamos em autorresponsabilidade, o que se quer dizer é que eu escolho agir com responsabilidade por minhas escolhas, sem me tornar vítima ou me sentir culpada por ter tomado determinada atitude. A partir daqui, você deve viver a vida como a protagonista da sua história, sem culpar sua vida, sua situação, seus pais. Sair do papel de "coitadinha" vai te levantar como dona da sua história.

Hora de agir

Como você pode viver a transformação na sua vida? O que você precisa mudar e como você pode ser o protagonista dessas mudanças? O que você precisa fazer para que essa transformação aconteça?

Rompendo suas crenças

> *As crenças centrais negativas essencialmente se encaixam em duas categorias amplas: as associadas ao desamparo e as associadas ao fato de não ser amado.*
> AARON BECK

Autopiedade e remorso não combinam com ação.

Devemos manter os pés em movimento e a mente trabalhando, para não sucumbir à negatividade.

Transformar uma vida está relacionado ao poder divino do ser humano de criar sua própria realidade. Para isso, precisamos jogar fora todo o lixo emocional que acumulamos ao longo da nossa vida e validamos como sendo a única verdade, atraindo, para nós mesmos, mais e mais experiências parecidas.

Quando todas as possibilidades parecem esgotadas, podemos manter uma capacidade de ver além do que os outros podem ver. E eu acredito que todos nós temos essa capacidade.

Eu pergunto a você: o que te impede, hoje, de ver além?

O que eu quero trazer para você, leitora, é que, possivelmente, você terá vontade de desistir algumas vezes. As pessoas não enxergarão o que diz seu coração e você pode vir a cogitar a possibilidade de seguir a visão deles e não a sua. Nesses momentos é que você deve manter a firmeza e clareza em seus passos.

O que nos cega para ver além não são as pessoas que insistem em nos fazer voltar para os velhos hábitos que sempre tivemos; o que nos impede é nossa falta de persistência no que buscamos diante dos maiores desafios.

Entramos no modo Paradigma. O que é um paradigma? É um padrão a ser seguido. Um paradigma é algo que você interpreta de determinada forma, e sua forma de pensar é moldada por paradigmas.

Esse termo tem origem grega e significa "modelo", "padrão". Se você é uma pessoa que acredita ser capaz de fazer algo, provavelmente você será mesmo capaz de realizar.

Começar o dia sem focar nos seus sonhos, sem saber o que move você, sem planejar o que precisa ser feito ou se conectar com seus objetivos, é uma forma de sucumbir à vida. Podemos criar uma rotina que nos conecte à nossa essência, para não cairmos na armadilha de que não podemos nos transformar.

Crie hábitos que te elevem. Medite, respire fundo, tenha fé, cuide integralmente do seu corpo, da sua mente e do seu espírito. Policie seus pensamentos e seja você a comandante do barco da sua vida.

Honre sua história

Já reparou na maneira como você age quando deseja ter alguma coisa?

A primeira coisa que fazemos é desejar intensamente e, logo depois, entramos no modo sabotar ou começar a procurar motivos para afastar isso da cabeça. Agimos assim por nossas crenças e essa ação é inconsciente.

Você quer ser próspera, feliz, mas não sente que é merecedora disso, não sente que isso é para você. E, assim, sua mente cria maneiras de desviar você do seu sonho.

A vida é resultado das nossas atitudes, quando você decide se mostrar para a vida e trabalhar para que seus desejos se materializem. Diferente de achar que tudo cai do céu, você age, muda sua postura diante do mundo e vive para que aquilo que deseja seja concreto.

Eu posso me responsabilizar pela minha vida e agir de maneira consciente, desejar viver de verdade, entendendo que é minha responsabilidade analisar quais são os melhores caminhos para dar os passos mais seguros e estar sempre aberta ao próximo desafio. Sem medo.

Eu quero ser um bom exemplo para meus filhos, como minha mãe foi e é para mim; apesar de todas as nossas desavenças no passado, hoje compreendo que o que ela fez por mim foi o melhor que ela podia naquela época e eu honro a vida dela e a minha por tudo que vivemos. Quero mostrar para os meus filhos que as coisas precisam ser conquistadas e que devemos valorizar cada pequena vitória.

Não devemos criar dificuldades para nosso futuro, nem deixar que os rótulos determinem quem somos.

O passado deve ficar onde está. O que passou não define quem você é. O passado não é seu presente, nem seu futuro. Devemos usar tudo aquilo que vivemos e superamos como experiência para chegar aonde queremos estar.

Se queremos alcançar resultados diferentes, é necessário tomar atitudes diferentes. Para viver de verdade, não podemos continuar fazendo tudo do mesmo jeito, da maneira como sempre foi. Para tanto, devemos agir e planejar nossa vida de acordo com nossos valores e propósito de vida. A maioria das pessoas não faz ideia de qual é seu propósito na vida e se deixa levar pelas circunstâncias e amarras da vida. Conquistar objetivos não serve de muita coisa se não vier acompanhado das sensações de alegria, bem-estar e completude.

Assim, precisamos descobrir e expressar claramente quais são nossos valores e propósito de vida. Quando escolhi assumir a vida de verdade e parar de procurar os responsáveis pela minha vivência até aquele momento, tomei minha vida pelas próprias mãos e entendi que tudo começa em mim. Para crescer e viver de verdade, é preciso escolher sair do papel da vítima, que reclama de tudo e a tudo contamina e estraga, assumindo a responsabilidade de fazer aquilo que está ao seu alcance para transformar sua vida. Como afirma o grande estrategista e *coach* norte-americano Tony Robbins: "são as atitudes que determinam nosso destino".

Hora de agir

Você tem honrado sua história e usado sua experiência para progredir, ou tem se tornado vítima das suas escolhas e fracassos?

Observe se você tem agido de acordo com seus valores e propósito de vida. Como você pode guiar sua vida por meio de seus valores?

Transforme sua dor em amor

O fenômeno de olhar de forma diferente para o que vivemos é descrito como "salto quântico". Quando praticamos a transformação, nós também reagimos de maneira diferente à vida e desmontamos a velha maneira de encarar as coisas, por meio de novos padrões. Assim, acabamos nos comportando de maneira transformada e, como consequência, as pessoas reagem a nós e nos percebem de maneira diferente.

Tudo é uma questão de mudança de padrão e esse novo padrão faz com que você crie uma postura mais otimista e confiante diante da vida; faz com que as pessoas também vejam você de maneira mais atraente. A verdade é que, ao mudarmos a maneira como nos vemos, as pessoas mudam a percepção delas sobre nós. Perceba o quanto tudo começa em você.

Pare de reclamar e concentre-se nas coisas boas. Will Bowen nos diz:

> Olhe além do problema. Visualize a solução. Fale apenas sobre o que deseja e com quem possa ajudá-lo a conseguir o que quer. Assim, você diminuirá o tempo de espera necessário para obter o que quer e, de quebra, será uma pessoa mais feliz.

Além de não reclamar, pare de falar mal dos outros e de concordar com reclamações alheias. Foque em seus objetivos e em tudo o que você quer para sua vida. O resultado dessa jornada vai ser incrível.

Lembre-se de viver o melhor da vida com sabedoria. Por isso, lute por aquilo que você acredita, não desperdice tempo com medos e comece sempre pelo mais importante: comece por você.

Referências

BELMIRO, M. *Empoderar para transformar – coaching, prática e vida*. Rio de Janeiro: Grupo 5W, 2016.

GOLEMAN, D. *Inteligência emocional: a teoria revolucionária que redefine o que é ser inteligente*. Rio de Janeiro: Objetiva, 2012.

LAWRENCE, K. *Developing leaders in a VUCA environment*. Chapel Hill, NC: UNC Executive Development, 2013.

17

UM SONHO
O MOVIMENTO BOTO VIVO

Nobre causa! Junte-se a nós nessa luta incessante para proteger os botos dos pescadores em Laguna/SC, ameaçados de extinção. "Se não cuidar, vai acabar". Todas as vozes, ideias e ações são importantes, pois, unidos, somos mais fortes. Não há nada que não se possa conquistar com amor e compromisso em promover a compaixão, sobretudo com os que mais precisam: nossos indefesos animais de todas as espécies. Vale a luta!

GENI BARROS

Geni Barros

Contatos
www.fox_pdv.com.br
pescacombotos.art.br
Redes sociais: @movimentobotovivo
@carolinazanatta
@genigbarros

Paulistana, descendente de portugueses e mãe de três filhos. Empreendedora multipotencial, fundadora da indústria gráfica Fox_pdv, que produz *displays* promocionais para pontos de vendas. Desde 2009, tornou-se referência no mercado, inovando com alta tecnologia, no marketing direcionado, que atende a um *mailing* de clientes potenciais. Cumpriu seus objetivos e metas e, ao alcançar a total plenitude de vida, entende que somos mais do que aquilo que fazemos ou conseguimos e carregamos conosco. Aprecia a essência humana e acredita no poder da conexão, que os bens mais preciosos são a generosidade e a gratidão. Com uma visão mais ampla perante a vida, segue seu coração com causas nobres, num propósito de ajudar a tornar este mundo melhor para aqueles ficarão depois de sua partida. Ela não se vê de outra forma, a não ser se colocando em uma relação harmoniosa com as grandes verdades do infinito eterno. Segue bravamente para frente, mesmo oscilando, pela curta estrada chamada vida! Ama viajar, escrever, ler livros, conhecer novas culturas e ir além do óbvio, inspirando outros a protagonizarem sua própria história.

Mais um boto morto! Morreu de causas que serão investigadas. Sempre isso. Num domingo, em fevereiro de 2021, Carol me liga. Atendo minha filha e seu desespero.

Recebo fotos; é muito triste ver seus registros dos botos pulando no meio dos jet skis. O desespero dela foi real. O meu está sendo em sonho, revivendo sua voz sumindo e o som de uma canção, um dos hinos de louvor mais lindos da igreja que minha mãe seguia.

"Guia-me, ó Senhor, na fulgurante luz. Dá-me mais do amor, que à glória me conduz."

Uma sensação de paz me invadiu porque eu conhecia esse canto.

"Guia-me, bom Jesus, descanso eu terei. Rege-me pela luz que vem de Ti, meu Rei. Guia-me, Salvador, na Tua santa lei. Guarda-me em amor, Teu nome bendirei. Guia-me, ó Senhor, na fulgurante luz. Dá-me mais do amor, que à glória me conduz. Guia-me, guia-me com Tua mão, Senhor. Guarda-me, guarda-me do mundo enganador. Guia-me, Salvador, na Tua santa lei."

Nesse sonho, pensei: "Por que as pessoas fazem mal para esses indefesos e lindos animais?". Botos mortos por um jet ski. Mês passado, outro foi morto por uma rede de pesca ilegal e tantos outros mortos pelo descaso com a saúde e falta de fiscalização com os maus-tratos. No sonho estava minha mãe, que também adorava os botos na nossa Laguna e convivia com eles nas nossas férias. Senti a sua presença tão real, com forte emoção, como se estivéssemos juntas, igual sempre estivemos.

— Choro sempre quando um boto morre por maus-tratos, mãe – falei a ela do sonho.

Não acreditava estar nesse lindo sonho com minha mãe, pois desejei muito esse momento de sonhar com ela. Ela segurava minhas mãos e me olhava com ternura.

Há tantos anos frequentando Laguna, uma cidade histórica de Santa Catarina, que se tornou meu segundo lar, sinto na pele as perdas com os botos morrendo. Não se trata apenas de uma cidade onde passo as férias, mas de

Geni Barros

um lugar que é sagrado para mim e meus três filhos. Eles cresceram passando férias com esses animais e temos amor profundo por essa espécie. Não me conformo que agora eles correm risco de extinção e nada possa fazer por eles.

— Lembro do boto morto que a Carol fotografou outro dia. Não é um boto qualquer. E não é uma morte qualquer!

Todas as manhãs, quem chegar à Lagoa de Santo Antônio dos Anjos (Tesoura/Molhes da Barra) tem a oportunidade de assistir a um espetáculo exclusivo. Os pescadores esperam os botos por horas e nenhuma rede de pesca é lançada até que eles se aproximem. São chamados botos pescadores, e são um grupo de golfinhos-nariz-de-garrafa selvagens. Lindos!

Há séculos os botos e pescadores interagem numa relação única, harmônica, entre humanos, natureza e animais.

— É para chorar mesmo quando um boto morre por maus-tratos –respondeu minha mãe. — Não estamos fazendo o suficiente, nosso grupo não está conseguindo o apoio necessário para salvá-los.

A comida preferida desses botos é a tainha e eles sabem exatamente como guiar esses cardumes em direção aos pescadores. É um show da natureza: os animais saltam, fazendo sinais para os pescadores, no momento exato em que eles devem jogar suas redes. É impressionante como eles têm esse conhecimento de encurralar os peixes na direção da lagoa e como passar essa informação para os homens.

E o que os botos ganham com isso?

Ganham, além da amizade, uma relação que encanta qualquer pessoa que assistir a essa interação. Os peixes que não são capturados pelas redes no momento da pesca são engolidos pelos botos, e lhes servem de alimento farto. É uma pesca justa, porque ambos ganham sua parte! Nem todos os botos fazem essa interação, que é chamada de pesca colaborativa, mas os botos mais dóceis estão há séculos interagindo com os pescadores e todos vivendo permanentemente nesse local, numa lagoa, entre um rio e o mar. Peixes nunca faltam! Todos os dias, podemos ver a diversão e alegria dessa interação.

— E isso funciona perfeitamente para os pescadores – disse eu.

Deus, natureza e animais são amor!

À primeira vista, a pesca com botos pode até parecer uma brincadeira, pois, quando eles dão seus saltos, os pescadores podem não estar dentro da água, no lugar exato, segurando suas redes. Então, eles correm para a água e jogam suas redes, esse é um momento lindo. Emocionante! Num cenário tão perfeito, cada pescador pega um lugar em linha e, perfilados, esperam o sinal dos botos, jogando suas tarrafas e capturando seus peixes.

— Mas, se tudo é tão perfeito dessa forma, por que não preservam suas vidas? – Fecho os olhos, com as mãos no coração.

— Os botos estão morrendo por falta de fiscalização, e alguns estão doentes – minha mãe explicou.

Há certa esperança de que o povo se conscientize sobre o que acontece em Laguna. Mesmo para quem nunca conheceu a cidade, é importante saber que somos privilegiados por existirem, no Sul do Brasil, botos com esse comportamento. Desde o ano de 2017, faço parte de um projeto chamado Movimento Boto Vivo. O Movimento é formado por alguns empresários, entusiastas, pesquisadores, fotógrafos e outros que acompanham a luta, e são todos engajados. O sentimento é de muita tristeza e impotência a cada perda. Chorei ao saber da morte de um filhote de 22 dias, preso numa rede de pesca clandestina, que morreu afogado.

Carol tem tanto medo de que seus filhos não conheçam os botos!

O Movimento Boto Vivo parece não ter expressão. Pouquíssimas pessoas na cidade se envolvem com o problema. Parecem ter medo ou não querem se comprometer, eu não sei. Já fiz contato, inclusive, com um senador da República, mas tudo segue no mesmo compasso, sem fiscalização e proteção com os animais no seu *habitat*, e o cenário segue igual.

Vem melhorando desde 2021, com tentativas para chamar atenção pela causa, com o ativista e pesquisador cultural Wellington Linhares Martins, que já vinha lutando bravamente há anos por essa causa, encontrando muitas barreiras, e o fotógrafo Ronaldo Amboni, unindo forças para um trabalho significativo de conscientização.

Atualmente, a família dos botos pescadores tem aproximadamente 50 animais e cada morte é um golpe sofrido, pois, se não cuidarmos, ela vai acabar. Queremos conter essa matança!

Meu genro Cássio e minha filha Carol criaram um slogan e identidade visual, com a forte reflexão "se não cuidar, vai acabar", e, numa ação com os pescadores, juntos, distribuímos kits personalizados com mochilas, máscaras, bonés, marmitas e adesivos, e atualizamos nossas mídias (@movimentobotovivo e www.pescacombotos.art.br). Em seguida, uma das partes mais difíceis e doloridas, porém importante, foi a ação na colocação de 20 cruzes à beira da lagoa. Cada cruz simboliza um boto morto, com seus nomes e fotos. Para nossa surpresa, esse lugar virou santuário e ponto turístico na região. Parece que nós finalmente conseguimos chamar a atenção e sensibilizar até o programa Globo Repórter, da Rede Globo, que fez uma reportagem sobre o risco de os botos acabarem. Também criamos um vídeo manifesto: "Quanto vale um boto vivo?".

Eu choro todas as vezes que assisto, tão fortes suas verdades sobre a preservação da espécie. Natureza é amor, botos e humanidade; se não cuidar, vai acabar. Paralelamente, criamos outra ação lúdica para as crianças das comunidades pesqueiras nas escolas municipais e Associação de Pais e Amigos dos Excepcionais (APAE), distribuímos kits com mochilinhas, máscaras, marmitinhas com guloseimas, desenhos dos botos e lápis de cor, criando uma relação mais afetiva com esses animais.

Prosseguimos com as ações:

• Próximo ao verso, distribuímos guarda-sóis personalizados, para os pescadores se protegerem do tempo. Eles não têm estrutura para se abrigar enquanto pescam nas quatro estações. A Fox-pdv (*displays* promocionais) tem financiado todas as ações, com o propósito de chamar atenção para valorização dessa cultura.
• No mês de julho de 2022, no rigoroso inverno, doamos jaquetas impermeáveis com a frase "se não cuidar, vai acabar!" bordada. O pescador é amigo do boto.

Aperta-me o coração saber das ameaças que os botos enfrentam há muito tempo, o quanto a situação está piorando. As mortes, na maioria dos casos, ocorrem por questões de ilegalidade, como uso de embarcação com motor de alta rotação, jet ski, lanchas de grande porte, pesca clandestina, poluição das águas do Rio Tubarão, que desemboca justamente na lagoa, no *habitat* deles. Muitos botos são vistos com doenças de pele, a chamada lobomicose, decorrentes de contaminação (a mineração contribui para essas ocorrências). Filhotes curiosos se aproximam de lanchas e jet skis, tendo uma morte prematura.

Uma morte em particular fez com que os pescadores sofressem uma dor maior. O boto chamado Tufão, um jovem muito bom na pesca, "trabalhador", como os pescadores o descreviam. Anteriormente já haviam morrido 12 botos, as mortes foram a gota d'água para os sofridos pescadores. Foi feita uma grande mobilização, em mídia social e televisão. O assunto chegou à Câmara de Vereadores de Laguna e foi criada uma lei que proíbe o uso de redes de emalhes, começando na boca da barra e indo até o Rio Tubarão. Essa ação reduziu a mortandade, mas não foi o suficiente. Se continuasse nesse ritmo, em até seis anos ocorreria o desaparecimento total da espécie.

Suspirei e desabafei:

— Eu não sei o que é pior. Se as razões que têm matado esses animais dóceis e inocentes ou o descaso da maioria das pessoas, que poderiam se unir à causa; mas as autoridades e órgãos responsáveis são ineficazes. Não fazemos mais por falta de apoio e rigor na aplicação das leis.

Com generosidade, estou apoiando não só o Movimento Boto Vivo com amor e dedicação, mas, também, perpetuando meus atos de ajuda. Carol, Paula e Chico, meus filhos, carregam essa essência. Colocam amor em tudo o que fazem, sem qualquer distinção.

A generosidade que lhes ensinei é a minha missão de vida e estou muito orgulhosa, pois, em tudo o que meus filhos fizerem, haverá um pouquinho da minha semente.

Me tornei empresária. Foram anos de trabalho para alcançar o sucesso. Encaminhei outros para seguir meus passos e deixo meu legado. Busco ser exemplo a ser seguido. Também faço parte de uma rede de mulheres com histórias inspiradoras, motivando outras que desejam se reinventar. Mostrar nossa trajetória é muito gratificante. Com minhas escritas, tento ser exemplo de vida, valores e empoderamento feminino.

Me tornei protagonista da minha própria história e inspiração para outros. Como poderíamos não ter orgulho da minha história?

Não quero entender, mas apenas viver esse sonho e diálogo com minha mãe. Ela vive em outro plano e, ainda que seja num sonho, me senti feliz.

Obrigada, mãe! Por ter me ensinado sua generosidade, seus valores e suas palavras de que a bondade e a misericórdia seguiriam todos os dias da minha vida. A senhora costurava, tricotava, consertava roupas usadas para doações; me ensinou a ser prendada. Em Cerqueira César, interior de São Paulo, onde passava parte do seu tempo, ajudava os necessitados. A senhora foi a pessoa mais gentil que conheci. Viajava em missão para ajudar os carentes com a "obra da piedade" de sua Congregação Cristã no Brasil. Muitos desses ensinamentos levo comigo. E agora sou eu mostrando isso aos meus filhos e netos!

A Carol apoia muitos projetos na empresa e influencia pessoas positivamente por meio de suas vivências. Paula e Chico têm seus projetos de boas ações também.

Em minha mente, ouvia o hino ao fundo.

Seu hino preferido.

Carol me acorda do sonho, e conto:

— Tive um sonho profundo e muito real com a vovó, filha.

— Quanta saudade da vovó! – diz Carol.

Foi um lindo sonho, e também triste, porque foi só um sonho.

Fecho os olhos e sinto a paz que a presença desse sonho me deixou. Minha mãe, uma mulher que esteve à frente do seu tempo, pois aprendeu a tocar órgão e bandolim sozinha. Tinha o dom da música e amava cantar. Obrigada, mãe! Nunca me senti tão bem como estou depois desse sonho com a senhora. A luta com os botos deve continuar… Se não cuidar, vão acabar.

Galeria de fotos

A ÁRVORE DA MINHA VIDA!

O que leva uma mulher, advogada e mãe, a abraçar a genealogia como *hobby*? O que para muitos pode parecer um processo chato, trabalhoso e demorado, para Iriana se tornou um objetivo de vida. Bem mais do que uma árvore genealógica clara e organizada, ela foi muito além de conseguir sua cidadania alemã e italiana por intermédio de seu trabalho. Além de conseguir o mesmo para vários membros de sua família, percebeu que seu trabalho era de alma. E da alma de muitos!

IRIANA CUSTÓDIA KOCH TONIN

Iriana Custódia Koch Tonin

Contatos
iriana@hidroluna.com.br
Instagram: @iriana_koch
48 99129 9966

Administradora, advogada tributarista, mãe, catequista e especialista em árvore genealógica por motivação de alma. Formada em Administração e Direito, com MBA em Planejamento Tributário, é fluente em inglês e francês; se tornou empresária muito cedo. Por opção, vendeu sua empresa, mas ainda faz parte dela atuando no departamento jurídico. Seu bem maior: sua família! Seu *hobby*: genealogia!

"**P**recisamos arrumar mais coisa para ele fazer. O moço está vivendo!"
Chacoalho a cabeça e solto em voz alta:
— Meu pai está vivendo!
Olho para o céu pela janela do quarto.
— Obrigada, meu Deus!

"Como pode?"

Respiro fundo:
— A bendita lista fez com que meu pai sobrevivesse.
Puxo a cadeira rente à janela e me sento com o antigo diário no colo.
Reviro algumas páginas e chego ao dia da sentença, quando escrevi, aos prantos, escondida:

"Meu pai tem seis meses de vida!"

Se aquela notícia havia chegado como um ponto final, a partir do qual eu não tinha ideia para onde deveria ir em seguida, logo veio o milagre da vida e mudou todas as nossas perspectivas.
Viro as folhas para o início do diário, onde colei algumas fotos de criança.
Ergo o olhar para o céu novamente e sinto uma gratidão invadir meu corpo.

"Obrigada, Senhor!"

Fecho os olhos e revejo toda a minha vida, como um filme passando em minhas lembranças.
Reflito: acredito que há diversas formas de uma mulher ser protagonista da própria história, pois nos tornamos donas de nós mesmas à medida que amadurecemos e adquirimos experiência de vida, seja pela dor, seja pelo amor ou por ambos.
Eu tive o privilégio de nascer numa família na qual recebi muito amor, equilíbrio e apoio em todas as horas. Creio que a fase mais difícil que enfren-

Iriana Custódia Koch Tonin

tei foi quando me tornei mãe aos 18 anos, tendo de reorganizar tudo para cumprir o que havia planejado até então: a formação universitária. Tive que acrescentar a maternidade e um relacionamento aos meus planos.

Meu pai sempre foi e continua sendo meu melhor amigo. Foi ele quem mais me estendeu a mão, sem nunca me julgar ou chamar a atenção. Foi com ele que entendi que na vida não há erros, mas um caminho a ser trilhado, em que os supostos desacertos são os tropeços que ensinam e sempre nos levam a algo maior e melhor: o degrau seguinte!

Eu vivi uma infância boa; meus pais tinham boas condições financeiras e, com isso, posso dizer que quase sempre tive uma vida de estabilidade. Não me formei na dor, mas no trabalho e no exemplo das pessoas que mais admiro: meus pais.

Mesmo estando grávida e estudando, eu decidi trabalhar, decisão que me levou às maiores experiências no sentido de desafios e superação, o que me fez crescer dia após dia.

Vivi a gravidez e a maternidade com encanto. Mantive o foco no trabalho e, com o passar do tempo, colhi o que plantei: vi a empresa que fundei ser muito bem-sucedida, pouco tempo depois de completar 30 anos. Se a vida e as responsabilidades começaram cedo para mim, a colheita também!

Não foi sorte!

Posso dizer, com orgulho, que vendi minha parte da empresa e agora faço parte dela apenas atuando no departamento jurídico. Acredito que um comprometimento de alma foi o que sempre manteve meu foco e amor na família, permitindo-me receber ainda mais da vida.

Hoje, eu sei!

Paralelamente à minha vida profissional e familiar, eu estive constantemente atenta aos cuidados com a minha família de origem. Eu demorei a compreender, mas sabia que tinha algo pulsando, latente e vivo, correndo dentro de mim. Eu podia ir e vir neste mundo, através das inúmeras viagens que fiz a negócios e estudos ou das diversas pessoas que conheci em trabalhos e eventos de que participei, mas era para o seio familiar que sempre queria voltar.

Adoro ajudar a organizar as festas de família e procuro sempre estar presente em momentos especiais. Sinto verdadeira alegria em desfazer nós e estreitar laços de família.

"Por que eu sou assim?"

Conforme fui vivendo, fui tendo noção de que nem todos os meus amigos e parentes eram como eu, tão ligados à família. E, assim como meu pai me disse um dia sobre a vida, para isso também não tinha um certo ou errado: era uma característica que fazia parte do meu ser. Eu não conhecia ninguém tão interessado na própria família como eu.

Sussurro: "Por quê?".

Talvez pela curiosidade que carreguei sobre mim mesma, acabei descobrindo o maior dos *hobbies* da minha trajetória, que também me levou para outras compreensões com o passar do tempo: a genealogia!

Árvores genealógicas representam os estudos de família e suas histórias: de onde vieram, por que, quem se perdeu no caminho e em que momento se encontraram com outros? Quem fomos nós, mesmo antes de nascer? Somos o somatório de nossa ancestralidade: não importa de onde nossos ancestrais vieram, o que foram ou como foram, eles influenciam nossa forma ser, de agir, pensar e até mesmo as emoções mais escondidas, que carregamos sem consciência alguma.

Nossa memória genética nos permite o acesso a histórias que nem conhecemos, mas que ainda estão lá, vivas dentro de nós. A dor de um aborto de uma bisavó ou tataravó, a doença mental de um tio ou avô, a doença física passada de geração em geração, assim como os talentos de quem canta, pinta, escreve, cuida do outro por intermédio da medicina e tanto mais. Quiçá, eu herdei de um dos meus ancestrais essa minha vontade de fazer parte e honrar!

"Vai saber?"

Não somos apenas o que vemos no espelho ou na trajetória que construímos, mas a influência que recebemos de toda a ancestralidade no dia a dia, tomando nossas decisões, fazendo escolhas por eles, em sua honra e em sua memória, homenageando-os, na maioria das vezes sem nem sequer nos dar conta do fato.

Nossa árvore genealógica é imensa, mas ela vive dentro da gente, assim como um fruto visível em meio a folhas e galhos ainda está conectado às raízes da árvore. Ainda que ninguém o veja, o fruto está conectado à mais profunda das raízes que lhe alimenta.

Assim somos nós: o resultado de gerações e gerações, num processo evolutivo que nunca para, mas vive antes de nós, por meio de nós e depois, em nossos descendentes.

Para muitos, o estudo da genealogia pode parecer estranho ou até um pouco chato, pois demanda tempo, pesquisas, conversas com anciões, viagens em busca de desconhecidos e muito mais.

Eu venho, por parte de mãe, da família Fernandes, de Portugal e de Bem dos Açores. Por parte de pai, venho da família Koch, proveniente da Alemanha, e da família Slomp, vinda da Itália, para onde, há poucos anos, viajei com mais sete pessoas dessa parte da família, em busca de nossos ancestrais.

Falo comigo mesma, em alto e bom som:

— Você foi para a Itália procurar ancestrais, Iriana! E achou!

"E pensar que escrevi um livro sobre tudo isso!"

Suspiro e balanço a cabeça, pensativa ainda.

"O quanto essa viagem deu vida ao meu pai?"

Num trabalho que durou anos e exigiu muito tempo, paciência e dedicação, eu consegui tirar as cidadanias alemã e italiana, bem como de todos os familiares que possuíam esse direito. Não foi um processo fácil, mas, como advogada, fui compreendendo os caminhos das leis dos países de origem.

Hoje, eu entendo que todo meu trabalho não foi apenas por um documento que informa uma dupla nacionalidade ou um passaporte europeu, mas um estudo profundo sobre nossas raízes, feito por mim, e honrado pelo direito de pertencer legalmente às famílias a que pertencemos. O passaporte e a cidadania são apenas a consequência de algo muito maior.

Para quem deseja ter prosperidade na vida – lembrando que isso não se refere apenas a uma boa situação financeira, mas qualidade de vida: saúde, equilíbrio emocional, familiar, satisfação profissional, vida afetiva, amizades e bom relacionamentos em geral –, tudo começa por pai e mãe.

"Honra teu pai e tua mãe para que se prolonguem os teus dias na terra."

Sempre com ênfase na família e no poder da ancestralidade sobre nós, do quanto esse reconhecimento atua positivamente em nossas vidas, abençoando nossos descendentes.

Hoje eu sei, por exemplo, que o fato de eu ter engravidado tão jovem foi uma repetição de padrão que havia acontecido em gerações anteriores. Quando o conhecimento sobre nossos antepassados vem à tona, nos permitimos o dom da escolha. Quando tomamos consciência de um padrão, passamos a ter a opção de não mais repeti-lo, criando caminhos diferentes para os nossos.

Pense na quantidade dos nossos antepassados! Todos temos: dois pais, quatro avós, oito bisavós, 16 trisavós, 32 tetravós, 64 pentavós, 128 hexavós, 256 heptavós, 512 octavós, 1.024 eneavós, 2.048 decavós.

Num total de 11 gerações, 4.094 ancestrais. Isso tudo, aproximadamente, 300 anos antes de nascermos!

Você consegue imaginar quantas pessoas vieram antes de você e tudo o que eles viveram para que você pudesse simplesmente existir? Eles fazem parte de quem somos e de tudo o que fazemos. É essencial que os honremos, ao menos internamente, para que possamos ser abençoados pela vida e, assim, abençoarmos nossos filhos e seus filhos e netos, mesmo que não estejamos mais aqui para conhecê-los, mas reverberamos bênçãos sobre eles.

Por isso, reforço que meu trabalho não foi apenas uma questão legal ou de documentação, mas de limpeza e honra do passado, a partir da criação da árvore genealógica.

Suspiro:

— Acho que foi a coisa mais significativa que já fiz na vida.

"Será?"

Respiro fundo e reflito:

— Ou a lista!

Levanto-me, colocando o diário sobre a mesa.

— A lista! É isso! Lembrei!

"Eu preciso adicionar mais coisas à lista!"

Fecho os olhos, me apoiando no parapeito da janela, por alguns minutos: Faço uma prece, que é uma bênção do povo Nahuatl, em silêncio:

Eu liberto meus pais do sentimento
de que já falharam comigo.
Eu liberto meus filhos da necessidade
de trazerem orgulho para mim.
Que possam escrever seus próprios
caminhos de acordo com seus
corações, que sussurram o tempo
todo em seus ouvidos...

Abro os olhos e vejo o céu ainda mais azul.

Iriana Custódia Koch Tonin

"Como pode?"

Sento-me novamente e procuro a página onde eu e meu pai escrevemos sua lista juntos.

Há 15 anos lutando bravamente e de maneira otimista contra o câncer, vejo meu pai como o maior guerreiro e vencedor que conheço. Sua trajetória nessa luta tem sido longa, porém, maiores do que as batalhas têm sido suas vitórias e o exemplo de motivação, perseverança e fé que ele tem sido para todos nós.

Suspiro:

— Ah, meu pai...

Há cerca de quatro anos, ouviu que tinha seis meses de vida, então fizemos a lista:

— Pai, o que você deseja fazer antes de morrer?

Ele riu.

"Imagina?!"

Mas, ainda assim, aceitou o desafio.

Viro as páginas do diário e encontro:

"Fazer a sucessão na empresa. Ok!

Terminar de escrever o livro sobre a Liga Blumenauense de Futebol (LBF). Ok!

Terminar o mandato de presidente da LBF. Ok!

Criar uma fundação de incentivo ao esporte para crianças. Ok!

Andar de balão."

Levanto-me bruscamente:

— Meu Deus, a gente ainda não andou de balão! E já se passaram anos...

Pego o diário, que caiu no chão, e o ponho sobre a mesa.

Fico de pé, olhando para o lado de fora da janela.

"Será que ele ainda quer andar de balão? Não tinha mais
coisas nesta lista?"

Meu pai surpreendeu tanto a mim e a todos que está aí, vivo, sendo estudado por especialistas.

— Como assim o senhor ainda está vivo, seu Luis?

Balanço a cabeça para os lados, pensando no inacreditável!

"Obrigada, meu Deus, pela vida do meu pai, pelo
meu melhor amigo!"

158   Eu, protagonista da minha história

Penso no que posso adicionar à lista.

"Se é ela que está prolongando a vida dele, preciso
pensar em algo."

Sussurro:

— E se eu contar a história dele num livro ou artigo, expondo toda sua garra, com sua sobrevivência sendo uma incógnita para tantos médicos e profissionais da área?

Eu rio.

Imagino que o meu trabalho com a árvore genealógica tenha influenciado meu pai em sua jornada, uma vez que, por causa dela, fizemos juntos a viagem em busca de nossos ancestrais e encontramos alguns deles. Inclusive, temos um livro no qual registramos todas as nossas descobertas e tantas memórias lindas.

— Ai, ai...

Estralo o pescoço e fecho o diário, colocando-o dentro da gaveta.

Preparo-me para sair do quarto e ir até a casa do meu pai.

"O que será que ele vai querer colocar na lista?"

Pego-me com um sorriso de orelha a orelha.

Estar ao lado do meu pai, buscando novos objetivos para ele, não tem apenas o mantido vivo.

Saio do quarto e fecho a porta.

Encho o peito de ar e solto lentamente.

Falo comigo mesma:

— A vitória do meu pai é o que tem mantido a mim mesma viva!

"E feliz!"

19

DA NOITE ESCURA AO TAPETE VERMELHO

O dia em que transformei um momento triste na volta por cima e encontrei aquilo que havia passado minha vida toda procurando: a chave para meu sucesso!

IZABEL RIBEIRO

Izabel Ribeiro

Contatos
belmarinho@hotmail.com
Instagram: @izabelribeiro.felicidade
facebook.com/izabelribeiro

Advogada, formada em Direito pela Universidade Regional Integrada do Alto Uruguai e das Missões – URI Erechim (2003-2007). Pós-graduada em Direito Público pela Universidade Anhanguera Uniderp, 2012. Graduanda em Educação Física (2020) e em Tecnologia em Ciência da Felicidade (2022), ambos pela Unicesumar Educação Presencial e a Distância. Formação na Escola do Sucesso – Felipe Borba, nas áreas de inteligência emocional, liderança, vendas e relacionamentos interpessoais (2022). Experiência de 20 anos como servidora pública municipal, atuando em várias frentes como coordenadora de compras e licitações, secretária adjunta de administração e diretora administrativa do Instituto Erechinense de Previdência, atualmente exercendo o cargo de secretária municipal de administração, sendo a primeira mulher a exercer esse cargo no município. Ganhadora do Prêmio Mulher RS, mulheres que inspiram e fazem a diferença em sua profissão.

Eis que, na noite de 14 de maio, eu entro, acompanhada da minha família, glamorosa, de vestido marsala e salto alto, no Salão dos Espelhos do Clube do Comércio, para um jantar de gala. Lá, pessoas bonitas e bem-vestidas esperavam pelo grande momento da noite!

Então, chamam meu nome! Com as pernas trêmulas, sorriso contagiante, vou caminhando, no meio de todas aquelas pessoas, para receber meu troféu, Prêmio Mulher RS, do conceituadíssimo jornalista Saul Júnior, para mulheres que inspiram e fazem a diferença na sua profissão.

Como tudo começou

Sempre estudei em escola pública, mas, durante toda a vida, fui muito dedicada e nunca me contentei com pouco. Meus pais diziam que, se eu quisesse ser alguém na vida, deveria estudar muito. E eles falavam tanto, tanto, que isso ficou no meu inconsciente e eu nunca perdi nenhuma oportunidade de buscar o aprendizado e estar aprendendo.

Em 2002, quando fui chamada pra assumir meu primeiro cargo em um órgão público, eu senti um poder tão grande, como nunca havia sentido antes, algo como um reconhecimento pelo esforço de uma vida toda como boa aluna, como se tivessem valido a pena as muitas horas de estudo e noites em claro.

Um sonho de adolescência

Meu sonho, quando ainda adolescente e jovem, era ser uma profissional da área da Educação Física, mas acabei deixando de lado esse sonho ao longo da minha trajetória, principalmente após iniciar minha vida profissional em um cargo público e entender que as áreas de Ciências Jurídicas e Sociais me ajudariam muito mais.

Sou formada em Direito, pós-graduada em Direito Público, além de ter feito inúmeros cursos na área do Direito, trabalho na prefeitura há mais de

Izabel Ribeiro

20 anos, em vários cargos de chefia, acumulando comissões, cursos, aprendizados, conhecimentos e muito trabalho, muito mesmo!

O dia fatídico – as provações

O que quero contar aqui é o dia que me marcou profundamente e no qual eu consegui transformar as adversidades em oportunidades para minha vida e encontrar aquilo que eu buscava desde a infância: a chave para o meu sucesso. É isso mesmo!

Embora eu fosse uma pessoa sempre proativa, muito dedicada, muito sonhadora e muito comprometida com os resultados, com atitudes mentais positivas, e feliz, minha vida não foi sempre um mar de rosas. Eu também vivi um tempo turbulento, no qual passei por crises sérias de ansiedade, depressão, síndrome do pânico e fui até parar no hospital algumas vezes, achando que iria infartar!

Durante esse período difícil, procurei um psiquiatra que, após receitar alguns remédios, disse que eu teria de fazer muitos exercícios físicos, pois eles liberariam endorfina, um hormônio que tem o mesmo efeito dos remédios, os quais, com o tempo, eu iria diminuir e ficar somente com os exercícios!

Eu já havia feito academia, caminhadas, treinado com *personal trainer* por vários momentos da minha vida, mas, naquela época, eu estava sedentária!

Então, o primeiro passo foi ir atrás de uma academia e de um profissional da Educação Física! Ainda cabisbaixa, andando pelas ruas da cidade, precisei pegar um documento na Faculdade Unicesumar e fui lá, pensando sobre academia, exercício e tudo o que o médico me falou. Ao chegar lá, após conversas com a atendente, ela me ofereceu alguns cursos, perguntou se eu tinha interesse, mas tudo o que eu não queria naquele momento era mais estresse para minha vida; assim, falei que não queria nem olhar!

Então ela insistiu muito e, em um dado momento, ela me disse: tenho uma bolsa de 50%, e perguntou se eu não tinha vontade de cursar uma faculdade de Educação Física. Foi aí que meu olho brilhou!

O quê? Aquele sonho de adolescência, que já estava praticamente morto dentro de mim, voltou em um instante; parece que tudo floresceu, tudo fez sentido, pois estava procurando por exercícios, por um *personal trainer,* e pensei que, se fizesse a graduação só para ser minha própria treinadora, já valeria cada centavo! Conversamos, reuni todas as informações e saí.

Naquele momento de euforia, com muitos hormônios como se estivessem em ebulição, eu disse: eu quero! Eu quero muito; será um estímulo, algo novo na minha vida! Uma oportunidade de me livrar dos pensamentos ruins e ocupar minha cabeça com coisas que fossem interessantes para mim! Saí rua afora desfrutando daquele momento de prazer e satisfação!

Chegando em um determinado lugar, com essa loucura toda na minha cabeça, extremamente motivada, "endorfinada", feliz, vivendo intensamente o momento, encontrei com uma amiga, uma pessoa com a qual eu tenho uma ligação incrível, que é como se fosse uma irmã para mim, e fui correndo abraçá-la, com lágrimas nos olhos, contando: "Minha amiga, minha irmã, você não sabe o que me aconteceu! Acabo de ganhar uma bolsa de 50% para fazer uma faculdade de Educação Física. Você sabe que era meu sonho fazer isso, olha que oportunidade me surgiu hoje, vou mudar minha vida. Meu Deus, como estou feliz!".

Mas qual não foi minha surpresa, meu espanto, nem sei que palavra usar nesse momento, pois a emoção chega ao meu corpo novamente só em escrever este parágrafo e lágrimas rolam dos meus olhos como se estivesse vivendo aquele momento novamente. Ela olha para mim e diz: "Ah, você está louca! Com essa idade, vai fazer faculdade de Educação Física? Vai se formar com 50 anos e vai dar aula para quem? Vai sossegar, mulher, tu não tem mais idade para isso".

De que jeito, em um momento desses, você, ainda depressiva e ansiosa, consegue ter um pouco de inteligência emocional e atitude mental positiva?

Eu não lembro como eu saí da frente dela, mas saí, fui para casa e chorei o resto do dia e da noite. Foi uma noite escura da minha vida.

Um marco na minha história

Durante a noite, para me acalmar um pouco, peguei minha Bíblia, procurei alguns versículos e fiquei refletindo. Após minha conversa com Deus, um versículo em especial falou diretamente ao meu coração: "O choro pode durar uma noite, mas a alegria, ela vem pela manhã" (Salmos 30:5).

Com esse versículo, adormeci; já era quase de manhã! E foi exatamente o que aconteceu!

Quando acordei, me levantei com uma força incrível, uma espécie de empoderamento, algo inexplicável, e eu não sei exatamente onde estava aquela força, aquele poder com o qual me levantei, mas sei que estava em algum lugar dentro de mim e foi resgatado naquela noite!

Falei com meu esposo, que me deu a maior força – aliás, ele e meu filho são as minhas maiores forças e estímulo para minha vida –, e fui para a

Izabel Ribeiro

frente do espelho, bati no peito e disse: "Já chega de chorar, chega de crises de ansiedade, chega de pânico. Chega, é hoje, chega, chega...". Lembrei que meu sobrenome materno é Rocha e foi assim que ela me ensinou a ser, como uma rocha. Assim eu seria daquele momento em diante!

E foi naquele dia que transformei as adversidades em oportunidades, tomei posse da minha mente, consegui sair mais forte e, com muito estudo e técnicas que venho aprendendo, consegui ter o controle sobre o que sinto; não entrego esse controle a mais ninguém!

Vocês devem estar pensando na minha amiga. Na verdade, ela não é uma má amiga; eu entendi que ela era como a minha mente, querendo não gastar minhas energias, mas, naquele momento, ela, com aquelas palavras "mal ditas", me magoou. Até hoje, ela não sabe o quanto aquelas palavras me feriram naquele momento (deve estar sabendo agora, lendo o livro!).

Mas creio que essa amiga foi um meio para transformar a minha vida e até me livrar das crises e ver que eu posso ser muito mais forte que quaisquer palavras! Então, dali para a frente, somente coisas boas me aconteceram!

A busca do conhecimento

Comecei fazer a faculdade de Educação Física e, nessa mesma época, fui convidada para ser Secretária de Administração do Município de Erechim. Trabalho cuidando da administração de uma cidade com mais de 100 mil habitantes, uma prefeitura com 2.600 servidores. Cuido, também, da casa, do marido, do filho adolescente, do pai idoso e de dois cachorros lindos!

Dentro da minha evolução, comecei a estudar sobre poder da mente, inteligência emocional e autodeterminação do sucesso, e, neste ano de 2022, surgiu a oportunidade de fazer a primeira faculdade de Tecnologia em Ciência da Felicidade do Brasil, baseada na graduação famosíssima da Universidade Harvard!

Encontrei-me demais nessa graduação, talvez até mais que na Educação Física, e quero transmitir todo esse conhecimento assim que me formar na primeira turma de cientistas da felicidade do Brasil, com o maior orgulho! Ela tem tudo a ver com essa nova fase que estou vivendo!

É engraçado como as coisas acontecem para dar um rumo à nossa vida! Nesse ano, ainda fui reconhecida dentro da minha carreira como uma mulher que inspira na sua profissão, ganhei o Prêmio Mulher RS, do jornalista Saul Júnior, conceituadíssimo aqui no Rio Grande do Sul, com direito a tapete vermelho e muito glamour! E é claro que o sucesso não acontece por acaso.

Ter meu nome indicado para esse prêmio é sinal de que eu e minha equipe estamos sendo reconhecidos por tudo o que fazemos.

Como cheguei até aqui?

Vejo muita gente se acomodando na profissão, achando que não tem mais o que crescer ou evoluir e, apesar de trabalhar incansavelmente, prestando o serviço da melhor maneira, não tem perspectiva de crescimento. Tem gente que me pergunta: como você chegou até aqui?

A resposta é: não me conformando com as coisas, sempre querendo adquirir mais conhecimento e estando sempre aberta para o novo, para a prática, vivências! Porém, digo que, muito mais importante que o conhecimento técnico, é o que está dentro de você.

Mas aí vocês hão de me perguntar: como você consegue fazer tudo isso?

Eu respondo: nós decidimos o que fazer com nosso tempo; quanto mais tempo ficamos fazendo coisas que nos dão prazer, mais tempo temos para ser felizes. E eu sou feliz e, sim, tenho tempo de qualidade com minha família, pois eles sempre estão nos meus projetos e nas minhas loucuras!

Aquele troféu nas mãos, naquela noite, tinha um significado muito maior que um simples reconhecimento: o sentimento era de felicidade, de gratidão, de saber que estou no caminho certo, de entender que o estado em que você está é determinado pelo que você está focado! Naquele momento, lembrei do título que me deram na minha cidade: Dama de Ferro com o coração sensível. Representa-me totalmente!

Um pedido meu para você

Para finalizar aqui, uma música acabou marcando aquela fase não muito boa da minha vida, em que eu tinha medo e alimentava sentimentos ruins. Até hoje, quando estou triste ou angustiada, ouço essa música e consigo vencer!

Ela diz assim:

> Ei, dor, eu não te escuto mais
> Você não me leva a nada!
> Ei, medo, eu não te escuto mais
> Você não me leva a nada!
> E se quiser saber pra onde eu vou,
> Pra onde tenha sol, é pra lá que eu vou!

Izabel Ribeiro

Então, conto com vocês para sempre procurarem o sol, a felicidade, a saírem do escuro, e tenham o dia de hoje não só como um dia qualquer: aproveitem cada momento! Hoje é dia de tomar decisões, de ir para o sol, de ir para onde tenha vida, mas vida em abundância, aquela vida que merecemos! É dia de se levantar e fazer acontecer, dia de evoluir, pois, se você não evolui, você está morrendo!

Sejam pessoas encorajadoras, que colocam os outros para cima (lembrem da minha amiga), cuidem das palavras: elas machucam, mas também podem curar! Na nossa vida, vale muito mais o que a gente espalha para os outros sobre coisas boas, sobre ser luz, do que dinheiro e riqueza.

E lembrem-se: o cérebro é como uma lanterna; ele pode procurar pelo lado positivo ou negativo. Nunca se sinta como um refém, pois você faz parte da maior dádiva, que é a vida! Você saberá que não é um refém quando sentir felicidade ou, mesmo não estando tão feliz, conseguir superar tudo pelo que está passando!

A chave para seu sucesso está dentro de você. É só procurar: ela está dentro da sua mente! Se você procurar incansavelmente, com certeza achará! E, depois que encontrar, não a entregue a mais ninguém!

20

DE ALMA LEVE, NAVEGANDO NAS ÁGUAS DA INTUIÇÃO

A prosperidade, a valorização de quem somos e do que conquistamos está no modo como olhamos para nossa realidade. Esta história fala de alguém que, por meio de suas crenças, navegou e navega pelo mundo em harmonia e conexão com a realidade de maneira leve e intuitiva. Segundo a psicologia transpessoal, por meio de pesquisas da consciência e perspectiva da vida integradora e não fragmentada, vida e prosperidade são resultados da conexão e da valorização de todas as coisas, ou seja, tudo ao nosso redor tem o poder de nos fortalecer ou nos bloquear, depende de como você vive suas crenças e intuições.

JANDIRA BARBOSA

Jandira Barbosa

Contatos
jandiramdbarbosa@gmail.com
Instagram: @jandira.barbosa.921
71 99961 5314

Graduada em Pedagogia pela Faculdade de Educação da Bahia – FEBA (1984). Pós-graduada em Psicomotricidade Metodologia do Ensino Superior pela FEBA (1985). Psicopedagoga pela Universidade Católica do Salvador – Ucsal (1993) e psicomotricista pela Associação Brasileira de Psicomotricidade – ABP (1995). Acredita na intuição como o sopro da alma. Com a força do pensamento de realizar tudo o que almeja, concretiza suas realizações e tem essa visão como ferramenta de decisão em tudo o que faz. Notável pelo seu olhar, abraço aconchegante e riso marcante, envolve a todos com carinho e atenção. Sua harmonia é refletida na alegria do seu sorriso colorido, que a faz ser quem é.

Iaiá, cadê o jarro?
O jarro que eu plantei a flor
Eu vou te contar um caso...
Eu quebrei o jarro e matei a flor...

Que maldade... Que maldade!...
Você bem sabia
No jarro de barro...
Eu plantei a saudade!
(CARMEM COSTA, "Jarro da Saudade")

Na madrugada do dia 10 de fevereiro de 1947, às 3h30, eu nasci, a terceira de sete filhos. Cheguei como sou, pura festa! Expressei minha força no choro, alto e forte, tão forte que o vizinho da casa em frente, em sua ancestralidade machista, falou: "A moça teve foi um meninão!". Fala desmerecedora própria da época, mas era uma menina.

Morávamos na fazenda e, ao completar seis anos, meu pai comprou uma casa na cidade para que pudéssemos estudar. Esta afirmação era a tônica da vida dos meus pais: "Meus filhos vão se formar!". A frase não era só do meu pai, mas, também da minha mãe. Minha mãe, uma mocinha linda e carinhosa, estudou mais que meu pai: concluiu o segundo ano do então conhecido como primeiro grau. Meu pai, um homem sábio, mesmo completamente analfabeto, tinha a inteligência do mundo, vivo e altivo, e promovia, em consciência ativa, o valor da educação para todos. Na vida dele sempre teve palavras de motivação constantes e ir morar na cidade era sua forma de promover um futuro para seus filhos.

Comecei a estudar o alfabeto, a cartilha do povo, presente da minha madrinha Edith Fernandes, que tinha um enorme carinho por mim. Ainda não estava matriculada na rede oficial por ainda não ter a idade exigida. Minha primeira professora foi a tia Azoi, uma tia que não gostava de mim, por eu ser preta;

Jandira Barbosa

uma mulher amarga, que tinha prazer em me desqualificar pelo simples fato de eu parecer com meu pai, um mulatão que ela não suportava, um homem direito, digno, honesto, mas que não tinha seu apreço, afinal, ele era preto!

Era um sacrifício estudar na casa da tia Azoi. Sem nenhum entusiasmo, passava as tardes com ela em meio aos gritos e "reguadas" (para quem não viveu essa época, "tapinhas fervorosos de régua na mão"), principalmente quando pegava no lápis para escrever e ela queria que eu pegasse da mesma maneira que ela; eu não acertava e ela não aceitava minha forma de escrever. Isso me trouxe uma crença limitante de, por muitos anos, não escrever nada na frente de outras pessoas, nem meu nome. Começou a melhorar quando tomei consciência da situação na faculdade, mas guardo essa lembrança, que não interferiu em quem sou hoje, ficou no passado. Só com a maturidade consegui vencer completamente essa barreira. Compreendi que era força da época, não guardei nenhuma mágoa, entendi que era assim mesmo. Por outro lado, minha mãe era um doce de pessoa, que validava todas as minhas ações.

Fui para a escola da rede oficial aos oito anos. Lembro, como se fosse hoje, que já sabia ler e escrever, graças à minha tia, por quem tenho enorme gratidão. Nessa época, entrei no catecismo e, ao final do ano, fiz a primeira comunhão. Logo depois, entrei na cruzada eucarística, espaço que me proporcionou grande crescimento pelo fato de ser muito convocada para os recitais em que a maioria das poesias recitadas eram minhas. Parecia um desafio, mas eu aceitava com muita felicidade.

Ao chegar em casa, recitava para minha mãe, que era meu grande público, e ela aplaudia. Nossos ensaios eram momentos de muita emoção, em que ela parava tudo o que estava fazendo para me aplaudir. Como brilhavam os olhinhos dela e como minha autoestima se estruturava!

Eu era sempre escolhida para ser protagonista das peças teatrais. Muito feliz, estudava o texto e ensaiava com a minha mãe, que aplaudia com todo o entusiasmo. As apresentações eram sempre na Escola Normal da cidade, no clube ou no salão nobre da Prefeitura Municipal, e eram momentos de muita felicidade, pois meus pais sempre iam me aplaudir na primeira fila.

Concluí o primário e prestei o exame de admissão para o ginásio. Muita gente perguntava: vai continuar a estudar? Nessa época, as filhas mulheres não eram encorajadas a continuar, mas isso não era para mim: desejei, estudei e passei.

Meu sim era de muito orgulho, para mim e para meus pais!

A primeira filha a entrar no ginásio. Início da caminhada para me tornar professora. E meu pai continuava firme em me inspirar nos passos que decidi seguir; vejam que homem! Na década de 1950, fortalecendo o empoderamento feminino. Eu estudava para valorizar todo aquele entusiasmo. Ele me ensinou a respeitar os meus desejos com a convicção de quem eu sou. Jamais poderia decepcioná-lo. Formei-me professora em 1966. Que alegria!

Dois meses após a formatura, recebi o convite do prefeito do município de Jaguaripe para lecionar no distrito de Camaçandi, e a autonomia chegou e ficou: sem falar com meus pais, disse sim! Estava sonhando em trabalhar. Para chegarmos à simpática vila de Camaçandi, com um povo bom e ordeiro, íamos de carro até o porto de Calhembá e, lá, pegávamos uma canoa, a remo. Interessante era quando a maré estava de vazante no meio do caminho e a canoa encalhava nos bancos de areia e lama por causa do assoreamento do rio. Saltávamos da canoa, eu e uma colega, para empurrar até que a canoa se desprendesse da lama do manguezal; que aprendizado maravilhoso! Ríamos muito, fazíamos paródia, era uma diversão!

Passados esses momentos de grandes emoções, contemplação da paisagem, do manguezal, os animais daquele santuário ecológico, o som, as cores e o cheiro de mato até hoje estão impregnados em mim. Eu estava a caminho do meu trabalho, estavam lá à minha espera, com os corações vibrando de alegria e expectativa, 38 crianças pulsando por aprender. Havia 20 anos que não tinha uma professora formada na vila. Naquele momento, em 1967, chegaram três professoras formadas: eu, minha colega e a esposa do prefeito. Era uma festa só! Nós, felizes, e eles muito mais. Passávamos a semana em Camaçandi. No sábado pela manhã, pegávamos a canoa de retorno para o Calhembá; íamos caminhando até a cidade de Aratuípe e, lá, pegávamos um carro de aluguel até nossa cidade, Nazaré. Nossa vida em Camaçandi era uma alegria, eu, sempre muito comunicativa, falava e abraçava a todos, e o povo gostava. As festas do calendário escolar eram extensivas para toda a vila. Eram realizadas no barracão da vila.

Meus 38 alunos eram divididos em terceira, quarta e quinta séries, com admissão ao ginásio. Como trabalhar de forma prazerosa e com o efetivo aprendizado? Eu não vi nenhuma metodologia que atendesse a essa necessidade no meu curso de magistério. Assim, pensei e ouvi minha intuição, que sempre respeitei, por entender ser uma grande ferramenta de decisão. Separava a turma por grupos, levando em consideração a série de cada um em nível de amizade e de interesses comuns.

Conquistei o carinho e amizade não só dos meus primeiros alunos, alunas e de seus familiares, mas de toda a vila. Desenvolvia atividades pedagógicas

Jandira Barbosa

prazerosas em vários lugares da vila; nossas aulas ao ar livre eram uma festa. Estava registrado meu primeiro e grande sucesso como professora. Colocados os tijolos para a construção de um empoderamento baseado no amor e na consciência. A validação dos meus pais diante do meu comportamento na infância me aplaudindo diante das apresentações, seja recitando poesia, seja protagonizando uma peça teatral, foi o alicerce amoroso da minha vida. Isso fez toda a diferença na criatividade e no envolvimento que eu tinha em fazer meus alunos serem aplaudidos em meio a sua própria construção de conhecimento.

Retornei para Nazaré após ser aprovada no concurso para professora do estado da Bahia; tomei posse na Escola D. Pedro II, um prédio colonial belíssimo, que hospedou D. Pedro II e Ruy Barbosa, e hoje abriga a Câmara de vereadores.

Nessa mesma época, meu pai comprou uma Rural Willys. Ninguém sabia dirigir na família, mas eu não deixei por menos: contratei um motorista para me ensinar e passei a ser a motorista da família! A primeira mulher a dirigir na cidade! Uma moça com 21 anos, empoderada e com muita humildade, desfilava pelas ruas da cidade dirigindo uma Rural.

Na escola D. Pedro II, ganhei uma turma de alfabetização. Permaneci naquela escola por três anos, período em que conheci meu marido, casei, tornei-me mãe de uma criança belíssima, uma menina, e, por fim, acompanhei meu marido, mudando-me com ele para Salvador.

Nova vida, novas dificuldades, novos desafios, e eu na velha confiança em mim mesma, sempre entusiasmada, seguindo em passos seguros e cheios de certeza. Um ano após me mudar para Salvador, Deus nos presenteou com mais uma bela filha.

Certezas brotavam de dentro do meu coração, que era dirigido de um lado a outro, através do meu carro.

Em destemida coragem, realizava tudo o que eu desejava, enfrentando e superando até mesmo a visão machista de meu marido.

Nessa mesma época, prestei vestibular para Pedagogia, entrei na faculdade e meu marido ficou muito orgulhoso! Seguia a vida trabalhando nos dois turnos e fazendo faculdade, além de ser esposa e mãe. Mantive a tranquilidade e voz interior; considero que o sopro da minha alma, a intuição, me conduziu à transformação, afastando a negatividade. Entendo que, na arte de viver intensamente, tornamo-nos alquimistas e, na alquimia da alma, o maior desafio seria transmutar energia inadequada em saudável, algo que realizo como exercício constante na vida. Sempre gostei de carnaval, festas de todo tipo, tudo que promovesse alegria. Sonhava em conhecer o carnaval de Salvador, o desejo de conhecer de perto era cada vez mais evidente. A certeza de que viveria esse momento me alimentava a cada ano. Minhas filhas, já adultas, foram pela primeira vez ao circuito carnavalesco. Nossa! Ficaram maravilhadas e decidiram que me levariam. Assim conquistei: me vi em plena avenida, no bloco que mais gostava de acompanhar, o Camaleão.

Mesmo residindo em Salvador, nunca abandonei minha cidade natal, Nazaré. Estávamos sempre lá, nos feriados, finais de semana e férias. O amor por minha terra falava muito alto, não só para mim, mas também para meu esposo, que a adotou como seu berço.

No ano de 1989, fui convocada pelo prefeito eleito de Nazaré para assumir a Secretaria Municipal de Educação e, com muita alegria e entusiasmo, aceitei o convite, o que foi respaldado pelo meu esposo. Dentro do meu ser, existia o desejo de realizar um trabalho na educação da minha terra e, até mesmo por ter feito um curso superior, minha cabeça fervilhava de ideias.

Assumi a Secretaria e minha vida ficou dividida entre Salvador e Nazaré. Entre a saudade das minhas filhas e a realização de um sonho acalentado dentro do meu coração, mais uma conquista se concretizava.

Construímos escolas, implantamos sistemas de formação para professores, diretores e funcionários municipais. Em geral, foram quatro anos de muito trabalho e muita felicidade. Mais uma vez, me senti empoderada ao realizar mais um desejo.

O sucesso do meu trabalho foi tamanho que o novo prefeito eleito insistiu para que eu continuasse no cargo. Assim eu fiz e continuei na Secretaria, mas, dessa vez, não permaneci até o final do mandato. O tempo passou e o prefeito seguinte não abriu mão de que eu fosse a Secretária da Educação, e, com muita simplicidade, assumi mais uma vez o cargo. Estávamos no ano de 1997, eu já era professora aposentada do estado, e minhas filhas estavam na faculdade. Mudança total na estrutura educacional brasileira, nova Lei de Diretrizes e Bases (LDB), criação do Fundo de Manutenção e Desenvolvimento do Ensino Fundamental e de Valorização do Magistério (Fundef), muito estudo, muito aprendizado e muito trabalho para implantarmos, no município, a nova estrutura educacional. Graças a Deus e com muita luta, instalamos o curso de Pedagogia para a formação dos professores do município. Com muita fé, íamos dando conta das tarefas exigidas pelo Ministério da Educação. Chegamos ao final do mandato e eu retornei a Salvador, com a cabeça tranquila e o coração em festa, com a certeza de que, mais uma vez, contribuí para a educação do meu município.

Retornei para Salvador aposentada, mas não me aquietei. Estávamos no ano de 2002, e fui convidada a desenvolver um trabalho no Pelourinho nas ONGs Verde Limpo e Arte Naif, com minha filha mais velha. Realizamos um trabalho com adolescentes de 13 a 17 anos, sobre educação e valores humanos, um belo trabalho; em meio às drogas e à prostituição, a música era nossa grande aliada. Ao mesmo tempo, dava aulas em faculdades particulares e na Universidade do Estado da Bahia (UNEB), além de consultorias. Participei de uma seleção para a editora Moderna, assumi a assessoria pedagógica. Aprendi muito, trabalhei por essa Bahia afora fazendo palestras, organizando eventos com nomes de projeção nacional, em diversos municípios baianos, além da capital. Mais um grande sonho acalentado que se tornou realidade.

Eu, senhora de mim, viajava para todos os lugares, de avião, de carro ou de ônibus. O importante era estar na estrada, atendendo às necessidades de cada município, de cada Secretaria da Educação. Amava o que fazia, era amada e respeitada por todos da empresa.

Não existia cansaço para mim: a energia se renovava a cada respiração, meus pensamentos se enchiam de luz. Segundo as palavras de Johann Goethe, "Seja lá o que você possa fazer, comece. A ousadia tem gênio, força e magia em si mesma".

Não parou por aí a ousadia da filha do senhor Matias e da dona Alta. O trabalho realizado na Secretaria de Educação de Nazaré ficou marcado na cabeça e no coração do povo, associado à minha forma peculiar de acolher as pessoas, com um sorriso aberto, um abraço sincero e único, despertou no povo o desejo de ver meu nome na política. Estávamos no ano de 2012, eleições municipais, eu trabalhando em Salvador na editora, parecia uma brincadeira: eram três candidatos a prefeito. Uma mulher e dois homens, partidos diferentes. Em meio a tantos nomes na cidade que estavam lá no dia a dia com o povo e com o grupo político, meu nome virou consenso entre os candidatos de referidos grupos políticos. Assim, fui escolhida pelos três candidatos para compor a chapa majoritária da minha querida cidade. Recebi os convites, avaliei cada candidato e ouvi minha voz interior mais uma vez, e decidi por aquele que apresentava as melhores condições. Com adesão popular muito grande, fomos eleitos com o maior número de votos válidos da história de Nazaré. Foi surpreendente o sabor da vitória e mais surpreendente o meu sentimento em relação a essa vitória. Sentimento de responsabilidade redobrada, multiplicada com o compromisso de dar o melhor que reside em mim para minha terra. O impressionante é que não tenho família com tradição política! Mas eu tive uma grande aliada de vida: a educação. A maneira como sempre fui e me relacionei com todos fizeram a diferença.

Saí da editora e assumi a Secretaria da Cultura e Turismo, mais uma vez trabalhando em Nazaré. Dessa vez, já não tão jovem, porém ainda cheia de sonhos, os quais dividia com outros jovens também idealistas no bem fazer por uma melhor Nazaré.

No ano de 2013, além de tomar posse como vice-prefeita e Secretária de Turismo do município, outro acontecimento veio encher a minha vida de uma emoção ímpar! Alegria e felicidade para toda a família, mais um sonho realizado, o nascimento de meu neto Matheus. Daí em diante, uma nova vida para vovó Iaiá, muitas emoções, a realização de tudo o que desejei na minha vida.

De fato, meus enfrentamentos me fizeram ser protagonista do que quis e realizei: um casamento de 51 anos, filhos, formação e neto, o valor de ser querida em minha terra. Fui a ousadia, a força e a magia em mim mesma.

Referência

DI BIASE, F. *Caminhos do sucesso. A conspiração holística e transpessoal do terceiro milênio: espiritualidade na vida, excelência nas pessoas, revolução nas empresas.* Rio de Janeiro: Qualitymark, 2006.

21

A ESCOLHA DO BOM LOBO PARA SER PROTAGONISTA DO PRÓPRIO ENVELHECIMENTO

Neste capítulo, lembramos que o envelhecimento saudável depende de escolhas que se faz durante a vida, e a qualquer momento podemos redefinir a trajetória para as escolhas certas.

JUDITH PINHEIRO SILVEIRA BORBA

Judith Pinheiro Silveira Borba

Contatos
jupisibo@gmail.com
Instagram: @judithborba1

Bacharela em Direito pela Universidade Federal de Pernambuco – UFPE, com especializações em Psicologia Jurídica pela Faculdade Frassinetti do Recife – Fafire, Direitos Humanos pela Universidade Católica de Pernambuco – Unicap, e formação em Psicologia Positiva pelo Instituto de Pós-Graduação e Graduação – IPOG/PB. Formada em Hipnose Erikcsoniana, Programação Neurolinguística (PNL) e Posicionamento Sistêmico pelo Instituto Ubuntu de Desenvolvimento Humano e Coaching. Certificada em *Professional & Self Coaching* e *Leader Coach* pelo Instituto Brasileiro de Coaching (IBC), formações, essas, reconhecidas internacionalmente pela Global Coaching Community (GCC), European Coaching Association (ECA), International Association of Coaching (IAC) e pelo Behavioral Coaching Institute (BCI), órgão que congrega os principais *coaches* e entidades de *coaching* no mundo. Curso de extensão acadêmica em *Professional Self Coaching* pela Faculdade Monteiro Lobato em Goiânia/GO. Na área de *storytelling*, tem formação como contadora de histórias pelo Grupo Zambiar e treinamento como voluntária e associada da Empreendeler. Contoterapeuta pelo antigo Instituto de Desenvolvimento Humano Ipê Roxo (atual Raízes Instituto – Constelação Familiar). Como Membro do Ministério Público e por ter atuado como Promotora de Justiça do Idoso, tem várias teses aprovadas em congressos nacionais e estaduais do Ministério Público e atuação como palestrante em Direitos Humanos, tudo na perspectiva de valorização da pessoa na conquista de sua cidadania.

Introdução

Todos nós somos corresponsáveis pelo nosso envelhecimento, inclusive por escolhas que fazemos durante a vida.

O conto indígena dos dois lobos

Nessa linha de raciocínio, os índios *Cherokee* contam uma história de uma luta interna permanente e que precisa ser sempre acompanhada:

Um velho pajé observou seu neto muito triste e cheio de raiva por causa de uma injustiça sofrida.

Então, o velho ancião, olhando no fundo dos olhos do jovem e com muito amor no coração, lhe narrou a seguinte história: "Há dois lobos dentro de mim: um deles é bom e afável, deseja o bem, o meu crescimento pessoal e a harmonia de todos. Faz sempre boas escolhas, fazendo tudo de maneira reta e exemplar. O outro é mau, cheio de raiva, briga e discorda com tudo à sua volta, só vê o lado negativo das coisas, culpa o mundo por tudo o que lhe acontece e é autodestrutivo. Os dois lobos não se entendem e tentam sempre dominar a situação e é difícil conviverem no mesmo ambiente. A luta entre eles é às vezes muito dolorosa e, no decorrer da minha vida, não foi fácil".

Então, o garoto perguntou:

— Qual deles é o que vence, vovô?

O velho sábio, então, respondeu:

— Aquele que eu alimento.

Este conto trata da contenda que ocorre em nosso interior, que nos guia nas escolhas que fazemos diariamente, que repercutem nas nossas tomadas de decisões pessoais, que nos levam ao fracasso ou ao sucesso, à felicidade duradoura ou a pequenas alegrias com tristezas duradouras.

Assim, várias decisões erradas, no decorrer da vida, levam as pessoas à infelicidade e preocupações durante a velhice.

Envelhecimento ativo

Envelhecer não é apenas passar por mudanças corporais (como surgimento de cabelos brancos e rugas, diminuição de capacidades sensoriais ou até o surgimento de alguma doença crônica ou incapacidade permanente), ou, ainda, uma mudança na independência e autogestão, mas um processo que, desde que nascemos, está em curso e repercute nas etapas seguintes.

Para a Organização Mundial da Saúde (OMS), o envelhecimento ativo é:

> O processo de otimização das oportunidades de saúde, participação e segurança, com o objetivo de melhorar a qualidade de vida à medida que as pessoas ficam mais velhas.

A OMS propõe que os governos devem, entre outras ações:

- Garantir aos cidadãos um envelhecimento saudável.
- Fixar metas mensuráveis e específicas para a melhoria na saúde dos idosos.
- Criar ações de prevenção e tratamentos eficazes.
- Diligenciar para que existam ambientes seguros e apropriados para idosos.
- Diligenciar para que haja políticas e programas que melhorem a qualidade de vida de pessoas com deficiências e doenças crônicas.
- Reduzir os riscos da solidão e do isolamento social.
- Promover saúde mental positiva durante o curso da vida.
- Oferecer informações e desafiar crenças estereotipadas sobre problemas de saúde e doenças mentais.
- Fornecer às pessoas mais velhas ajuda para abandonar o vício no álcool e no tabaco.
- Aumentar o acesso a medicamentos seguros e essenciais para os idosos e implementar práticas para reduzir a prescrição inadequada.
- Assegurar medidas abrangentes para entender melhor e corrigir a pouca adesão dos pacientes idosos a tratamentos médicos.
- Prevenir doenças e deficiências causadas pelo processo de diagnóstico ou tratamento.
- Proporcionar programas e serviços que capacitem as pessoas a estarem em um lar durante a velhice.

Os fatores psicológicos também são importantes para ter um envelhecimento saudável, pois, durante o processo de envelhecimento normal, algumas capacidades cognitivas diminuem (inclusive, em relação à aprendizagem e memória), mas há ganhos com a experiência, conhecimentos adquiridos e sabedoria.

Já as pessoas que têm um envelhecimento ativo, entendendo seu potencial físico, social e mental durante sua vida, percebem-se participantes ativos da sociedade de acordo com suas necessidades, anseios e possibilidades, com proteção, segurança e, se necessário, com os cuidados de que se necessite (mesmo quando se depende de um serviço especial), e continuam a contribuir para seus familiares, companheiros, comunidades e países.

O envelhecimento deve ocorrer no contexto familiar, intergeracional, sendo afetivamente solidário, com qualidade de vida, adoção de um estilo de vida saudável e a participação ativa no cuidado da própria saúde para ser capaz de manter sua autonomia e independência.

É necessário fazer escolhas certas e ter abertura para as mudanças que surjam, modificando prioridades no decorrer do processo, alicerçado em pilares para aumentar a expectativa e a qualidade de vida.

Não há mágica, mas, sim, escolhas, para uma preparação de uma velhice de qualidade com posicionamentos que se tomam durante a vida e que influenciam diretamente na qualidade do envelhecimento.

Nunca é tarde para tomar as decisões corretas: fazer escolhas financeiras certas e tomar atitudes que evitem possíveis limitações no modo de vida; manter uma alimentação saudável e se exercitar de forma equilibrada; controlar o estresse e evitar momentos de ansiedade; dormir bem e manter uma mente ativa; ser resiliente e compassivo...

São fatores positivos, entre outros: saber superar as diversidades, adaptar-se às mudanças e ser autossuficiente na capacidade de controlar sua vida.

Todavia, pode haver declínio no funcionamento cognitivo, entre outros motivos, pelo não uso, estresse contínuo e excessivo, depressão, fatores sociais (como a solidão e o isolamento) e comportamentais (condutas de risco, como fumar, consumir drogas ilícitas, consumir bebidas alcoólicas e comida em excesso). Tais fatores podem prejudicar a qualidade ou diminuir o tempo de vida de uma pessoa.

Nesse contexto, é imprescindível que cada um descubra seu motivo para estar vivo, o que lhe faz feliz (sejam pessoas, princípios, ideais, objetivos) e que lhe dá forças para superar as lembranças passadas, vencer os problemas e tristezas, driblar obstáculos, enfrentar as neuroses que surgem, seguir em frente, ver alegria nas pequenas coisas e estar aberto a escolhas que não trazem prazer imediato, mas a longo prazo.

Alguns aspectos da Psicologia Positiva que favorecem o envelhecimento saudável

As crenças pessoais que adquirimos no decorrer de nossa vida produzem resultados profundos e, se estamos abertos às mudanças, entendemos que aprendemos com todas as coisas boas e ruins que nos acontecem. Estarmos abertos às provas da vida e ao potencial dos acontecimentos torna a vida mais fácil, inclusive emocionalmente.

Deixar as coisas fluírem, agindo sempre de forma motivada e com empenho, torna a realização de ações um prazer e as horas passam bem mais rápido, florescendo e criando metas permanentes de vida.

Nesta mesma linha, ser feliz, para a psicologia positiva, é algo que deve ser buscado e, como bem lembra Shawn Achor (2020, pp. 51-52), a felicidade "[...] depende da pessoa que a vivencia", tem o sentido de "um bem-estar subjetivo"[...], pois "[...] só você pode saber até que ponto é feliz[...]" e "[...] explica um estado de espírito positivo no presente e uma expectativa positiva para o futuro...".

Já Snyder e Lopez (2009) esclarecem que bem envelhecer é um "estilo de vida definido para evitar doença, envolver-se na vida e manter elevado cognitivo e físico na idade avançada".

Precisamos, então, lembrar o passado (como um pequeno espelho retrovisor), fincar os dois pés no presente, olhando sempre para o futuro (que se abre como o para-brisa de um carro em movimento em uma estrada cheia de passagens de diversos tipos).

Um dos mapas desse caminho é planejar o futuro, executar o que foi projetado e sempre reavaliar, pois as coisas ruins podem ser evitadas, potencializando o que é bom, criando metas a longo, médio e curto prazos, transformando prognósticos malignos e prejudiciais em aspectos favoráveis.

Uma das formas de organizar e direcionar ações e atividades, para focar em um plano eficiente e que traga resultados positivos em curto, médio e longo prazos, é definir estratégias e métodos para aperfeiçoar e impedir que imprevistos aconteçam e prejudiquem a chegada aonde se deseja.

Para um bom planejamento, se faz necessário: definir metas, métodos e ferramentas; trabalhar dentro da realidade, recursos, tempo disponível e foco; ter conhecimento dos obstáculos e das dificuldades a se enfrentar e ter motivação.

Inicialmente, deve-se se preparar, buscar o propósito e a filosofia de vida (fazendo uma correlação com o planejamento), vendo quais são as forças, fraquezas, ameaças e oportunidades que o projeto apresenta.

Em seguida, são feitos os planos de ação, que devem ser específicos, realistas e mensuráveis.

Por fim, durante toda a execução, deve-se sempre monitorar os indicadores.

Já as forças de caráter, tratadas por Ryan M. Niemiec em seu livro (2018), estão presentes, em grande percentual, nas pessoas felizes (independentemente de país, idade e religião) e são aquelas qualidades que alinham os diversos resultados positivos para todos ao redor.

Assim, uma pessoa criativa, entusiasmada, curiosa, com senso crítico, que tem amor ao aprendizado, perspectiva, perseverança e que age com bravura, tem, dentro de si, grandes ferramentas para conseguir o que deseja.

Nessa mesma linha, se ela é honesta, humilde, perdoa quem lhe fez mal, tem amor, inteligência emocional e bondade no coração, provavelmente tem vários amigos e uma vida social plena.

Já, se essa pessoa tem inteligência social, sabe trabalhar em equipe, apreciar a beleza e liderar, é imparcial e prudente, tem autocontrole e humor, ela sabe se relacionar com as pessoas.

Outro potencial de segurança e certeza de que estamos protegidos por algo superior é crer que o tempo resolve tudo e a espiritualidade dá amparo nos momentos difíceis, independentemente da religião.

Luiz Gaziri diz, em sua obra (2019, p. 210), que a: "Felicidade não se busca, mas se constrói", e Flora Victoria (2020) apresenta como passos para alcançá-la: 1) libertar-se da prisão emocional; 2) assumir o controle do corpo e da mente; 3) descobrir as forças internas; 4) ter meta e propósito; 5) perdoar e amar; 6) superar-se; 7) regenerar-se e inovar.

História de vida

Em uma cidade do interior, viviam quatro crianças alegres e sonhadoras: Le gostaria de ser uma grande artista plástica; Li, ser aeromoça e conhecer o mundo; Lu, ser uma advogada famosa e defender grandes casos jurídicos; La, dançarina clássica.

Com o tempo, se afastaram e se encontraram depois da pandemia, já com mais de 60 anos: La, a única que continuava residindo no interior, nunca trabalhou fora de casa, estava viúva e não sabia como lidar com sua vida financeira, pois recebia um salário mínimo de pensão e vivia se lamentando;

Le sempre levou uma vida desregrada e sem propósito e se encontrava em um estado senil, mas com uma boa aposentadoria; Lu tinha se aposentado e não conseguia manter seu estilo de vida e gostos exóticos; Li deixou de viajar na pandemia e entrou em uma depressão profunda.

Quando voltaram a se encontrar, ouviram a história dos dois lobos e resolveram transformar sua história, sendo protagonistas de suas vidas, e passaram a viver juntas e se cuidarem, traçando metas e planejando tudo.

Assim, La transformou sua casa em uma residência coletiva para ela e as amigas e passou a receber por isso; Lu aprendeu com as amigas como viver e se divertir de uma forma mais econômica e passou a dar cursos e compartilhar vivências, aproveitando os conhecimentos adquiridos com o curso de Psicologia Positiva que concluiu; Li se transformou em guia de turismo de sua cidade para levar pessoas a eventos e shows na capital do estado e todas cuidaram de Le com amor e carinho até o fim de sua vida.

Conclusão

Nosso envelhecimento depende de nossas escolhas, mas sempre é tempo para avaliar novamente o caminho e encontrar aliados para viver o restante da jornada.

Referências

ACHOR, S. *O jeito Harvard de ser feliz*. São Paulo: Benvirá, 2020.

BEN-SHAHAR, T. *Seja mais feliz: aprenda a ver alegria nas pequenas coisas para uma satisfação permanente*. 2. ed. São Paulo: Planeta, 2018.

CAVEIÃO, C. *Como se preparar para envelhecer?* Central de Notícias Uninter, 2020. Disponível em: <https://www.uninter.com/noticias/como-se-preparar--para-envelhecer>. Acesso em: 27 ago. de 2022.

DWECK, C. *Mindset: a nova psicologia do sucesso*. Rio de Janeiro: Objetiva, 2017.

GARCIA, H.; MIRALLES, F. *Ikigai: o segredo dos japoneses para uma vida longa e feliz*. Disponível em: <https://treinamento.alfatransportes.com.br/pluginfile.php/473/mod_glossary/attachment/234/Ikigai_%20Os%20segredos%20dos%20japoneses%20para%20uma%20-%20Hector%20Garcia.pdf>. Acesso em: 21 jul. de 2022.

GAZIRI, L. *A ciência da felicidade – escolhas surpreendentes que garantem o seu sucesso.* Barueri: Faro Editorial, 2019.

HERTER, D. *Planejamento pessoal: como fazer? Quais as etapas?* Disponível em: <https://www.planningiscool.com.br/planejamento=-pessoal2-/#:~:text-O%20que%20%C3%A9%20um%20planejamento,curto%2C%20m%-C3%A9dio%20e%20longo%20 prazo>. Disponível em: 23 jul. de 2022.

KAMEI, H. *Psicologia positiva e Flow: estado de fluxo, motivação e alto desempenho.* 3. ed. Goiânia: Editora IBC, 2018.

NIEMIEC, R. M. *Intervenções com forças de caráter.* 3. ed. São Paulo: Hogrefe, 2019.

ORGANIZAÇÃO MUNDIAL DA SAÚDE. *Envelhecimento ativo, uma política de saúde.* Brasília, 2007. Disponível em: <https://bvsms.saude.gov.br/bvs/publicacoes/envelhecimento_ativo.pdf>. Acesso em: 20 jul. de 2022.

SELIGMAN, M. *Felicidade autêntica. Use a psicologia positiva para alcançar todo o seu potencial.* 2. ed. Rio de Janeiro: Objetiva, 2021.

SNYDER, C. R.; LOPEZ, S. *Psicologia positiva.* Porto Alegre: Artmed, 2009.

VICTORIA, F. *O tempo da felicidade: um sabático para repensar a vida, priorizar seus objetivos e se renovar.* Rio de Janeiro: HarperCollins, 2020.

22

DO IMPOSSÍVEL PARA HARVARD E ABRINDO AS PORTAS PARA O MUNDO

A TRAJETÓRIA RUMO AO SUCESSO PROFISSIONAL

O objetivo de todo e qualquer profissional é atingir uma carreira de sucesso. Na leitura deste capítulo, você terá orientações e um direcionamento para traçar um caminho vitorioso na sua profissão e descobrirá que, por trás de histórias triunfantes, muitas vezes encontramos um caminho tortuoso e cheio de obstáculos, mas que são essenciais para a construção de um profissional renomado.

JULIANA MARTINS

Juliana Martins

Contatos
dra.julianamartins@hotmail.com
Instagram: @dra.julianamartins
YouTube: dra.julianamartins

Pós-doutorado pela Universidade Harvard. PhD e mestre em Odontologia pela Universidade Federal de Minas Gerais (UFMG), é cirurgiã-dentista, atendendo exclusivamente o público infantil. Atuou em diversas instituições renomadas, dentro da saúde pública e da odontologia, como pesquisadora e colaboradora, dentre elas: Universidade de Barcelona, Hospital Sant Joan de Déu, na Espanha. Johns Hopkins University – Public Policy Center (JHU-PPC), UFMG e Universidade de São Paulo (USP). Professora, palestrante, mentora e empresária atuante no ramo da educação, atualmente conta com alunos em mais de 12 países.

S e você viu meu currículo na página anterior, deve estar pensando que minha trajetória profissional sempre foi uma linha reta cheia de conquistas. Mas não é exatamente isso o que você vai encontrar nas próximas páginas.

Eu te convido a percorrer o caminho tortuoso rumo ao sucesso profissional, contando a minha história e começando onde a maioria dos sonhos profissionais se iniciam.

A faculdade

De acordo com meus colegas de classe, eu tinha tudo para dar errado!

Desde a faculdade, sempre fui muito ligada a projetos sociais, trabalhando com grupos minoritários e voluntariado nos mais diferentes pontos da minha cidade (hospitais, escolas públicas e a própria universidade), e, ainda, tinha a convicção de que trabalharia em uma especialidade que tinha uma péssima remuneração e ninguém queria: a Odontopediatria (especialidade que realiza o atendimento exclusivo infantil). Para você ter uma ideia, de 120 alunos, considerando também o ano anterior ao da minha formação, somente eu escolhi trabalhar com crianças. Já deu para entender a visão que meus colegas tinham sobre o meu futuro nada promissor, não é mesmo?

Para completar, eu não tinha uma família com histórico na área odontológica, ou seja, eu seria a primeira pessoa a me formar dentista. Isso porque um dos privilégios que um estudante de odontologia tem logo após se formar é já ter uma estrutura onde trabalhar, uma cartela de pacientes e mesmo um direcionamento do que fazer e como iniciar na profissão, o que também não era o meu caso.

Se você se identificou com esta história, calma! Vamos em frente.

Juliana Martins

A área acadêmica

Outro passo que tomei, ainda na faculdade, foi ingressar na pesquisa e na área acadêmica. Mais um "erro", de acordo com meus colegas de profissão. Ser acadêmico, professor ou pesquisador também não dava dinheiro.

Minha curiosidade e a busca por respostas ainda não encontradas me levaram para esse caminho e, mais uma vez, eu também me encontrei nele!

Era emocionante analisar e, por meio de números concretos e estatísticas, chegar a conclusões e ter as respostas que eu queria. Meu pensamento crítico, minha comunicação e minha criatividade foram aprimoradas e muito bem desenvolvidas em decorrência disso.

Comecei na iniciação científica e não parei por aí. Fui aprovada, em primeiro lugar geral, para o mestrado em Odontologia da Universidade Federal de Minas Gerais (UFMG) e, em seguida, dei continuação no doutorado.

Enquanto meus colegas já se aventuravam no mercado de trabalho propriamente dito, eu dividia meus dias entre clínicas, aulas na pós-graduação, análises estatísticas no computador e muitas horas dedicadas à elaboração de artigos científicos em várias linhas.

Na visão da maioria, não era nada glamoroso. Mas eu amava!

Do Brasil para o mundo

Foi durante meu doutorado que tive a oportunidade de ter minha primeira vivência internacional como pesquisadora e foi aí que minha "sorte" começou a mudar.

Eu coloco a palavra sorte entre aspas porque, nos bastidores, eu já vinha trilhando um longo caminho dentro da área acadêmica, participando de inúmeros congressos, publicando artigos científicos e dando aulas para estudantes de graduação. Mas, como bem sabemos, as pessoas só começam a reparar quando os resultados são visíveis e não tem como negar. Fui aprovada em uma das universidades mais renomadas do mundo, a Universidade Harvard, nos Estados Unidos.

Até aquele momento, toda minha trajetória serviu para que eu fosse selecionada para fazer parte do meu doutorado no exterior. Toda a minha bagagem "nada rentável" foi essencial como diferencial para ingressar na universidade mais concorrida do mundo.

Como a vida é uma caixinha de surpresas, logo que defendi minha tese de doutorado, mudei-me para a Espanha. Se você pensa que, nessa fase, eu

Eu, protagonista da minha história

recebi somente apoio, está redondamente enganado. Pessoas próximas a mim me criticaram e disseram que eu estaria largando um futuro promissor, com meu título de PhD no Brasil, para me "aventurar" lá fora.

Será que meu destino era realmente ficar atrás das cortinas? Eu não subiria no palco do sucesso profissional para brilhar?

Foi então que, mais uma vez, as pessoas tiveram que ver, com seus próprios olhos, do que eu era capaz, contra tudo e contra todos, em mais um novo país, cultura e língua totalmente diferentes. Passei a ser colaboradora de uma das universidades mais importantes da Europa: a Universidade de Barcelona.

Eu atuava diretamente no mestrado em Odontopediatria da universidade. Também pude colaborar no Hospital Infantil Sant Joan de Déu, bem como em diversas instituições com as quais a universidade tem parceria. Foram anos de muito aprendizado, crescimento profissional e destaques.

Mas a minha trajetória não ficaria somente aí. Por força do destino, mudei-me novamente para os Estados Unidos e foi então que realizei o sonho de retornar à Universidade Harvard. Mas, agora, para fazer meu pós-doutorado. O que era impossível se realizou mais uma vez!

Tudo estava correndo muito bem, porém eu sabia que retornaria ao Brasil. Como nem tudo são flores, eu teria de retornar para a cidade mais populosa do nosso país. Mais do que isso, a cidade com mais dentistas por metro quadrado do Brasil, e eu não conhecia ninguém!

Será que esse seria o fim de tudo o que eu tinha construído até ali? Eu teria que, de novo, começar do zero e com possibilidades muito escassas de sucesso?

Ainda no exterior, fui criando estratégias para não me tornar esquecida no meu país. Eu estava bem distante fisicamente e aquela frase "quem não é visto, não é lembrado" sempre fez muito sentido para mim, principalmente na vida acadêmica. E foi então que, nesse momento, resolvi tirar do papel um sonho antigo: me jogar nas redes sociais.

Só fui entender sobre meu perfeccionismo muitos anos depois, mas, por causa dele, adiei essa minha vontade por muitos anos. Além disso, tinha muito receio da exposição: o que meus colegas de profissão vão falar? Como devo me portar? Escutava comentários como "Profissionais da saúde não devem ficar aparecendo nas redes sociais, quem dirá uma professora com PhD!". E aposto que você também já escutou algo parecido ou, até mesmo, tem esse mesmo pensamento, não é?

Entretanto, foi mostrando, nas plataformas digitais, meu dia a dia profissional no exterior, as diferenças culturais ligadas à profissão, novidades e

Juliana Martins

tecnologias diferenciadas que estava utilizando, que comecei a me destacar entre os demais profissionais. A seguir, você vai entender que não foi qualquer destaque!

Da área acadêmica para o empreendedorismo

O que eu pensava que ficaria só no Brasil se espalhou para o mundo. Esse é o poder das redes sociais!

Milhares de profissionais passaram a me acompanhar e tive de aperfeiçoar o que estava fazendo. Comecei a me aprofundar e estudar mais sobre marketing e o ambiente on-line, utilizei todo meu conhecimento de comunicação e pesquisa para disseminar informações diferenciadas e de qualidade com embasamento científico.

Hoje em dia, o mercado de trabalho exige muito mais do que somente sua área de formação. O profissional precisa ser plural para se diferenciar da concorrência e conseguir uma posição de destaque.

Buscando esse aprimoramento em outras áreas (mídias digitais, *branding*, comunicação eficaz, negócios digitais etc.), comecei a me destacar até mesmo entre especialistas de renome do cenário nacional que não estavam ligados à odontologia.

Foi lutando contra o *status quo* que retornei ao Brasil com uma visibilidade inimaginável. Eu não só era notada, mas, também, requisitada! Passei a palestrar no país inteiro, para as mais diferentes universidades e eventos da área da saúde.

Se antes tinha receio de não ter pacientes suficientes para iniciar minha carreira em uma nova cidade, minha visibilidade me proporcionou uma cartela de pacientes particulares que valorizavam muito meu trabalho e queriam ser atendidos por mim e por mais ninguém.

Com toda essa exposição positiva, outros profissionais começaram a me procurar para orientação. Muitos se identificavam com minha história: iriam se mudar e tinham um futuro incerto, outros estavam iniciando na profissão e queriam saber o caminho do sucesso e ainda havia aqueles que, mesmo atuando na área há muitos anos, se encontravam estagnados ou mesmo perdidos na profissão e queriam direcionamento.

Comecei auxiliando um ou outro dentista, até que vi a oportunidade de criar uma empresa de educação na área da odontologia. Atualmente, a empresa conta com mentorias, cursos, treinamentos, *workshops* e as possibilidades de expansão são infinitas.

Muito se passava pela minha cabeça sobre os aprendizados que tive ao longo da minha carreira até aqui. E é justamente pensando em guiar os profissionais rumo ao próximo passo de cada um que compartilho toda minha bagagem.

Sabe aquelas perguntas que fazemos logo quando saímos da faculdade: "Me formei, e agora?", "Quais os passos trilhar?", "Onde não errar?", "Como iniciar?" etc.? Essas são algumas das perguntas que guiam um dos meus treinamentos específicos para quem está iniciando na profissão.

Outro exemplo é a mentoria. Nela, os conteúdos são mais aprofundados, as estratégias estão ligadas a fazer com que os profissionais se tornem referência nas suas áreas de atuação e são trabalhados pilares essenciais de tudo aquilo que a faculdade não nos preparou: marketing, vendas, empreendedorismo e negociação.

A proposta de todos os cursos está ligada a tudo o que eu gostaria de ter escutado quando iniciei a profissão e não tive ninguém para me orientar. Foi desse pensamento que surgiu o propósito da empresa.

Perceba que, desde o início, fui muito desestimulada, seja pela minha escolha profissional, seja pela escolha por caminhos diferentes dos que a maioria percorre (e que eu estava optando), por familiares, amigos, conhecidos, em rodas de conversa.

Com muita racionalidade, sempre fui fiel aos meus valores e sonhos. Minha intuição nunca me deixou na mão! Sabia que esse seria o caminho.

Se alguém pode conquistar algo, por que não eu? Te convido a refletir sobre essa pergunta também. "Só é impossível até alguém ir lá e fazer", e esse alguém pode ser você. Meu conselho? Vá, com medo mesmo!

Uma mensagem para você

"O fracasso que deu certo". Essa foi a definição que recentemente escutei de um colega que se formou comigo.

Hoje, tenho vários colegas que me usam como exemplo de sucesso profissional e espalham, pelos quatro cantos, o quanto têm orgulho de serem meus amigos. Eles são os mesmos que me criticaram no início da minha jornada.

Durante o início da minha trajetória profissional, pude palestrar em todas as regiões do Brasil, mentorei dezenas de dentistas e milhares de profissionais já tiveram contato com minha metodologia. Atualmente, tenho alunos em mais de 12 países.

Sou muito grata a todos os mestres que passaram pela minha formação, que me abriram portas e me permitiram viver tudo isso e estar aqui hoje contando esta história para você.

Também sou grata a todos os obstáculos que tive no meu caminho. Eles foram essenciais para reforçar minha resiliência, buscar o impossível e me tornar uma profissional inabalável.

Quando iniciei este capítulo, disse que, por meio da minha história, entregaria o passo a passo de uma carreira de sucesso.

Se você me acompanhou até agora, não tenho dúvidas de que já tirou lições valiosas desse percurso. Porém, como reforço de tudo isso, separei os principais pontos que me fizeram chegar até aqui:

- **Planejamento:** tenha objetivos claros e defina metas. De nada adianta almejar sucesso profissional se você não sabe aonde quer chegar.
- **Estratégia:** seu sucesso não virá se ele não sair do papel. Quais as ações necessárias para alcançar seu objetivo? Um sonho só se torna realidade quando você age em busca dessa conquista.
- **Mentalidade:** desenvolva sua mentalidade para o sucesso, independentemente das adversidades. Talvez seja o ponto mais difícil a ser trabalhado. Você será desestimulado, encontrará obstáculos ao longo do caminho e em vários momentos pode querer desistir.
- **Tenha mentores:** mentores podem te ajudar a economizar muito tempo e dinheiro. Busque aprender e cerque-se de quem já trilhou o caminho que quer conquistar. Esse é um dos pontos que mais me trouxeram crescimento profissional.
- *Networking*: suas oportunidades vão se multiplicar se você começar a gerir uma rede de contatos o quanto antes.
- **Disciplina e foco:** com seu objetivo bem definido e suas estratégias bem desenhadas, não pare até conseguir!

Termino estas páginas deixando uma pequena reflexão para você, leitor: "Você não pode mudar o vento, mas pode ajustar as velas do barco para chegar onde quer" (Confúcio).

Como disse, a jornada já começou! Se você quer saber mais dessa história, continue me acompanhando nas redes sociais: @dra.julianamartins.

Agora, me diga: o que VOCÊ pretende fazer para conquistar seu sucesso profissional?

23

DANDO UM PASSO DE CADA VEZ

Este capítulo trata da história de J., pessoa como qualquer outra, cheia de desafios, traumas e vulnerabilidades. Em certo momento, J. olhou para si de uma forma diferente, com o desejo e a intenção de sair de um fluxo emocional de culpas e necessidade de agradar para uma vida equilibrada e com autoconsciência. O *mindfulness* foi o divisor de águas na sua história.

JULIANE DE PAULA

Juliane de Paula

Contato
Instagram: @dra.julianedepaula

Formada em Medicina pela Universidade Estadual de Ciências da Saúde de Alagoas – Uncisal (2008). Residência Médica em Psiquiatria no Hospital das Clínicas da Universidade Federal de Pernambuco – HC-UFPE (2012). Psiquiatra clínica no Instituto Cérebro, Mente e Visão, em Juazeiro do Norte, Ceará, desde 2012. Mestrado em Ciências da Saúde pela Faculdade de Medicina do ABC – FMABC (2014). Docente da disciplina de Saúde Mental na Faculdade de Medicina Idomed, de Juazeiro do Norte, desde 2014. Membro da diretoria da Associação de Psiquiatria do Estado do Ceará– APEC, federada da Associação Brasileira de Psiquiatria – ABP, na gestão 2020-2022. Instrutora em terapia cognitiva baseada em *mindfulness* com certificação pelo ACCESS MBCT (2022). Tem experiência profissional na área de medicina com ênfase em psiquiatria, *mindfulness* e saúde mental.

Pausa.

É exatamente disso que você precisa e talvez não saiba. Você vai entender...

Vou contar a história de uma adolescente de 16 anos que se descobriu grávida. Jovem, desatenta, essa era J., tranquila, ao mesmo tempo sem muitas ambições. Ao descobrir uma gravidez, passou a pensar no futuro, adquiriu uma dívida e não percebeu. A gravidez veio de um relacionamento que já estava no fim, de dois jovens sem muita noção de responsabilidade. Com a ajuda de seus pais, e por questões emocionais próprias, J. começou a se atentar para o futuro. E, então, o que fazer para ter um sustento para si e para uma criança?

Os pais foram fundamentais em seu desenvolvimento, aceitação e acolhimento. J. continuou os estudos e, após o nascimento do bebê, um menino, sua mãe e seu pai praticamente assumiram o papel de pais-avós.

J. pensou em fazer medicina. Não era tão estudiosa, mas, com algum esforço, era uma das três melhores de sua turma e começou a "tirar o atraso" nos estudos. Nessa época, os jovens de sua cidade iam estudar na capital. J. não tinha essa opção, pois era mãe de um bebê.

Com o pensamento "O que tem nos livros, tem em qualquer lugar do mundo para qualquer pessoa que se empenhe", J. passou a se disciplinar e estudar tudo o que havia para aprender, nas horas que podia.

Naquela época, enquanto um estudante que ia prestar vestibular para Medicina estudava oito horas por dia, J. estudava quatro horas no máximo, pois as noites eram destinadas a passar momentos de qualidade com seu filho.

Sempre muito disciplinada, sempre buscava agradar e, principalmente, não desagradar sua família. Consequentemente, isso se estendia a suas relações pessoais de uma maneira geral. Essa passou a ser uma dívida adquirida de maneira subliminar, insidiosa e que passou despercebida em seu comportamento.

Após o segundo ano de curso pré-vestibular, J. passou no curso de Medicina em uma faculdade pública, porém em outra cidade. Seu filho tinha apenas 3 anos e ela estava determinada a viver esse desafio.

Juliane de Paula

A questão foi que, depois de tanto esforço, ao conseguir essa conquista árdua, J. suspirou e tirou um grande peso de suas costas. Familiares, seus pais e pessoas que a acompanharam nesse percurso ficaram muito felizes, mas J. apenas se aliviou e pouco comemorou. Sentiu como se fosse uma obrigação cumprida.

J. foi morar em Maceió, na casa de sua avó materna, local onde carregava alguns traumas e vivências que remetiam a abandono. Posteriormente, morou sozinha em um apartamento. Ficou distante de seu filho de 3 anos, mas esteve aberta a viver em outra cidade e fazer a faculdade de Medicina que desejava.

Foram seis anos de idas e vindas de ônibus, todos os meses. A saudade de seu filho era grande e o esforço que J. fazia para equilibrar tudo era intenso. Durante a faculdade em Maceió, J. precisou fazer psicoterapia e faz até os dias de hoje.

Na faculdade, J. se envolvia em muitas atividades, estudava regularmente, mas não era a melhor aluna da turma. Ainda assim, foi monitora, fez estágios, publicou artigos, se envolveu em associações estudantis, jogos universitários, iniciação científica e passou na residência médica em Recife, Pernambuco.

Foi morar em Recife, conheceu seu futuro esposo e, após a residência médica, voltou à sua cidade natal. Posteriormente, fez mestrado, tornou-se professora universitária, teve mais dois filhos e, então, você já pode imaginar: J. estava esgotada.

A vida pessoal foi ficando difícil de administrar, com demandas de atenção dos filhos, esposo, consultório, eventos e aulas. J. se sentia movida a isso e não sabia dizer "não".

Ao tentar equilibrar a vida em uma "corda bamba", tentando deixar tudo sob controle para todos, J. percebeu que não era possível ter esse poder e que precisava agir com humildade para entender que a vida, por si só, tem seu desenrolar e que as pessoas não precisavam dela para resolver seus problemas.

Em um mês de agosto, quando seu filho mais novo tinha cerca de dez meses, J. fez uma viagem dessas para um congresso médico, sozinha, e lá conseguiu um tempo fazer perguntas para si mesma.

J. se perguntou: "O que eu tenho realizado é para quê? Para quem? E pelo quê?". Mesmo nunca sendo tarde, as consequências das atitudes de J. já repercutiam em sua vida, principalmente no campo pessoal.

Ela nunca se permitia ter tempo ocioso. Além disso, os inúmeros afazeres e obrigações em que se envolvia estavam diminuindo seu tempo livre de qualidade.

J. resolveu buscar algo que, além da psicoterapia, a ajudasse a desenvolver esse aspecto de auto-observação, livre de julgamentos sobre si mesma, com mais autocompaixão e gentileza. Foi quando J. buscou fazer um protocolo de oito semanas de Terapia Cognitiva baseada em *mindfulness* (atenção plena) – a MBCT.

A partir desse momento, uma ação foi estabelecida com o propósito de se autodesenvolver para melhorar a qualidade de sua saúde mental. E parece que J. acertou em cheio, pois logo veio a pandemia da Covid-19 e mais e mais demandas de trabalho chegariam.

O comportamento é algo aprendido e constrói hábitos e, logicamente, J. não mudaria da água para o vinho. Então se iniciou um trajeto bem atencioso com o próprio caminho.

Jon Kabat-Zinn faz, em seu livro *Aonde quer que você vá, é você que está lá* (2020), a pergunta "Qual é minha tarefa no mundo?", e esse questionamento é especialmente importante, caso contrário, pode-se fazer a tarefa de outra pessoa e nem ficar sabendo. A qualquer momento da vida, você pode fazer essa pergunta, porque isso influenciará suas escolhas.

Sabiamente, Jon Kabat-Zinn (2020) pontua que tais questionamentos podem não te levar a mudar o que você faz, mas, talvez, mudar o modo como você vê ou considera o que faz, talvez até a maneira como faz. São necessários paciência e tempo para treinar esse modo de estar na vida.

Isso, J. aprendia por meio de leituras e da prática de *mindfulness*. A mudança nesse olhar, por meio do não julgar, aos poucos estava trazendo transformações.

Na vida profissional, J. era vista como competente, inteligente e responsável. Isso já não fazia tanto sentido para ela se a vida pessoal estivesse em segundo plano. A grande questão estava em equilibrar tudo isso.

Quando se é mãe, os filhos entram como fator de equilíbrio. Você já deve ter ouvido a máxima: "Se os filhos estão bem, a mãe está bem", e J. acreditava nisso. Mas não havia se dado conta de que deveria ajudar seus filhos a carregar suas próprias mochilas e não carregar por eles para ajudá-los.

Em um de seus livros, Brené Brown (2016) pontua uma frase de Joseph Chilton Pearce: "O que somos ensina mais a uma criança do que o que dizemos, portanto precisamos ser o que queremos que nossos filhos se tornem". Para J., essa leitura foi libertadora, afinal, isso a impulsionou a estar melhor consigo mesma e isso, por si só, já seria um bom exemplo.

A essa altura, J. estava finalizando uma formação em MBCT e as relações com o mundo se modificaram, ou melhor, J. percebeu que elas estão em constante movimento.

J. começou a dizer "não", a ter humildade para saber que não poderia dar conta de tudo, que a arrogância da autossuficiência tinha se instalado como uma forma de se sentir necessária, e que era possível se sentir inteira mesmo falando "não".

Juliane de Paula

De toda forma, Jack Kornfield (2020) expõe:

> Temos tantas ideias sobre como devemos ser e sobre como o mundo deve ser e, ainda assim, nenhuma delas traduz as coisas como são. A vida humana é uma glória defeituosa [...] A realidade exige flexibilidade. Você pode reestrear, repetir, mudar o que acredita, aprender um novo jeito, render-se, desviar-se, perder e encontrar, tentar outro portão, dar meia-volta, seguir outro caminho, fazer tudo com moderação, inclusive exercer a moderação. Você pode aprender a estar presente com curiosidade e descobrir o que acontece em seguida.

Curiosidade, gentileza, não julgamento, autocompaixão, amorosidade, paciência, desapego e atenção plena, intencional, propositada e atenta ao presente são algumas atitudes que incorporei à minha vida nos últimos anos.

Sim, J. sou eu, Juliane de Paula, e aqui estão apenas algumas partes da minha história. Eu aprendi com uma pausa, um momento que me proporcionou a abertura para uma ação, e eu aproveitei.

Finalizo, aqui, com uma mensagem da Brené Brown (2019):

> O processo de aprender a se levantar diz respeito à capacidade de se recuperar depois de uma queda, superar erros e encarar o sofrimento de uma maneira que traga mais sabedoria e sinceridade para nossas vidas [...] Quando temos coragem de entrar na nossa própria história e reconhecê-la, temos a oportunidade de escrever o final. E, quando não reconhecemos nossas histórias de fracasso, percalços e sofrimento, elas é que mandam em nós.

Referências

BROWN, B. *A coragem de ser imperfeito: como aceitar a própria vulnerabilidade, vencer a vergonha e ousar ser quem você é.* Rio de Janeiro: Sextante, 2016.

BROWN, B. *A coragem para liderar: trabalho duro, conversas difíceis, corações plenos.* Rio de Janeiro: Best Seller, 2019.

KABAT-ZINN, J. *Aonde quer que você vá, é você que está lá.* Rio de Janeiro: Sextante, 2020.

KORNFIELD, J. *Você pode ser livre onde estiver: apesar das circunstâncias difíceis, apesar dos tempos incertos, lembre-se: ninguém pode aprisionar o seu espírito.* Rio de Janeiro: Sextante, 2020.

24

AÇÕES PARA SE TORNAR PROTAGONISTA DA SUA PRÓPRIA HISTÓRIA

Neste capítulo, você entenderá que, às vezes, é preciso trocar a lâmpada para enxergar a luz brilhando novamente e que, após esse primeiro passo, é possível se tornar a protagonista da própria história, mudando algumas ações em sua vida.

JULIANE HENDGES

Juliane Hendges

Contatos
www.gereriquezas.com.br
juliane.hendges@outlook.com
Instagram: juliane.hendges
Linkedin: juliane-hendges
47 99117 8811

Empresária, *coach*, mentora financeira e engenheira civil formada pela PUC-PR, (2015), com especialização em Engenharia Diagnóstica (2020) e formação internacional em *Coaching* Sistêmico (2022). Fundou a EngHaus Soluções em Engenharia em 2019, após escolher trilhar o próprio caminho em busca da felicidade e de se tornar a protagonista da própria história. Atua como mentora voluntária para empreendedores em uma ONG, com foco em clareza, objetividade, novas idéias e racionalidade para os negócios. Atua como mentora financeira, contribuindo com a reprogramação da mentalidade próspera e da identidade da riqueza. Apaixonada por pessoas e pelo desenvolvimento humano. Tem como premissa de vida evoluir, servir e curtir.

Você já se perguntou por que acorda e se levanta da cama todos os dias?

Toda história de vida começa com um questionamento. E, minha amiga, se você tem se questionado muito, te digo uma coisa: você está no caminho certo.

Era uma manhã como outra qualquer. Abri os olhos, olhei à minha volta e senti um vazio, como se tudo na minha vida tivesse perdido o brilho e o prazer. Eu não tinha vontade de me levantar daquela cama para cumprir minhas obrigações diárias. Em meio aos meus devaneios matinais, me fiz a pergunta que mudou minha história: "Qual o sentido da vida? Por que e por quem nos levantamos da cama todas as manhãs? Será que a vida é só isso: acordar, trabalhar, dormir? E repetir esse ciclo continuamente?".

No meio de tantas dúvidas e incertezas, levantei-me da cama, naquela manhã, motivada a buscar essa resposta. Aquela pergunta ficou ecoando dentro do meu ser o dia todo.

Então, decidi perguntar para as pessoas ao meu redor se a vida era realmente esse ciclo. E a resposta que eu ouvi de todas foi: "Sim, a vida é só isso mesmo".

Cara leitora, você também acredita que a vida é só isso mesmo?

Não me conformei com aquela resposta e saí em busca da MINHA solução para aquela pergunta, já que eu estava vivendo naquela programação de acordar, trabalhar, voltar para casa e dormir.

Naquele momento, morava com meus pais, trabalhava administrando a empresa da minha família, ganhava um salário bom pelo tamanho da cidade em que eu morava, dava aula em uma universidade, tinha o hábito de fazer dinheiro para poder usufruir de viagens (minha maior paixão), já havia conhecido nove países e sempre estava esperando pela próxima aventura.

Havia algo ruim nessa vida? Tenho certeza de que não, e acredito que você, que está lendo este livro, também gostaria de ter uma vida assim.

Juliane Hendges

Eu fazia uso de medicamentos controlados para ansiedade e depressão, tive diagnóstico de transtorno de déficit de atenção e hiperatividade (TDAH). Todos aqueles rótulos me mostravam que minha luz não brilhava mais.

Quando a lâmpada está piscando, mostrando que vai queimar, o que você faz? Bom, foi isso que eu fiz: troquei a lâmpada!

Se você estiver sentindo que sua lâmpada não tem o mesmo brilho, que ela vem apresentando falhas, talvez isso signifique que você perdeu a paixão por viver. Eis que é hora de ter a iniciativa de mudar o "foco"!

Existe a possibilidade de você nunca ter trocado uma lâmpada na sua vida, que outras pessoas sempre tenham tomado essa iniciativa por você e você sinta medo de fazer isso pela primeira vez, como eu também senti. Mas você tem apenas dois caminhos: ou ficará totalmente no escuro ou poderá ver seu ambiente iluminado novamente.

Como eu tinha medo do escuro, decidi trocar a lâmpada, mesmo não sabendo se eu conseguiria ou se a nova lâmpada viria funcionar.

Convido você a tomar fôlego e trocar a lâmpada que está queimada em sua vida, começar a cuidar de si para ver a luz brilhar novamente, e poder desfrutar do universo de cores que existe ao seu redor.

Eu troquei a lâmpada pedindo demissão na empresa do meu pai e assumi o controle e a responsabilidade pela minha vida. No começo, foi difícil, pois não tinha uma reserva para me sustentar, mas eu tinha determinação para me tornar protagonista da minha história. Abri uma empresa de prestação de serviços na área de engenharia e, como não tinha clientes no primeiro momento, fui trabalhar como motorista de aplicativo para ter uma fonte de renda.

Após três anos, com a vida estruturada, eu descrevo a vocês 11 ações que apliquei para me tornar a protagonista da minha própria história.

Você, que está lendo, talvez ainda não tenha encontrado esse caminho e eu quero te ajudar a chegar até lá:

Conheça a si mesma e ame-se

A única pessoa que poderá te mostrar a felicidade é você mesma. Da mesma forma que você já fez para conhecer alguém quando desejou se apaixonar, faça com você. Marque um encontro consigo mesma, leve-se para jantar, escolha o melhor restaurante, a comida que você mais gosta e, nesse jantar, pergunte-se o que você gosta de fazer, quais lugares gosta de frequentar, o que te deixa feliz, o que te deixa triste, qual seu maior sonho, quais são seus objetivos de vida e todas as perguntas que desejar responder sobre quem você é. Após esse encontro, você vai poder se apaixonar por si mesma e conquistar-se a cada instante, e nunca mais deixará de valorizar quem realmente importa nessa vida: você.

Desperte a mulher que tem dentro de você

Quer descobrir seu potencial? Comece a tomar as próprias decisões. Se hoje tem alguém que está decidindo por você, está na hora de você tomar as rédeas da sua vida. Decidir por você aumenta sua autoconfiança. Mas, não se esqueça: decisões erradas ou decisões não tão boas fazem parte do processo de despertar. Você só saberá que aquela não foi a melhor decisão após decidir.

Não tenha medo de ser quem você é

Muitas coisas em nossas vidas foram impostas pela sociedade ou foram determinadas em nossa criação. Se você já chegou à fase adulta, saiba que pode tomar suas próprias decisões, pode fazer as coisas da sua maneira, pode expressar aquilo que tem vontade. Deixe aflorar sua real identidade, permita-se viver e sentir e não se preocupe com o julgamento dos outros. Quando damos muita importância a isso, é porque desejamos ser aceitos pelos outros, necessitamos ser amados (e, quando você tem amor-próprio, isso deixa de ser uma necessidade). Queremos pertencer e, para isso, buscamos agradar, mas a grande questão é que você não precisa agradar todas as pessoas, pois, como se diz por aí, nem Jesus agradou a todos.

Não se cobre excessivamente

A todo momento, queremos nos superar ou superar alguém. Quando nos comparamos com outras pessoas e as vemos alçando voos mais altos, entramos em um ciclo de autocobrança. Você pode ter o desejo de conquistar seus sonhos, de ir mais longe e de querer chegar onde algumas pessoas já estão, mas não se esqueça: cada pessoa tem um processo para viver, cada pessoa precisa subir o SEU degrau, passar pelas suas fases. Encurtar o caminho não é a melhor decisão. Sendo assim, viva e desfrute do processo e transforme os aprendizados em sabedoria.

Juliane Hendges

Conviva com pessoas que farão com que você se desenvolva

Estar no ambiente com pessoas generosas, que te incentivam e mostram as diversas possibilidades de trilhar uma caminhada, faz com que sua jornada seja mais leve e você encontre um ambiente seguro para se desenvolver.

Tenha clareza de onde você está e para onde quer ir

Uma das coisas que transformaram a minha vida foi a clareza. Quando entendi qual o momento da vida que eu estava vivendo e quais pilares da minha vida estavam indo mal, encontrei a saída para os problemas. Você já deve ter ouvido inúmeras vezes a seguinte fala do livro *Alice no País das Maravilhas*, escrito por Lewis Carroll: "Se você não sabe para onde ir, qualquer caminho serve". Por mais que essa frase já tenha se tornado um chavão, ela continua tendo sentido: não ter um foco e uma direção faz com que a vida não tenha sentido.

Permita-se viver novas experiências

Muitas vezes, estamos focados em tentar viver nossos problemas, solucioná-los e reclamar deles ou, a todo momento, estamos vivendo muitas situações estressantes. Se você se permitir vivenciar experiências novas, conhecer pessoas novas ou tomar novos rumos, isso te tira da zona de conforto, ajuda no desenvolvimento e no estabelecimento de novas conexões, fazendo com que muitas portas se abram na sua vida.

Seja resiliente com seu processo de mudança

Para que nasçam novas flores, é necessário esperar o tempo certo de floração e, para isso, é preciso regar a planta e deixá-la ao sol. Portanto, tudo na vida necessita do tempo necessário para acontecer. Assim como as mudanças não são imediatas, por mais boa vontade que você tenha para mudar, é preciso esperar o tempo certo para as coisas acontecerem. Tenha paciência em esperar, seja constante e acredite no que você está fazendo.

Seja responsável pelas suas atitudes e sustente suas escolhas

Você está hoje no lugar onde se colocou; se sua vida está boa, esse mérito é seu, e, se ela não está tão boa assim, também é responsabilidade sua por estar nesse lugar. Você é a única responsável pela vida que tem levado, você não é vítima de ninguém, portanto, é a única pessoa que pode mudar a própria história. Às vezes, é preciso romper com o passado e assumir o comando daqui para a frente.

Aprenda a desistir das coisas que não fazem sentido na sua vida

Existe um certo julgamento quando se fala em desistir de algo, pois muitas pessoas entendem isso como "fracassar", mas desistir é deixar ir aquilo que não nos faz mais felizes. Eu imagino que, nas vezes em que pensou em desistir de algo, alguém chegou até você e disse "Não acredito que você vai desistir", ou tenha dito a velha máxima "nunca desista". Mas a verdade é que, às vezes, desistir exige mais coragem do que continuar. E, na minha jornada, desistir do meu emprego para me tornar empresária foi a chance que eu tive de me dar melhor na vida e ser mais feliz. Sendo assim, desista se a situação atual te impede de aproveitar boas oportunidades.

Faça o que precisa ser feito

Tendemos a desejar fazer apenas as coisas boas da vida, para não lidar com nossas emoções negativas, nossas crenças a partir de experiências do passado e com as dificuldades em estabelecer limites. Essas limitações sabotam nossos sonhos e impedem que a gente evolua. Para que a vida avance adiante com alegria e sucesso, é preciso parar de criar desculpas para não fazer o que precisa ser feito.

Cara leitora, o que tenho a dizer é que esses comportamentos mudaram a minha vida e tenho certeza de que mudarão a sua também.

A vida é uma só, não teremos outra para desfrutar de tudo aquilo que desejamos, não teremos outra oportunidade de ser felizes a não ser agora. Não saberemos se existirá o amanhã, portanto, você ainda está em tempo de acordar, levantar-se da cama e trocar a lâmpada que está piscando na sua vida.

Juliane Hendges

25

VAMOS FALAR SOBRE O AMOR

Trazendo sua história pessoal, a autora faz um paralelo entre seu conhecimento das *Familienstellen* (constelações familiares) e as transformações que esse conhecimento trouxe à sua vida. Fala, de forma sensível e com suas experiências pessoais, sobre o amor que move a vida e as relações humanas.

KARLA CUNHA

Karla Cunha

Contatos
cunhakarla103@gmail.com
Instagram: @karla.rdc

Autora do capítulo "E o meu lugar, qual é?", do livro *Constelações sistêmicas*, da Literare Books, lançado em 2021. Colaboradora na administração e professora da Hellinger® Schule e Faculdade Innovare. Auxiliar de Justiça no Tribunal de Justiça de São Paulo (TJSP) para as funções de Perito Contábil, Liquidante e Administrador de Falências e Recuperações Facilitadora de *Familienstellen* (constelação familiar), desde 2017. Mestranda em Métodos de Resolução de Conflitos pela Fundação Universitária Iberoamericana – Funiber-SC. Pós-graduada em Direito Sistêmico (2018) e em Constelação Familiar Original Hellinger®, (2021). Mediadora e conciliadora com projetos nos Fóruns de Santana e de Mogi das Cruzes desde 2017, e do Ipiranga desde 2019, com certificação reconhecida pelo TJSP desde 2016. Facilitadora do Projeto MPSP Sistêmico no estado de São Paulo desde 2017 e integrante da Câmara de Prevenção e Resolução de Conflitos Internos, do MPSP, como mediadora voluntária desde 2021. Palestrante com artigo selecionado no I Congresso Internacional de Direito Sistêmico, realizado em São Paulo-SP, em junho de 2018.

Em um dia frio de inverno, nasce uma menina. Sua mãe, muito nova e solteira, não sabe muito bem que destino dar ao rebento; o caminho para deixá-la para adoção lhe parecia o mais razoável. A avó, ao vê-la, disse que nunca havia sentido amor maior e decidiu que a bebê ficaria com a família.

A vida seguiu sem sobressaltos: menina estudiosa, quieta e bem-comportada, seguiu o bom caminho que todos esperavam dela.

Aos 12 anos, foi morar com a mãe em um apartamento só delas, o que trouxe responsabilidades que nem pensava em ter enquanto morava na casa da avó. Aprendeu a cozinhar e seguiu estudando, fazendo seu caminho. O avô sempre esteve pronto para ensinar a ela as tarefas "de homem", como pintar parede e trocar tomadas. "Para não depender de ninguém", dizia ele com um certo quê de preocupação.

Aos 18, depois de um breve contato com seu pai biológico, decidiu trabalhar e foi morar sozinha, começando aí seus primeiros ensaios de relacionamentos amorosos, nem sempre muito saudáveis, e também o primeiro emprego e a primeira faculdade.

Assim a vida seguia! Uma carreira profissional promissora, desencantos, conquistas... Tudo o que se podia prever para aquela boa menina que cumpria com maestria seu roteiro dentro do que ditavam os bons costumes.

Casou-se, teve uma filha e a carreira profissional deslanchou. O casamento ficou no meio do caminho e, com uma criança de 4 anos, assumiu a responsabilidade de prover tudo o que sua filha precisava.

Decidiu fazer uma segunda faculdade, agora de Direito, para melhor desempenhar suas funções no trabalho. Como sempre, uma profissional respeitada em suas funções.

Agora, com sua filha tendo 18 anos, ela decide aceitar um convite de trabalho em outro estado e foi para São Paulo sozinha; a filha ficou com o pai.

No meio desse turbilhão, teve contato com um assunto que nunca havia ouvido falar, a tal "constelação familiar". Ficou muito impactada com o que

Karla Cunha

via e ouvia falar sobre Bert Hellinger e sua descoberta, percebendo fisicamente sensações e sentimentos de outras pessoas que nem sequer conhecia, colocando-se a serviço para representá-las nas mais diversas questões quando participava dos grupos que se reuniam para atendimento. Decidiu se aprofundar no assunto.

A carreira estava indo bem, a responsabilidade era enorme e ela seguia desempenhando muito bem suas tarefas. Estava em uma empresa de ponta, com um cargo importante e em um patamar profissional alto, até que uma situação muito inusitada levou à sua demissão, a primeira em seus já 30 anos de carreira. Foi assim que seu mundo começou a perder o chão.

Pela primeira vez na vida, essa mulher deparou-se com seu maior medo: ser facilmente esquecida.

Demorou um bom tempo para se recuperar do baque. Ficou em São Paulo para estudar e entender sobre as constelações familiares (ou *Familienstellen*, assim denominada por Bert Hellinger). Iniciou estudos em mediação, recurso que sempre acreditou ser efetivamente viável para resoluções de conflitos, e direito sistêmico, denominação dada pelo juiz Sami Storch para as constelações familiares no âmbito do Direito, como base para o entendimento da origem dos conflitos.

Até seus 40 e tantos anos, essa mulher acreditava que sempre tinha vivido da melhor forma possível. Cumpriu tudo o que todos esperavam de alguém que constrói sua vida sozinha, com muito esforço, trabalho e estudo. Sem confrontos, sem muito barulho, seguindo todas as normas e ocupando o espaço que uma pessoa como ela pode ter.

E é aí que a história realmente começa!

Protagonismo é uma palavra que vem do latim, em que *protos* significa o primeiro, o principal, e *agoniste* significa competidor, lutador.

É uma palavra muito utilizada na dramaturgia e na literatura para se referir ao personagem principal de uma obra (MEUS DICIONÁRIOS, 2016).

Em algum momento na História, adaptou-se o sentido da importância de um indivíduo em uma luta para um papel de destaque e importância relevante, seja na sua história ou em uma interpretação literária[1].

Em todos estes anos de estudo, ela entendeu a importância e a efetividade que as constelações familiares trazem à vida, pois é imprescindível ter coragem

---

1 Na literatura, o personagem protagonista possui traços e características como: ser movido por um objetivo, dever ou curiosidade; ter uma fala de personagem bem ampliada; ser leal à causa, família e aliados; ter a possibilidade de mudar as experiências; ser valente e corajoso; ter inteligência ou força superior; e transmitir confiança ou simpatia.

para encarar suas questões sem julgá-las. Uma constelação familiar é como uma viagem à origem de comportamentos, sintomas e sentimentos que sequer temos noção de que estão guardados no mais profundo ponto da nossa consciência. Ela não traz uma solução, mas nos leva a infinitas possibilidades para sabermos de qual forma damos conta para seguirmos adiante.

O que no início era um misto de curiosidade se tornou um aprofundamento cada vez maior nas questões que envolviam sua família.

Quando se chega a esse ponto de compreensão, outra fase de aprofundamento se apresenta, que é olhar sem julgamento a tudo o que envolve a própria vida. Percebe-se física e emocionalmente o que é possível fazer com isso, o que é possível fazer para seguir adiante.

Parece simples quando se tenta definir, mas é absurdamente complexo, pois as camadas que são colocadas por cima dessas dores sempre nos levam a racionalizar uma solução, que acaba nos levando a uma nova interpretação do que já conhecemos, ou seja, mantemos a superficialidade em nossa compreensão. Embora tenhamos a sensação de que estamos mudando, não há mudança efetiva.

Essa mulher que sempre foi um segredo desde a sua concepção, aprendeu a calar seus sentimentos, suas necessidades para poder se manter segura e protegida de si mesma.

Entretanto, Bert Hellinger diz que constelação familiar fala sobre o amor e é muito preciso, cirúrgico até, em dizer que utilizamos o amor cego para pertencer e, quando chegamos ao amor que vê, percebemos que continuamos pertencendo, mesmo que façamos coisas diferentes do que aprendemos para sobreviver. É quando temos a chance de perder a inocência, de deixar de ser vítimas para tomarmos conta de nossa própria vida com autorresponsabilidade. É quando assumimos esse protagonismo, sem luta.

É neste ponto que esta história começa a falar de amor.

Quando temos a coragem de nos despir dessas crenças que nos movem e saímos do piloto automático, deixamos de ser aquela menina exemplar que cumpre todas as regras e ditames que foram ensinados.

A vida sopra suave, leve e feliz, sem o compromisso de que essas palavras sigam ao pé da letra o que é ser suave, leve e feliz. Isso se reflete no corpo, na saúde, na forma como nos relacionamos com os outros.

Trata-se de algo que cada um sente do seu jeito e torna esse amor grandioso, vivo, quase palpável, pois ele chega sem a necessidade de esperarmos algo do outro. Ele vem de dentro de nós, com toda a nossa história, com a história de nossos ancestrais, com suas dores e conquistas, com sua luz e sua sombra.

Saber que não somos perfeitos é o maior ato de amor que podemos ter por nós mesmos e em relação ao outro.

Então, essa mulher inicia a busca de sua origem e descobre o amor em cada momento da sua vida.

Compreender que cada pessoa que esteve ou está na sua vida também tem sua história, suas dores e sua forma de amar traz a possibilidade de amar de forma plena todo o caminho percorrido e o que ainda vem pela frente.

Esse protagonismo sai da linha de frente de batalha para o papel principal da sua própria vida.

Ter a noção do todo e de tudo, saber que todos se movem, respiram e agem por amor, seja ele qual for, transforma e traz infinitas possibilidades à vida.

E, assim, ela foi traçando uma nova trajetória. Era exatamente a mesma pessoa, mas com um olhar completamente diferente sobre sua vida.

O caminho foi longo, e a primeira pessoa vista com outros olhos foi sua mãe.

Ela pôde olhar para essa mulher tão grandiosa, perceber tudo o que aconteceu, sem mágoas, apenas com respeito e amor profundo, honesto e intenso, e dizer: "Está tudo certo, eu não seria quem sou hoje se a minha história não fosse do jeito que foi. Muito obrigada por tudo. Muito obrigada por todo esse amor".

Depois foi procurar seu pai e descobriu que ele já havia morrido há tempos, então foi procurar suas meias-irmãs que, ao contrário do que imaginava, não eram apenas três, mas sim quatro!

Conhecê-las foi uma explosão de descobertas: olhar pela primeira vez para sua irmã mais velha em uma videoconferência trouxe aquela sensação de achar o elo perdido, de completar o que já era completo tendo ainda algo que faltava. E, de novo, o amor surge como um tsunami tomando conta de todos os lugares por onde passa, devastando para poder ser reconstruído em bases mais sólidas, com uma inteireza consistente.

Todas elas estavam nessa espera e a vida se transformou como em um passe de mágica pelos olhares, sorrisos e abraços.

Descobrir a história desse pai foi como colocar as peças que faltavam no quebra-cabeças.

E, deixando de ser um segredo, essa mulher começou a descobrir que seu lugar no mundo é esse mesmo e que pode ter destaque, não precisa estar sempre no *background*. Falar em público já não causava pânico e contar aos outros sobre sua vida pode sim ser importante e relevante.

Trocar uma lâmpada já não a remetia à solidão de quem não pode depender de ninguém, e até essa preocupação do seu avô foi finalmente entendida como um ato de amor; para ele, naquela época, era o melhor que poderia fazer para proteger aquela garota do mundo, que podia ser bastante hostil.

Poder mostrar à sua filha que ela é um ser humano com suas vulnerabilidades e inconstâncias, que o amor está em cada momento que se vive, que há sim uma vida inteira que cada uma pode seguir e viver, tirou o peso da responsabilidade da criação e trouxe um amor ainda mais fortalecido para esse contato tão rígido e difícil de ser construído, por ter sido tão robotizado e automatizado para se adequar aos padrões de "família feliz".

Porque não há uma forma perfeita, apenas o respeito a tudo exatamente como é.

Aquela mulher que sempre passou à margem da vida, inocente no seu sofrimento, como uma criança indefesa, se tornou uma professora universitária e palestrante notável para falar do que mais faz sentido na sua trajetória de vida, quer seja sobre mediação, quer seja sobre origem de conflitos e constelação familiar.

Aquela advogada fora da curva que não gostava de litígio conseguiu seu espaço para falar sobre resolução de conflitos e atuar como uma mediadora diferenciada e respeitada.

Desde 2017, mantém o Projeto Olhar Consciente No Fórum de Mogi das Cruzes, dá palestras aos mediandos, falando justamente sobre as dores que os levaram àquela situação de conflito. No Ministério Público do Estado de São Paulo (MPSP), esteve à frente do Projeto MPSP Sistêmico, dando palestras e levando as constelações familiares a pessoas com questões relacionadas a idosos e pessoas com deficiência. Nas Promotorias de Santo Amaro e Ipiranga, o projeto foi suspenso durante a pandemia, mas continua ativo para retomada.

Também atende como mediadora aos Fóruns de Mogi das Cruzes e Santana e faz parte da Câmara de Prevenção e Resolução de Conflitos Internos do MPSP.

São milhares de pessoas que foram de alguma forma tocadas com a fala e o trabalho dessa mulher.

Entender que ser protagonista da própria história é primordial para que se tenha destaque em todas as áreas da vida implica em compreender que se pode construir uma bela história, mas jamais se pode esquecer de que essa história só acontece porque muitos vieram antes e nos presentearam com a fonte da vida. São nossos ancestrais que concebem esse ser humano. Que é aos nossos pais que devemos honrar, respeitar e reverenciar a cada momento. É deles que vem a nossa força.

Quando finalmente conseguimos sentir que todos fizeram seu melhor, com todo o amor que podiam dar, só resta tomar esse amor e agradecer, reverenciar e olhar para a vida com a certeza de que se pode, sim, seguir adiante da melhor forma possível, transbordando esse amor à vida e contagiando quem estiver disposto a percebê-lo.

Referência

MEUS DICIONÁRIOS. Significado de protagonismo. 27 de setembro de 2016. Disponível em: <https://www.meusdicionarios.com.br/protagonismo/>. Acesso em: 31 ago. de 2022.

26

O PODER DA MENTE E A GRANDE VIRADA

Se não está conseguindo enxergar muito longe, este capítulo é para você que precisa usar sua fé como ferramenta de transformação para sua vida, pois é baseado em fatos reais. Após a leitura, destravará a chave que te impede de ter uma visão além do alcance e se tornar protagonista em todos os sentidos da própria vida. Vem comigo!

KELLY KATIUSCIA

Kelly Katiuscia

Contatos
www.alemdavisao.com.br
kelly@alemdavisao.com.br
11 98379 8140

Uma mulher brasileira temente a Deus, apaixonada por pessoas, mãe, tia, dona de pet, amante do esporte, da leitura, dos estudos, da família e dos amigos. Desde os 12 anos, firmou sua trajetória em vendas. Da barraca de venda de pastel teve sua primeira promoção para barraca do caldo de cana. A partir de então – e por mais de 20 anos –, vem buscando efetivamente passar seu conhecimento para pessoas e empresas de todo o Brasil. Com olhar agudo e certeiro, vislumbra o futuro de modo leve e com bom humor. Com todo o conhecimento conquistado em sua trajetória de vida, tornou-se uma das maiores especialistas em vendas do Brasil, transformando-se numa empreendedora, palestrante e *coach*. Inspira o mercado por meio de um conteúdo que ajuda a mover as equipes em direção às infinitas possibilidades do futuro. Figura feminina de destaque que vai ajudar a vida de todos os leitores pela autoajuda e atitudes comportamentais.

Em novembro de 2020, tive um infarto. Minha pressão arterial chegou a 26 e quase morri. Acabei tendo uma grande hemorragia nos olhos, a qual deu uma catarata nuclear, que significa perda da visão progressivamente, e desde aí passei nos melhores médicos e todas as respostas foram NÃO TEM JEITO! Não é difícil ouvir um NÃO, e sim suportar vários NÃOs.

Eu pedia a Deus para ser herdeira e não guerreira, lutei para sobreviver e sair com vida dessa situação. Mas, após um ano, tive covid-19 e fiquei 3 meses e 12 dias internada, entubada, e ali tive que ter muita fé e lutar para viver. Quem me viu toda linda e cheia de vida nessa época me via com fralda, sonda e pesando 32 quilos. De repente, acordei e minha visão apagou de vez. Ali tinha duas saídas, como na história do barco e da pedra: o barco flutua porque olha para cima (Deus) e a pedra fica pesada e só olha para baixo, afunda e fica ali.

Muitas coisas em nossas vidas funcionam como uma fogueira, vem o vento que pode acender e manter acesa ou incendiar, depende de como vamos alimentá-la. Então, no meio do caminho, encontrei as pessoas que mais amava usando frases como as que estão a seguir.

"Não aguento mais!"
"Não tenho obrigação com você!"
"Minha missão com você acabou!"
"Você, desse jeito, me atrapalha!"
"É cansativo!"
"Não é qualquer pessoa que anda com você!"
"Nossa, como você está magra!"
"Nossa, como você está com pouco cabelo!"

Porém, a única pessoa que estava cansada de tudo não eram elas e sim eu. Evite palavras negativas, abandono, desprezo etc., pois você não vai ajudar a pessoa e sim colocá-la para baixo.

Kelly Katiuscia

Eu entendi que cada um dá o que tem. E algumas pessoas não têm nada para dar, e está tudo bem. O problema não está com você, e sim com elas.

Eu aprendi da forma mais dura que quem estava sem a vista e os rins era eu e não elas; portanto, o problema era meu e não delas. Eu não poderia ser egoísta e colocá-las no meu lugar. A vida continuava e elas tinham que seguir e continuar a viver. Caso quisessem voltar e me ajudar, seria por amor. Ninguém teria obrigação.

O mesmo vento que apaga o incêndio é o mesmo vento que pode alimentá-lo e espalhar fogo em tudo. Então, blinde-se. Aprendi que muitas pessoas olham apenas para sua aparência. E quer conhecer realmente uma pessoa? Dê poder a ela ou fique doente.

Teve um dia em que chorei tanto que me senti como um fardo e eu só precisava de ajuda. Sentei para tomar um chá a fim de me acalmar e adivinha o nome do chá? MATE! Realmente, a minha vontade era de matar todas elas, pois não me entendiam.

Mas em sonho Jesus fez como um professor particular e falou: "Para você passar de série, vou precisar te ensinar pelo reforço. E olha o que aconteceu! Ele abriu uma gaveta, na qual estava escrito: gaveta das emoções. Nela, ele tirou os 7 anões e me disse: "Como nos 7 anões, cada pessoa tem o perfil diferente um do outro. O Zangado é um cara bom, mas a forma de lidar com ele é diferente do Chorão e do Alegre. Hoje você evolui, Kelly."

Eu falei para ele: "Mas a missão deles é me entender." Jesus me respondeu: "Não, minha filha! A missão é sua de entender a eles." E continuou: "Sabe um cachorro quando você vai resgatá-lo? Qual é a reação dele? Avançar, certo? Isso porque está com medo. Essas pessoas estão com medo, por isso reagem assim. Você sempre foi uma pessoa forte e que resolvia tudo. Sempre teve uma fé inabalável (fé = convicção; medo = gera dúvidas). As pessoas, quando estão com medo, reagem dessa forma. Então, trabalhe sua mente a seu favor."

A partir dali, comecei a pensar diferente, pois não tinha mais vista depois desse dia (visão humana), mas tinha visão de Deus (visão espiritual). Portanto, não deixe que o comportamento das pessoas te afunde ou tire sua paz.

Precisei renascer e viver um novo recomeço, mas de modo diferente. E o conselho que te dou é, se cair por algum motivo, levante-se quantas vezes forem necessárias, mas levante-se. Eu tinha tudo para me entregar, mas escolhi viver.

E para ser a protagonista da minha própria vida, me blindei e fiz de um limão uma limonada, pois só se coloca como autor principal quem aguenta e suporta tudo com o aumento da fé.

Por estarmos mergulhados nos problemas do cotidiano, não percebemos que somos capazes de viver de outra forma. Na verdade, os únicos responsáveis pela escrita de nossa história somos nós mesmos.

Percebi que minha fé era maior e consegui superar. Aos 43 anos, eu escrevi um livro chamado *Além da visão: uma história com Deus*, pois perdi a vista e não a visão. Hoje sou deficiente visual, mas trabalho, estudo e faço mais coisas do que fazia antes. E se você quer coisas acima da média, faça coisas acima da média. O que o limita é sua mente.

Quero ajudá-lo a enfrentar suas limitações. Hoje dou palestras sobre a importância de manter a esperança e ganhar um sentido maior na vida. Eu tinha tudo para permanecer no escuro e em cima de uma cama, mas resolvi ser protagonista da minha vida e enfrentar tudo. Quero convidá-lo a fazer o mesmo, não reclame pelo que te falta, agradeça pelo que tem.

Ninguém nasce protagonista, pois é algo que se desenvolve. Mas trago aqui três dicas para você introduzir na rotina e se aproximar cada vez mais desse papel.

A primeira é: "Seja a transformação que você deseja".

Se você quer mudar algo ou alcançar uma meta, chegar em algum lugar, não deixe essa responsabilidade nas mãos dos outros. Identifique os passos para esse objetivo e dê o primeiro – eu diria, até mesmo o segundo – nessa direção. Hoje tenho uma Alexa porque não consigo ler e uma das minhas metas já cumpri, que era escrever um livro; a outra, ler a Bíblia inteira até o final do ano. Não arrume desculpas, vá atrás de solução. No meu caso, arrumei a Alexa e ela lê 10 capítulos por dia para mim. Arrume uma alternativa, mas arrume.

A segunda: "Use a criatividade".

Para ficar claro, criatividade não é dom, é o exercício do conhecimento. Sua visão de mundo é tão importante quanto a de qualquer outra pessoa – e, com certeza, você vai achar muito mais pessoas dispostas a acreditar nela – Faça da criatividade um diferencial. Eu, sem a visão, arrumei uma jovem aprendiz, a Maria Vitória Tavares, que se tornou os meus olhos, faz tudo que os meus olhos não fazem. Eu digo: eu perdi por enquanto os olhos, mas minha ferramenta de trabalho é a boca e com ela eu trabalho e falo com meus clientes. HU! HU! HU!

E a terceira, mas não menos importante é: "Pratique a empatia". Dentro de um trem, havia uma rapaz com um bebê chorando muito e mais dois filhos.

Só que este transporte era para viagens de um estado para outro e havia pessoas querendo dormir e começaram a reclamar.

Um padre que estava no vagão chegou e falou: "Esta criança está chorando muito. Cadê a mãe dela?

O rapaz respondeu: "Eu não tenho experiência e a minha esposa está num caixão no vagão atrás, por isso estamos viajando. Ela faleceu."

Então, todos do vagão se compadeceram da situação, pararam de reclamar e se colocaram no lugar dele. Uma moça pegou o bebê e foi amamentar para ajudar. Um dos passageiros, que mais reclamava, pegou uma das crianças e perguntou se podia levar na lanchonete do trem para comer. Outra moça levou a outra criança para se alimentar. O padre ficou com o rapaz e orou por ele.

Quero te mostrar que rolou empatia, que foi se colocar no lugar do outro.

Uma frase que uso muito é: "Aprenda a ser feliz com a própria companhia. Porque quando todo mundo sai, você fica sozinha consigo mesma".

Em vez de julgar, entenda e acolha. Você se tornará o protagonista de sua vida e ajudará o outro.

Quando você perceber que o principal papel de destaque do Brasil é você, terá muitas mudanças em sua vida. Portanto, não coloque este papel na mão do outro.

Hoje estou dividindo com você a minha história. Espero que analise e passe a usar uma chave que vou te passar: a chave da virada.

Não coloque seus problemas acima de tudo e de você. Foi isso o que fiz; e hoje vivo uma vida ótima, apenas adaptável e nova.

Deseja começar uma vida nova? Quer aproveitar as possibilidades e os caminhos abertos? Então, planeje e comece a agir.

Quando você pensa: "Preciso começar uma vida nova", saiba que isso é uma expressão que indica um desejo concreto de mudança. Muitas vezes, trata-se de uma decisão que apenas está adiando ou um tipo de mudança que quer que ocorra em sua vida.

Como está se sentindo em relação a isso? Já sentiu a necessidade de apertar o botão de "pausa" da vida e passar para uma nova página, sem que haja nenhuma repercussão negativa?

Lembre-se: da mesma forma que uma caminhada, o tempo também é linear. O ontem passou e você deve se centrar nas ações futuras.

A chave que vou te dar é: "Preserve sua saúde mental para se tornar protagonista da sua vida".

Em um planeta chamado Terra, temos 7 bilhões de habitantes. Alguém será compatível e terá uma história com você.

Continuo fazendo a hemodiálise e, muitas vezes, ouvi que não podia fazer nada. Posso fazer tudo, mas de maneira mais planejada. A máquina me trouxe vida, pois existem algumas doenças que te travam e eu tenho um tratamento.

Até aqui você escutou a minha história, e todos os acontecimentos vieram para me dar força e resistência para vencer. O único especialista em ver coisas boas em acontecimentos ruins é Deus. Hoje estou na fila de transplante e isso pode demorar 1, 2, 3, até 10 anos ou mais. A única certeza que tenho é que terei uma nova oportunidade para viver mais. O tempo pode parecer curto, mas existe mais além do universo. Nunca perca sua fé.

No meu caminho, para eu ter mais forças e conseguir seguir em frente sem me desmotivar em todas as áreas da minha vida, precisei usar o poder da fé e o poder da oração. Juntos, fizeram algo extraordinário em cada situação que passei. Eram como dois combustíveis que fizeram meu carro andar todas as vezes em que ele parava.

Quero dividir com você a história da águia, que tem tudo a ver com pegar acontecimentos ruins e se renovar para resistir ao tempo difícil. A história conta que a águia, quando se torna velha, voa para o alto de uma montanha e toma a decisão de arrancar o próprio bico, penas e garras para se renovar e viver por mais algumas décadas. Nesse processo, fica dezenas de dias sem se alimentar. É uma bela história de motivação e perseverança que tem tudo a ver comigo.

Aos 40 anos, as unhas da águia estão compridas e flexíveis, pois não consegue mais agarrar as presas da qual se alimenta. O bico está alongado, pontiagudo e se curva. Apontando contra o peito estão as asas, envelhecidas e pesadas, em função da grossura das penas e voar, então, é muito difícil. A águia só tem duas alternativas: morrer ou enfrentar um doloroso processo de renovação, que durará 150 dias.

Quero fazê-lo refletir sobre seu poder de escolha e o segredo de ter paciência. No meu caso e no da águia, escolhemos não desistir e ir para cima a fim de vencer. São diversos momentos da vida em que precisamos aprender a renascer. O processo de amadurecimento é lento e exige paciência.

Após esse duro processo, ela ganha força e mais 30 anos para viver, ou seja, o que era ruim vem como algo bom. É preciso saber viver.

Lição aprendida neste capítulo

As águias têm visão aguçada para encontrar suas presas. Elas nos ensinam que devemos nos concentrar mais nos nossos objetivos do que nas dificuldades para sermos protagonistas neste mundo.

Kelly Katiuscia

OUSE SE REINVENTAR

Na busca contínua por uma vida com propósito, trago um pouco da minha trajetória: mudanças de rota, novas habilidades descobertas ao longo do caminho, técnicas que me permitiram ser a pessoa que sou hoje e os impeditivos que deixei para trás, contada por mim, sobre mim e para você, com muito amor. É por meio das histórias que nos conectamos.

LEDA MARIA DE ANGELIS MARTOS

Leda Maria de Angelis Martos

Contatos
ledamaria@lmangelis.com.br
Instagram: @ledamariaangelis
LinkedIn: ledamariaangelis
11 99934 4221

Executiva voltada a processos humanos, *head de pessoas* e *customer experience,* há mais de 16 anos liderando times de sucesso. Especialista em Marca Pessoal & *Branding* Corporativo pela Escola Superior de Propaganda e Marketing (ESPM), com MBA em Gestão Estratégica de Pessoas, pela Fundação Getulio Vargas (FGV). Como advogada, teve uma carreira sólida na LM Angelis Advogados Associados.

Minha história é marcada por transformações que construíram a mulher que sou hoje.

Mudanças que afetaram minha visão de mundo, culminando na construção de uma marca pessoal que pudesse refletir exatamente quem sou. Isso, com a persistente vontade de fazer a diferença, de ocupar meu espaço e me tornar uma pessoa melhor a cada dia.

E é essa jornada que eu quero compartilhar com outras mulheres, para mostrar o quanto é possível, a partir dessa força motriz, realizar aquilo que se encontra latente, em estado puramente potencial.

Posso assegurar, por experiência pessoal, que, desde que a trajetória seja permeada de coragem, podemos escolher nosso objetivo com plena convicção.

Este é o relato de uma menina que partiu de uma pequena cidade do estado de São Paulo, cheia de sonhos, em busca do sucesso na capital, vencendo inicialmente o exame da Ordem dos Advogados do Brasil (OAB).

Com o decorrer do tempo, ela descobriria novas vocações, sentindo-se capaz de reprogramar sua vida sempre que necessário.

Síndrome da impostora

Por muito tempo sofri com a síndrome de impostor. Tinha uma voz interior que estava sempre me dizendo que eu não era capaz, o que, com toda certeza, atrasou-me e prejudicou tanto minha carreira profissional como muitas outras tomadas de decisão na minha vida.

Então chamo sua atenção para o que essa voz anda dizendo. Saiba que você pode alterá-la a seu favor.

Marca pessoal

Comecei a trabalhar minha marca pessoal e compartilhá-la com o mundo exterior, por meio das redes sociais, para que pudesse mostrar um pouco da minha trajetória e influenciar outras mulheres.

Você tem que ter coragem para se posicionar como marca, pois, para isso, você precisa passar por um processo de autoconhecimento e, a partir disso, se posicionar no mundo com mais intenção.

A marca pessoal muitas vezes é confundida com um personagem que a pessoa inventa para transmitir uma ideia. No entanto, não se trata de um personagem, mas, sim, de sua verdadeira autenticidade, de sua maneira de enxergar o mundo e a forma como se posiciona.

Você nasceu original, não morra como uma cópia.
JOHN MASON

Jornada

A vida vai traçando trajetos imprevisíveis e, no meu caso, essas mudanças de rota foram bem-vindas. Hoje sou uma mulher que não limita seus interesses, que busca incessantemente novos conhecimentos, que valoriza a troca de experiências e que sente prazer em compartilhar aquilo que aprendeu.

Diferentemente do início dos meus estudos, hoje me vejo apaixonada pela leitura. Busco refúgio nos livros que me acompanham, nas conversas produtivas das quais participo, na troca intensa de experiências.

Meus ouvidos estão sempre dispostos a ouvir e eu os mantenho sempre bem abertos. De modo simultâneo, minha mente permanece sempre alerta a tudo que possa agregar valor a minha vida e a do meu semelhante.

Sou mais determinada e estudiosa. A sabedoria do amadurecimento me ensinou a importância da coragem e da escolha do meu caminho, examinando cada alternativa, estabelecendo estratégias e montando planos perfeitamente factíveis.

Aqui não pretendo usar de falsa modéstia, porque, na verdade, quero dividir vitórias.

Em 2019 fiz uma imersão de negócios em Israel, na qual pude ter um encontro com um *coach* de grandes executivos israelenses, que me fez refletir sobre o propósito da minha vida de uma forma única que teve um grande impacto emocional sobre mim.

Daquele momento em diante, comecei a ter mais intenção em minhas ações, entender qual a minha voz, minhas causas e usar o *branding* como ferramenta de trabalho.

No mesmo ano, quando retornei, matriculei-me em um curso de *branding* e consegui sair do casulo e mostrar toda minha capacidade. Por isso, acredito tanto no valor de uma marca pessoal bem trabalhada.

Aprendi que você pode ser o que quiser, mas parecer o que quer ser também importa e foi aí que comecei a olhar para meu passado, para desenhar meu futuro.

Trabalhando meu autoconhecimento, tive a clara noção de que o Direito tinha me ajudado até aquele momento, mas, dali em diante, queria mudar meu rumo. Assim, fui em busca de novas habilidades e conhecimentos para que pudesse assumir uma nova posição.

Em 2022, embarquei em mais uma missão, dessa vez no Vale do Silício, em Palo Alto, nos Estados Unidos. Mais uma vez, transformei-me diante de uma experiência incrível.

Nessa imersão, saí totalmente da minha zona de conforto; percebi que ser um eterno aprendiz é um jogo infinito e uma forma de viver.

Voltei dessa viagem com mais perguntas do que respostas, mas tendo a certeza de que sou responsável pelo meu caminho, sabendo que consigo desenvolver as habilidades de que preciso para enfrentar meus objetivos, que nunca vou conseguir controlar ou prever meu futuro, mas posso planejá-lo e, a cada dia, dar um passo em sua direção.

Entendi, também, que nossas escolhas nos diferenciam o tempo todo e a bagagem que você leva em uma viagem como essa não se compara com a bagagem com a qual você retorna.

E, com base nessa vivência, consegui tornar minha história ainda mais interessante e única.

Percebi que me reinventar sempre é natural, pois o mundo está em constante mudança e, se não mudamos, ficamos parados no tempo. Assim, é essencial olhar para novas tendências, novas formas de fazer e novas formas de ser.

O conceito de adaptabilidade e resiliência hoje faz parte da minha história, bem como a coragem e a ousadia para aprender novas habilidades sempre que houver necessidade.

Com toda certeza, hoje, sou uma nova Leda. Eu não nasci assim; eu me tornei assim.

As coisas acontecem no movimento

Essa é uma convicção que tenho hoje: se ficarmos parados acreditando que somos assim e nascemos assim, nunca vamos nos transformar na nossa maior potência.

O mundo precisa cada vez mais de mulheres que ousem, que acreditem em suas histórias, que saibam a voz que podem ter e o quanto podem inspirar outras mulheres.

Possuindo valores sólidos, recebidos de minha família, inspiro-me em minha mãe e em minhas irmãs, mulheres fortes e determinadas.

Hoje, as mulheres estão numa situação melhor, no entanto, a porcentagem de mulheres em papéis de liderança no mundo empresarial ainda é menor que a dos homens. Ainda temos muito o que avançar.

Um dos meus grandes objetivos é empoderar mulheres, elevando umas às outras, para que, juntas e conectadas, possamos elevar nossa voz.

Melinda Gates, no livro *O momento de voar*, afirma que: "Se existe um ponto comum a toda humanidade, é que todos nós já fomos excluídos em algum momento da vida". Essa frase me sensibilizou muito, porque acredito no poder da união e da inclusão, acredito no trabalho colaborativo e não competitivo e, por isso, tenho o desejo tão grande de unir mulheres e empoderá-las.

Acredito que as mulheres precisam ocupar seus lugares e se conectar umas com as outras. O objetivo é de que uma possa ajudar a outra.

A cada ano que passa, eu me torno mais forte e corajosa e essa é minha mola propulsora: me desenvolver cada dia mais, como um ser humano em evolução. Num mundo em que falamos tanto de *machine learning*, eu vivo uma vida de *lifelong learning*. Lembre-se: você sempre tem poder para mudar a rota da sua vida.

Referência

GATES, M. *O momento de voar: como o empoderamento feminino muda o mundo*. Rio de Janeiro: Sextante, 2019.

MULHER, INSPIRE E NÃO PIRE!

Esta leitura tem como objetivo mostrar a força que toda mulher possui e que ela pode ser e fazer o que quiser! A maioria não sabe usar seu potencial. Nas próximas páginas, vamos, juntas, ressignificar e reencontrar essa força. Entender quem somos e que podemos, sim, ter vários papéis sem pirar! Ser mulher, mãe, empreendedora e inspiração para outras!

LUCIANA PIROZI

Luciana Pirozi

Contatos
lucianalpirozi@gmail.com
Instagram: @lucianapirozi
YouTube: Luciana Pirozi - Mulher inspira não pira
32 98441 4788

Consultora de negócios, treinadora de equipes e mentora de mulheres empreendedoras. Pós-graduada em Marketing Estratégico e Recursos Humanos e com mais de 20 anos de experiência no mercado empresarial, tornou-se especialista em desenvolver pessoas. Já atuou como gerente de empresas e conselheira, além de professora de graduação e pós-graduação. Há 15 anos morando em Minas Gerais, criou o movimento "Mulher Inspira, não Pira", promovendo desenvolvimento pessoal e capacitação para mulheres, assim como *networking* entre empreendedoras.

O que é ser uma mulher que inspira?

A mulher empoderada é aquela que dá conta de tudo. Que sabe o que está acontecendo em casa, no trabalho e na escola. Que cuida dos filhos, do marido, dos pais, da empresa, da amiga, da amiga da amiga e assim vai. Que faz comida lavando a louça, fala ao telefone, ensina o dever de casa ao filho e que é a última a dormir porque tem que deixar a casa em ordem. Você conhece alguém assim? Você se identifica com essa mulher?

Sei que muitas de nós identificamos e perseguimos esse título de "mulher perfeita". E, mesmo que isso coloque em risco nossa saúde mental e emocional, continuamos cedendo a essa pressão externa que nos é imposta. Nós criamos esse rótulo e começamos a achar normal os fardos pesados que essa corrida desenfreada nos traz. Nos vemos cansadas, por muitas vezes depressivas, sem autoestima, e afirmamos que isso é a vida normal de nós, mulheres. Sei bem o que é isso porque já fui assim. Já fiquei doente por só trabalhar buscando algo que, ao final, nem sabia mais o que era.

Equilíbrio emocional e pessoal não se separam. Precisam andar juntos para que estejamos de pé nas realizações. Uma mulher equilibrada entende seu papel nos negócios, na vida dos filhos e nos relacionamentos.

Quer ser essa mulher que inspira e não pira facilmente com os desafios diários? Quer ser a protagonista da sua história? Se a resposta for sim, vem comigo: nas próximas páginas, vou te mostrar quatro pilares importantes para desenvolver e manter sua saúde emocional e psíquica em dia. Vou te contar algumas experiências pessoais e de várias clientes que já atendi em todos esses anos. Meu objetivo é apresentar ferramentas que te levarão a dominar a desafiadora arte de conciliar maternidade, família e negócios!

Luciana Pirozi

Primeiro pilar: amor-próprio

Eu sou a pessoa mais importante

Em um primeiro momento, essa afirmação pode parecer um tanto egoísta, mas você já vai entender que não é. Já ouviu o ditado: "Quando não para pelo amor, para pela dor"? Pois é, o corpo pede socorro. Nesse momento, seu corpo pode estar dando sinais de que não está bem. Uma dor de cabeça, um formigamento nas mãos, aquele coração acelerado, já sentiu ou sente isso? Não ignore! É muito comum negligenciarmos nossa saúde, falando que isso é só cansaço. Esteja alerta. Comigo foi assim: uma crise de ansiedade e pânico se aproximava, mas eu não queria "dar o braço a torcer". Precisava de ajuda. Fui levada ao hospital, achava que estava infartando. Com a adrenalina muito alta, receitaram-me remédios fortes e comecei um tratamento com medicação de tarja preta.

Reflita: se eu não me cuidar hoje, amanhã quem vai cuidar de quem eu cuido? Já pensou nisso? No avião, somos orientados a, ao caírem as máscaras em caso de pane, primeiro colocarmos a nossa e depois ajudar quem estiver ao lado. Tem um motivo para isso.

Fiquei cerca de um ano em tratamento. Quando terminei, jurei que ia me cuidar mais, e essa promessa durou alguns anos. Meu jeito *workaholic* me levou a patamares ainda maiores de trabalho, compromissos e responsabilidades. E, para acrescentar, começaram a chegar os filhos e, com eles, novos sentimentos e emoções. Levei meu corpo e mente a um limite perigoso de cansaço e esgotamento.

Minha chave virou quando me vi cansada demais, sem paciência, sem tempo para mim, percebendo a falta que meus filhos sentiam de mim, o socorro que meu corpo estava pedindo e a escassez de tempo e ânimo. Parei para pensar na seguinte questão: o que vou levar dessa vida?

Diante de tantas reflexões, acredito que já entendeu o quanto você importa. Nós, mulheres, somos mestres em desculpas para justificar a quantidade de trabalho que temos, a falta de tempo para cuidarmos de nós mesmas, para fazer atividade física, até para ter um *vale-night* com o companheiro. Sei bem que essa chave não vira de um dia para o outro, mas a busca pela sua liberdade precisa se tornar um exercício diário.

Chorei muito até entender que eu podia descansar. Cheguei a um grau de cobrança tão alto que não me permitia dormir até mais tarde no dia seguinte após uma noite intensa de curso ou aula, por exemplo. Meus pensamentos eram meus maiores sabotadores. Fica um alerta: cuide de seus pensamentos, pois atraímos exatamente o que pensamos e focamos. Nesse momento, onde está seu pensamento? Na saúde ou na doença? Nos problemas ou nas soluções?

A cada dia, mais vejo e atendo mulheres muito carentes de tudo, principalmente de si próprias. Elas não se reconhecem mais no espelho, se perderam nas estradas da vida, se isolando ou se anulando. Todas querem mudança, mas estão tão enraizadas em suas crenças limitantes que se sabotam o tempo todo. Acreditam que não merecem ou não conseguem ser mulheres maravilhosas. Pelo contrário, acreditam que só trabalhando muito é que são úteis ou reconhecidas.

Pense agora no quanto você quer ser uma mulher mais segura, mais preparada para os desafios e modelo de inspiração para outras pessoas. A seguir, proponho um exercício. Afirme, anotando em local visível para você: "Eu sou a pessoa mais importante!".

Mas, atenção! De nada adianta escrever e não acreditar no que escreveu. Fique tranquila se não conseguir de primeira. Olhar para si próprio é uma tarefa das mais desafiadoras. Não desista! Escreva mais uma vez, com letras bonitas, grandes; pode até colorir, se quiser! A afirmação é sua! Comece, aqui, sua transformação!

Segundo pilar: aceitar e delegar

Saia da síndrome da imbatível

Sinceramente, desejo que ao final deste texto, tudo isso possa fazer muito sentido para você, assim como fez para mim há alguns anos. Quando queremos dar conta de tudo, a gente pira! Viemos a este mundo para inspirar e não para ficarmos loucas! Quero te contar que podemos ser mulheres, mães e empreendedoras e não entrar na síndrome da imbatível!

Ser multitarefa não é o que vai mostrar que somos capazes. Parei de me colocar como insubstituível. Achamos que ninguém vai fazer como fazemos. É muito inteligente nos cercar de pessoas para as quais possamos delegar tarefas, aí descobrimos que, ganhamos tempo! Tempo esse que pode ser usado para cuidar de si e sair com seus filhos, por exemplo. E, quando se é empreendedora, delegando podemos dar atenção a projetos novos, a estratégias de crescimento e resultados. Deixa eu te contar uma coisa: realmente ninguém vai fazer como nós; ou fará melhor ou fará diferente! E isso é mágico. Encontrar pessoas que vão agregar, que vão trazer ideias e conceitos novos, e até mesmo soluções nas quais você nunca pensou. Precisamos de pessoas porque não somos autossuficientes, nem precisamos ser. Percebe que soa até arrogante quando pensamos que só o que nós fazemos é perfeito? Olhe com carinho as pessoas ao seu redor e, com certeza, encontrará uma equipe para ajudar na caminhada pessoal e profissional.

Quero te mostrar que, como você, somos todas cheias de sonhos, de vontades e de motivação, e que, às vezes, temos medo, ansiedade, culpa. Somos um misto de emoções. Já me vi muito frustrada quando percebi que não estava conciliando da melhor forma a vida familiar e os negócios. Busquei ajuda e comecei um processo cheio de desafios, um processo de silenciar e ouvir, de aprender a me respeitar, de me conhecer. Não tem como ser feliz e realizar tudo o que queremos sem nos conhecermos profundamente. Entendi que meu papel de empreendedora não é acumular trabalho, tarefas e funções; eu não preciso ser imbatível; eu tenho que ser humana, com minhas falhas e minhas qualidades. E, ao contrário do que pensava, isso me conecta mais ainda com meus clientes, pois eles não querem alguém perfeito que não passa por desafios, mas querem alguém que os entenda pela experiência. Entendi que não estava em uma guerra e comecei a buscar a minha paz.

> É preciso viver a filosofia dos picos e vales. E, quanto mais fazemos isso, mais aprendemos e crescemos, e mais tranquilos e bem-sucedidos nos tornamos.
> (JOHNSON, 2019, p. 92).

Terceiro pilar: autoconhecimento

Quem sou eu?

Quando comecei a praticar o autoconhecimento, entendi que eu não era a Mulher-maravilha, mas, sim, uma mulher maravilhosa. Percebi que eu sofria em querer ser assim, a imbatível, e, diferente da ficção, temos nossas fragilidades, não vencemos sempre, precisamos descansar, não damos conta de tudo e está tudo bem!

Aí você me pergunta: é sério que, quando não consegue fazer tudo, você acha que está tudo bem? Respondo com outra pergunta: amiga, você acha mesmo que, em um primeiro momento, uma mulher multitarefa se sente feliz em não dar conta? Nós, mulheres, temos uma necessidade, acredito que inconsciente – será insano se não for – de fazer tudo ao mesmo tempo. Colocamo-nos nessa posição, mas também reclamamos dela. Queremos ser mães, esposas, filhas, empreendedoras e não nos cansar nunca.

Lutamos muito para conseguir nosso espaço, mostrar nossa competência, ter liberdade financeira e sermos reconhecidas profissionalmente, mas o que era para ser bom tem se tornado um fardo muito pesado para muitas. E por quê? Porque entramos em um círculo vicioso de fazer sempre mais, de não dizer "não", para não mostrar fragilidade, de assumir tudo para si a ponto de sobrecarregar e não saber mais nem o que é dormir.

Atendo muitas mulheres cheias de culpa por terem que deixar seus filhos para trabalhar. Mulheres estressadas ou supercansadas de chegarem em casa e ainda terem que cumprir uma segunda jornada, administrar sua casa e tudo decorrente disso. Elas se cobram, a sociedade as cobra, a rede social impõe uma mulher ideal e a culpa vem com a comparação.

Sabia que quem se compara, PARA? Sim, porque enquanto você perde tempo olhando a vida da outra, a sua está parada. E, quando nos conhecemos, sabemos que somos seres ímpares, sem comparação. O autoconhecimento nos leva para um mundo sem culpa, de mais respeito e colaboração. Sabemos nossos limites e pedimos ajuda sem ser vergonhoso. Quando você se conhece, não aceita rótulos que te colocam e se importa menos com a opinião dos outros.

Em algum momento dessa descoberta de si própria, você vai se perguntar: vale a pena eu perder minha saúde buscando riqueza? Sacrificar a infância e a adolescência de meus filhos para juntar um grande patrimônio? Ter dinheiro e não ter gente que me ama com quem gastar? Ter "amigos" temporários por puro interesse? Ter *status*, mas não ter paz?

Não quero que achem que sou contra a prosperidade. Sim, dinheiro é bom! É ótimo ter condições de melhorar a vida dos que amamos, poder viajar, curtir, proporcionar bons estudos e experiências a nossos filhos, porém, não podemos ser escravos da riqueza. Ela é uma consequência.

Você precisa se conhecer para ser a mulher que quer ser! E, para as que são ou desejam ser empreendedoras, esse pilar é um dos mais importantes. Então, para começar seu autoconhecimento, sugiro o exercício da roda da vida. Descubra qual área de sua vida está precisando de mais atenção nesse momento.

Quarto pilar: aprenda a gerir seu tempo

Toda mulher, mãe e empreendedora precisa saber organizar seu tempo. Como? Fazendo melhores escolhas!

Vamos recapitular: quando eu sei que sou a pessoa mais importante, que sou uma mulher maravilhosa, que posso delegar sem culpas e sei meu propósito porque me conheço, eu passo a escolher melhor meus compromissos e minhas prioridades. Tudo o que falamos antes vai te ajudar a chegar nesse nível.

Hoje, eu tenho os horários de ficar com meus filhos, não importa que não seja o dia todo, mas aqueles momentos serão únicos para mim e para eles. Não estou falando de quantidade, mas de qualidade. Estar perto dos filhos, mas o tempo todo no celular, não é qualidade, ok? Crie lembranças positivas com as pessoas que ama.

Eu sempre falei que não tinha tempo para nada. Quando alguém me perguntava se eu estava bem, sempre respondia que estava na maior correria, que meu tempo estava curto. Parei de afirmar isso. Lembra que te contei, lá atrás, que aquilo em que focamos se expande? Pois é. Eu me via cada dia com menos tempo e correndo mais. Uma amiga escreveu em seu livro: "Cada momento é como deve ser e temos a liberdade para escolher entre torná-lo um sofrimento ou um milagre" (LEITE; RAVENNA, 2014, p. 42). E eu concordo.

Comecei a escrever todos os meus compromissos, os que eram prioridade e os que não eram tão urgentes. A agenda se tornou minha melhor amiga. E descobri que eu tinha tempo, sim, só não usava da melhor forma. Coloquei alguns compromissos perto uns dos outros, deleguei o que podia, dividi com meu esposo algumas responsabilidades para, assim, organizar meu tempo. Resultado: hoje me sinto mais tranquila, vivendo um dia de cada vez.

Ainda quero melhorar; isso é um exercício diário. Quero ser cada dia melhor como mãe, pessoa, esposa, profissional, amiga. Mas sem cobranças, de forma leve, de forma natural. Minha missão é ajudar você a entender que a força já está aí dentro. Ela pode estar escondida lá no fundo do armário da sua vida, mas, quando você decidir deixar de ser coadjuvante e escolher ser a protagonista da sua história, vai sentir uma energia contagiante. Vai transformar os problemas diários em desafios e terá a certeza do quanto é capaz de realizar o que quiser! E, o melhor, inspirar sem pirar!

Referências

JOHNSON, S. *Picos e vales.* Rio de Janeiro: BestSeller, 2019.

LEITE, M. L.; RAVENNA, J. C. R. *O manual do bem viver.* Rio de Janeiro: Atlas, 2014.

29

EU SEMPRE VOU CANTAR PARA VOCÊ, MÃE!

Vivemos em uma época em que as pessoas se vitimizam, acusando os pais por seus infortúnios, dificuldades, relacionamentos tóxicos, sem nunca olharem para si mesmas ou buscarem ocupar seu verdadeiro lugar como protagonistas das próprias vidas. Renato Russo cantou: "Você culpa seus pais por tudo, isso é um absurdo. São crianças como você...". Uma só ação é necessária: perdão. Sem ele, não há protagonismo.

MAGALI AMORIM

Magali Amorim

Contatos
magaliamorim22@gmail.com.br
LinkedIn: Magali Amorim
Instagram: @magaliamorim

Mestre em Gestão e Desenvolvimento da Educação Profissional pelo Centro Estadual de Educação Tecnológica Paula Souza. Especialista em Marketing e Propaganda pela Escola Superior de Propaganda e Marketing de São Paulo (ESPM). Bacharel como Secretária Executiva Bilíngue pela Pontifícia Universidade Católica de São Paulo. Tem 24 anos na assessoria executiva em multinacionais em diferentes segmentos de negócio. É *coach*, consultora e facilitadora em treinamentos, palestras, cursos, *workshops* e conferências nas áreas motivacional, comportamental e secretarial. É docente nos cursos superiores de Tecnologia em Secretariado e em Jogos Digitais no Centro Paula Souza. É uma das organizadoras e coordenadora editorial do best-seller *Excelência no secretariado*. Coautora na área secretarial, de comunicação, gestão de pessoas, atendimento ao cliente e gestão de tempo.

Respiro fundo e tomo coragem. Olho para a placa em minha mão e as flores na outra. Uma voz fala dentro de mim:

"Levanta a cabeça, Magali!"

Sigo, admirando as árvores e as flores. É tudo tão bonito... Congelo e falo comigo mesma:

"Você está querendo enganar a quem, Magali? Não é fácil para você estar aqui."

Suspiro e olho para o céu:

"O Senhor está cuidando dela direitinho?"

Um passarinho pousa sobre um túmulo bem à minha frente. Me pego sorrindo e olho para cima outra vez:

"Entendi! Obrigada, Deus!" Com mais leveza, consigo caminhar rumo ao túmulo dela.

"Está lá, já posso ver!"

Mais alguns passos e estou diante da última morada de minha mãe. Coloco a placa onde ela deverá ficar e a observo.

Luiza Fidelis de Amorim (1931-2022). Combateu o bom combate. Completou a carreira. Guardou a Fé.

Me sento no chão, em silêncio. "Calma, Magali. Está tudo bem!".

Fecho os olhos e só respiro. Percebo uma força me invadindo, amortecendo braços, depois mãos. "O que está acontecendo, Senhor?" Decido me entregar e percebo minhas memórias mais remotas emergirem.

Quando criança, não tinha noção da figura do meu pai. Aquele homem que trabalhava durante a noite e dormia de dia parecia um estranho na minha casa.

"Afinal, o que esse homem faz aqui?"

Eu não sei explicar o porquê, mas minha mãe nunca teve o costume de dizer "olha o papai". Essa referência não existia. E na minha cabecinha, até mais ou menos os cinco aninhos, ele era um hóspede na minha casa.

Magali Amorim

Depois dos cinco, descobri que ele era meu pai. E percebi mais! Que era um pai amoroso! Quando chegava do trabalho, quase sempre trazia um pacote de pão. Pão de queijo. Ou algo assim. Nós não tínhamos muito dinheiro, mas ele fazia questão de ser um bom provedor.

Me lembro de me esconder embaixo da cadeira da cozinha, ao brincar com ele. E desde então, ele passou de hóspede esquisito a meu herói sem capa. Me pego suspirando:

"É, dona Luiza, já a senhora era bem mais comedida."

Balanço a cabeça para os lados e retorno aos meus pensamentos. Por algum motivo, sinto que preciso me entregar a essas emoções, ainda que agora não façam sentido.

"Deus deve ter um propósito para isso."

Quando decidiu levantar o sobrado, eu amava brincar na areia da obra, e, num certo dia, acabei cavando tanto junto a uma viga que ela despencou sobre a minha cabeça. Dei um grito de dor, minha mãe se apavorou vendo sangue em minhas mãozinhas. Ela me enrolou numa toalha e meu pai saiu correndo, ladeira abaixo, para encontrar um táxi. Lá fomos nós, rumo ao hospital, deixando uma cicatriz na cabeça e um trauma de infância.

"Dentre tantos outros..."

Meu pai sempre foi mais amoroso que minha mãe. Demorei a compreender que isso provavelmente se devia ao fato de ela não ter recebido o amor dos seus. Se olharmos para trás, podemos facilmente perceber o quanto as gerações anteriores eram mais duras e sofridas. Se olharmos adiante, perceberemos a dureza se esvaindo aos poucos, de geração em geração, na naturalidade da evolução.

Um dia, pequenina, falei um palavrão no meio da rua. Nunca esqueci o que meu pai me falou:

"Se você falar isso de novo, vai apanhar, Magali!"

No outro dia, levei o único tapa dele, de toda a minha vida. Lembro-me de ter ficado triste, mas aprendi a lição. Se de um lado, meu pai tinha facilidade para externar amor, minha mãe tinha um jeito esquisito de amar.

Ela teve oportunidade de trabalhar para grandes artistas, como a Tarsila do Amaral. Já pensou? Olho para sua lápide:

"Que honra, hein, mãe?"

Meus olhos se enchem de lágrimas. Me pego chacoalhando a cabeça de um lado para o outro, como se pudesse me desvencilhar das lembranças.

"Por que lembrar disso agora, Magali? Não está tudo bem na sua vida?"

244   Eu, protagonista da minha história

Estralo o pescoço e decido deixar vir.

"Deus sabe o que faz!"

Acho que um dos piores traumas que vivi na infância foi quando eu tinha dois aninhos.

"Eu sei, eu sei. A maioria das pessoas não se lembra de coisas dessa idade."

Eu também gostaria de não me lembrar, mas foi tão forte que parece impossível esquecer. Eu não faço ideia do porquê, mas lembro da minha mãe me pegar pelos bracinhos com violência e me girar no ar, até que minhas perninhas bateram num móvel. Caí em cima da cama. Ela começou a esfregar as minhas pernas, dizendo que, se eu contasse para o meu pai, iria apanhar. Olho para a lápide:

"Ai, desculpa, mãe. Eu não vim aqui brigar com a senhora. Eu nem sei o porquê estou revivendo tudo isso."

Dois anos depois, um episódio pior. Não de violência física, mas emocional. E confesso: doeu bem mais! Meus lábios sangravam e minha mãe, muito irritada, falou com veemência:

"Aí, menina, olha sua boca sangrando, sabe qual é a minha vontade?"

Lembro-me de ter olhado para ela sem entender. E ela soltou, sem dó, nem piedade:

"A vontade que eu tenho é de matar você, mesmo que eu vá parar atrás das grades."

Minhas perninhas tremeram. Não por medo de morrer, mas de imaginar minha mãe presa e a possibilidade de ficar longe dela. Sussurro:

"Ai, mãe..."

Limpo uma lágrima do lado esquerdo do rosto.

"O que isso quer dizer, meu Deus?"

Penso num dos versículos bíblicos de que mais gosto: "Em tudo, dai Graças" (1 Tessalonicenses, 5:18).

Sendo assim:

"Obrigada, meu Deus!"

Encho o peito e solto, devagar:

"Sinto saudades, mãe!"

Olho para sua foto na lápide.

"Lembra do acidente de Fusquinha?"

O carro capotou e girou umas quatro vezes. Eu não me machuquei. Já minha mãe ficou anos tratando sua dor na coluna. Fui resgatada por estranhos. Me tiraram do carro de ponta cabeça pela janela do lado direito.

Magali Amorim

"Como fui me lembrar disso agora?"

Balanço a cabeça.

"Não importa, Magali!"

Quando eu saí, vi que a minha irmã Elenir, cinco anos mais velha, estava desmaiada, sentadinha no para-choque. Eu, que nunca tinha tido uma ação desesperada até então, bati fortemente em seu rosto:

"Acorda, Ni."

As lágrimas molharam meu rostinho de menina, mas nada. A Elenir nem se movia. Eu bati mais forte, tirando força, nem sei de onde:

"Acorda, Ni..." E nada.

Lembro-me de não conseguir respirar, meu coraçãozinho batia como nunca. Dei um pulo na frente dela, como quem toma impulso buscando força para dar vida a alguém:

"Volta, Ni...!" E ela voltou.

Respiro e olho para as flores que estão ao meu lado.

"Olha, mãe! Foi a Ni quem mandou!"

Coloco sobre seu túmulo, ajeitando as flores amarelas; depois, as laranjas e, por último, as vermelhas.

"Bonitas, né, mãe? A frase na lápide também foi ela que me ajudou a escrever!"

A Ni também vivenciou alguns dissabores. Quando ela era adolescente, minha mãe me obrigou a ir escondida com ela até a escola onde minha irmã estudava. Chegando lá, ficou espionando a Elenir, que parecia estar namorando. Do nada, minha mãe saiu de onde estava e, na frente de todo mundo, lhe deu um tapa, derrubando seus óculos no chão. Por dentro, fiquei em pânico.

"Será que eu vou poder namorar um dia? Ou vou apanhar também?".

Embora a minha irmã não se importasse como eu, lá se foi mais uma para minha memória.

"E o bolinho de chuva?"

Um dia, eu e minha irmã fomos todas felizes pedir para nossa mãe fazer para gente. Sabe o que ela respondeu?

"Mas nem morta que eu vou fazer bolinho de chuva!"

O que podia ter sido um momento eternizado de amor se tornou um instante de tristeza a ser esquecido. Falo sozinha:

"Mais um."

"Quem é que explica? Será que era ciúme da minha mãe em relação ao meu pai?"

Eu, protagonista da minha história

Eles tinham uma relação ruim. Assinto. Meu pai comprava tudo para mim. Quando estava com onze anos, eu pedi uma bicicleta. Ele guardou dinheiro por meses e comprou. Depois, quando adolescente, o mesmo com a máquina de escrever.

Apesar de tudo, na escola eu não sentia medo. Fui uma excelente aluna. Lembro-me quando fui a primeira colocada num concurso e ganhei um livro, subi a rua correndo para mostrar a meu pai. Se minha mãe vivia demonstrando rudeza, o pai era só amor!

Olho para sua lápide:

"Está tudo bem, mãezinha. Eu não sei por que estou lembrando de tudo isso. Se preciso lembrar, algum motivo Ele deve ter." Olho para cima.

"Não é?"

Aos quatorze anos, após uma cena, tentei tocar o coração dela:

"Mãe, por favor, você vai acabar com meu amor de filha agindo assim."

Ela me olhou com desdém e soltou:

"Quem disse que eu preciso do seu amor? Eu não preciso do seu amor."

Depois daquele dia meu amor se escondeu, se fez de morto. Por anos. Talvez por tudo isso eu sempre tenha buscado a Deus. Primeiro na Igreja Católica. Depois no Kardecismo. E por último, onde nunca imaginei: na Igreja Evangélica.

Viro para minha mãe:

"Virei crente, mãe! E a senhora também foi salva, viu? Na prorrogação, quase nos pênaltis!"

Rio comigo mesma. (Alguns dias antes de partir, eu ministrei Jesus para ela e uma das sobrinhas e o marido também o fizeram e até a batizaram com um copo d'água!)

Eu tinha muita fé em Deus, independentemente de onde estivesse. E por mais controverso que pareça, foi minha mãe que me ensinou a ter uma fé gigante...

Minha conversão se deu durante um período de três meses em que fiquei discutindo com Deus. Eu lhe dizia:

"Saber que há vida após a morte ainda não é o suficiente para mim. Quero e preciso de um lugar que mude esse incômodo aqui dentro. O Senhor se vira, pois, eu quero outro lugar!".

Passei três meses repetindo isso para Ele. Um dia fui a uma igreja. Estava uma guerra na minha cabeça: "Eu estou aqui, viu? Vim porque eu quis. Mas o culto não está falando comigo!" De repente, uma voz me falou: "Ah, é, é? Espera só, que você vai ver uma coisa!"

Magali Amorim

Nisso, o pastor se virou para onde eu estava, e falou olhando para mim, até o fim do culto. Eu nunca tinha sentido emoção igual, na igreja católica ou na casa espírita. E por isso, disse a mim mesma:

"Eu nunca mais vou deixar de vir aqui, Senhor!"

Se de um lado a relação com minha mãe era difícil, meu pai me preenchia com a parte dele, bem como minha relação com o Paizinho lá de cima.

Havia uma insegurança instalada e eu não me via como uma menina bonita. Não notei a corte que recebia de um dos meninos mais cobiçados da turma, na adolescência. Estudávamos e saíamos juntos para as inscrições nos vestibulares, mas acabei deixando passar. Sem me dar conta de seu interesse por mim, acabei namorando um amigo dele. Logo depois, minha mãe me contou que o bonitinho caiu em frustração com minha decisão de ficar com outro. Rio sozinha:

"Quem dera eu pudesse voltar atrás?"

Bem mais tarde, me casei. Uma relação de outras vidas, que um dia percebi que era de irmão. E por isso mesmo não durou muito. Me senti grata pelo amor e pelo aprendizado. Contando casamento e a volta por cima, posso dizer que fiquei bem. Adquiri meu cantinho e me mantive profissionalmente ativa. Me pego sorrindo de orelha a orelha:

"É bom falar com você, mãe!"

Me levanto e dou alguns passos em direção a uma árvore. Me encosto nela. Penso nos filhos que não tive. Também, pudera. Minha mãe sempre dizia, atendendo suas clientes como cabeleireira:

"Prefiro ver minhas filhas mortas a vê-las malcasadas."

"Não engravida, não, Magali!"

Eu morria de medo de engravidar.

Alongo os braços para cima, me sentindo mais leve. Se infância e adolescência foram conturbadas, me dei muito bem na vida adulta e na profissão. Foram anos bem-sucedidos numa indústria farmacêutica, como assessora executiva, antes da transição de carreira.

"O trabalho, filha?"

Olho para a dona Luiza. Sim, sim, eu sei que é ela falando comigo.

"É, mãe. Eu trabalhava para uma mulher. Sofri, mas cresci. Tinha poder na empresa."

Olho para a placa e retruco:

"Se eu gostei? Aonde mais eu aprenderia tanto, se não no mundo corporativo com outra mulher? É um mundo competitivo, mãe!"

248 Eu, protagonista da minha história

Estava nessa indústria quando recebi a notícia do falecimento de meu ex-marido. Doeu como uma facada. Mas se era a vontade dEle, o que eu podia fazer? Lembro-me dos versículos:

"O que é o homem para que deles tomem conhecimento? Em vão se desassossega sua vida passa como um sopro, vai embora como uma neblina" (SALMO 144:3, 4).

Volto a me sentar e penso na transição de carreira tempos depois. Com o fechamento da empresa, acabei migrando para o mundo acadêmico. Por mais que eu gostasse do meu trabalho e fosse eficiente no que fazia, entendi que podia fazer mais, buscar mais e compartilhar mais!

"Eu fui ensinar outras mulheres, mãe."

Sorrio:

"Eu sei que você se orgulha de mim!"

Toco a grama com as palmas das mãos.

"É bom estar aqui, mãe!"

São quatorze anos na faculdade, apoiando meninas a se tornarem mulheres, guerreiras, fortes, independentes, com suas próprias histórias. Percebo que cada uma, à sua maneira, tem suas dores para enfrentar. Cada caminho é único, assim como o meu!

"E o seu, mãe. Eu sei!"

Acho gratificante ensinar outras pessoas. Tive de sofrer na pele a falta da minha mãe, com ela dentro de casa, para bem mais tarde, eu perceber que outras também buscavam suas mães em outros lugares. Falo de maneira mais incisiva:

"Sim, mãe, eu busquei você no trabalho. Foi lá que compensei sua ausência."

Sinto-a falar comigo, mais uma vez.

"Será, mãe? Que eu me tornei dona de mim, justamente pela falta que senti?"

"É, faz sentido!"

São anos de profissão... e tem sido uma honra para mim ser usada na plenitude de minhas potencialidades para honrar outras mulheres como eu.

Olho para ela:

"Como eu e você, mãe! Somos protagonistas de nossas histórias!"

Olho para o relógio:

"Preciso ir!"

Ouço sua voz de novo.

"Eu sei, mãe... já perdoei, sim! Desde o dia em que eu te cobrei o fato de você ter dito que tinha vontade de me matar..."

Naquele dia, ela ergueu as mãos para o céu e interrogou:

"Eu fiz isso, meu Deus? Me perdoa! Eu não me lembro de nada disso..."

Foi um momento libertador para mim, quando virei para ela e disse:

"Pede perdão para mim, mãe?"

E ela pediu. Choro.

"Ficou tudo bem, mãe!"

Quando minha mãe adoeceu, fiquei com ela no hospital. Adorava quando orávamos juntas, ela dizia que a deixava mais calma. Eu cantava para ela todos os dias.

"Quer que eu cante, mãe?" Eu canto.

"Quando você sente medo, do teu lado Eu estou. E é bom que você saiba que Eu sinto a sua dor. Nunca, nunca se esqueça que o mar posso acalmar. E que Eu sei o tempo certo de a vitória te entregar."

Caio de joelhos no chão, aos prantos. Olho para o céu:

"É muita emoção, meu Deus! Preciso ir! Mas é difícil deixá-la."

Lembro-me do que não quero me lembrar. No dia em que ela partiu, minha irmã me ligou e contou que ela já não estava mais abrindo os olhos. Quando eu cheguei, ela estava mal. Entrei e cantei para ela. Uma despedida.

"Quando você sente medo, do seu lado Eu estou..."

Ela estava com a cabeça virada para a direita, mas quando comecei a cantar, ela virou o rosto com tudo, arregalando os olhos como quem diz:

"Você veio, filha?"

"Estou aqui, mãe! Pega na mão de Jesus, não tenha medo. A mãe de Jesus também está aqui, pega na mão dela, mãe!"

E assim, ela se foi.

Na crença em Nossa Senhora, seguiu de mãos dadas com Jesus e sua Mãe.

Foi em seu velório que preguei a primeira vez na vida.

"Foi tão bonito!"

"E cantei para você, mãe."

Arrumo as flores mais uma vez. Dou um beijo na placa, imaginando sua testa e me despeço.

"Obrigada por tudo, mãe!"

Não é fácil, mas me viro de costas e começo a ir embora.

E canto:

"Quando você sente medo, do seu lado..."

Ouço-a me chamando a última vez e apenas confirmo:

"Sim, mãe. Eu sempre vou cantar para você!"

Eu, protagonista da minha história

30

DE LIÇÃO EM LIÇÃO, FLORESCENDO VOU

O presente capítulo visa trazer o entendimento do nosso poder pessoal, que só cabe a nós acessar. Nossa essência, aquilo que muitas vezes, de maneira equivocada, esperamos achar do lado de fora, no outro, em algo, mas que pulsa latente dentro de nós. Autocuidado e o autoconhecimento fazem parte dessa minha caminhada, desse meu despertar para poder realizar aquilo que de melhor sei fazer: transmitir conhecimento, passar adiante a luz que recebi e que funciona como guia orientador nessa minha jornada, virando missão de vida. Já diz o evangelho de Mateus: "Igualmente não se acende uma candeia para colocá-la debaixo de um cesto. Ao contrário, coloca-se no velador e, assim, ilumina a todos os que estão na casa." Portanto, faça sua luz brilhar e ilumine aqueles que estão ao seu redor, todos nós podemos. Porém, tenhamos coerência entre o que falamos e o que fazemos, porque, no final das contas, o que vai fazer com que as pessoas se lembrem de você são as suas atitudes e o bem que você semeou, e não as suas palavras.

MARCIA BARROS

Marcia Barros

Contatos
Instagram: @marciabarrosmilemsi
@cladaslobas.docerrado

Bacharel em Direito pela Universidade Candido Mendes/RJ, pós-graduada em Processo Civil pela Faculdade Integrada Jacarepaguá (FIJ), Analista Judiciária junto ao Tribunal de Justiça do Distrito Federal e Territórios. Mediadora de conflitos nas áreas cível e de família com mais de 12 anos de atuação. Supervisora de multiplicadores em conciliação/mediação pelo Conselho Nacional de Justiça (CNJ). Facilitadora da Oficina de Parentalidade pelo Conselho Nacional de Justiça (CNJ). Influenciadora digital nas áreas de parentalidade e empreendedorismo social com o perfil @marciabarrosmilemsi, uma das iniciadoras do Coletivo Clã das Lobas do Cerrado (@cladaslobas.docerrado). Escritora, poetisa e o que mais sua mente imaginar. Veja na íntegra meu currículo técnico no Lattes: http://lattes.cnpq.br/6059577168881379

Quando li o título deste livro, de cara me encantei, até por ter passado recentemente por um episódio que me chega como um potencial sentido de que, sim, sou capaz muitas vezes de fazer escolhas na minha vida e vi que poderia compartilhar alguns saberes que possam contribuir para que cada vez mais pessoas possam chegar a assumir o protagonismo em suas vidas.

Protagonizar a vida é algo que para muitos não é tarefa fácil, em especial na seara feminina, na qual ainda vemos uma série de crenças que limitam nós mulheres ao direito de sermos nós mesmas, com nossas qualidades e nossos defeitos, sem precisar atender às expectativas dos que convivem conosco, assim como também do que é exigido pela sociedade.

Afinal, parece que somos feitas para estar moldadas em caixas, dentro daquilo que quiseram para nós ou que esperam que fôssemos, o que faz que criemos e geremos uma série de frustrações por não atendermos a esses ditames.

Talvez seja por isso que muitas pessoas vivam sem dar um sentido às suas vidas, de acordo com algo que não lhes ressoa no coração e procurando sempre felicidade em algo externo a si, o que não condiz com o verdadeiro sentido da felicidade.

Porém, é doído quando percebemos que nos encontramos dentro de uma espécie de prisão, na qual estamos o tempo inteiro tentando nos moldar a ser aquilo que nos ensinaram, quer por palavras ou mesmo pelos exemplos; e se libertar disso não é algo que a maioria de nós esteja disposta a encarar.

Quebrar padrões estabelecidos, rever conceitos, ressignificar dores para que estas sejam vistas como aprendizados... Não é todo mundo que tem peito para isso. Às vezes alguns valores são tão arraigados, em especial quando passam pelo viés religioso, que muitos não conseguem promover as mudanças necessárias para seu crescimento pessoal.

Em todo processo de crescimento, e aí remeto até ao processo do próprio crescimento do ser na infância, aprendemos com as dificuldades iniciais de

Marcia Barros

quem faz algo pela primeira vez. Primeiro, engatinhamos; depois, levantamos e, por fim, damos passos trepidantes nas nossas primeiras andanças. Em seguida, o processo de fala; e por aí vai, até chegarmos a um determinado ponto em que nos ensinaram que, a partir dele, estaríamos "maduros", e me questiono: será? Que ponto seria esse? Uma idade? Uma compreensão? Ou seria o conjunto desses dois fatores?

Talvez não tenhamos ainda achado essas respostas e com esse intuito buscamos o conhecimento pelas diversas leituras e partilhas das histórias pessoais de cada um que passou pela nossa vida; creio que está muito longe de bater o martelo em algumas dessas questões como tendo uma resposta única.

Somos seres distintos, criados à imagem e semelhança de Deus, cada um com uma "codificação" interna diferente, que passa por vários fatores, como genético, cultural, histórico, social, geográfico etc. São tantas coisas que determinam e interferem em nossas percepções que não tinha mesmo possibilidade dessa multiplicidade de seres.

Assim, com tantas informações, muita gente desiste dessa caminhada do se conhecer, pois só nos conhecendo, ou seja, à nossa essência real, é que podemos assumir o controle da nossa vida, ou seja, protagonizar nossa história.

Mesmo assim, esse protagonismo não chega a ser absoluto, uma vez que somos seres sociais, e temos que alinhar nosso protagonismo com o protagonismo daqueles que conosco convivem, principalmente quando estamos olhando para nossos relacionamentos que envolvem afetos, como os familiares.

Aqui tenho até um pouco mais de propriedade para falar nessa seara, pois trabalho como mediadora na área de família, nosso maior desafio. Além da convivência diária, é aqui também que existe nossa maior cobrança, seja tal cobrança feita pelo outro, seja até uma forma de autocobrança para se encaixar em algo que foi aprendido e predeterminado lá atrás.

Talvez aqui resida de fato a razão por muitos dos nossos conflitos terem origem na infância, na qual nos deparamos com nossas primeiras dificuldades e frustações também, muitas delas não resolvidas após o percurso da caminhada aqui nesta vida.

Alguns ficam pelo caminho, remoendo e rememorando dores, traumas e falsas percepções experimentadas lá atrás.

Talvez por isso tenhamos tanta dificuldade de sermos protagonistas em nossa vida. Afinal, desde a infância, fomos sendo podados e moldados para nos encaixarmos dentro de regras, padrões familiares, culturais, sociais e nem sequer nos consultaram se gostaríamos de fazer esse encaixe.

Às vezes o encaixe dói, pois entra em aspectos que não estão consoantes com nossa alma, com nossa essência, com aquilo que somos ou queremos para nós.

Assim, eu creio que, para atingir esse nível de ser protagonista das nossas histórias e escolhas, temos que passar necessariamente por três pilares. O primeiro seria o do autoconhecimento, pois para poder escrever nossa história, temos que conhecer bem o personagem que a habita, que está inserido nela, com tudo o que lhe pertence, tanto as qualidades que admiramos nele como também os defeitos. Depois disso, nos conhecendo – e aí posso falar de várias ferramentas maravilhosas que temos a nossa disposição e que nos levam ao autoconhecimento –, temos nosso segundo pilar, que é o processo de desconstrução, sim...

Desconstruir para construir o novo, o que somos de fato, e só assim podermos alçar nossos melhores voos.

E esse, ao meu modo de ver, é o mais desafiador, pois muitas vezes temos apego às nossas heranças, à nossa origem, nos apegando a elas e de certa forma repetindo esses padrões, numa espécie de honra inconsciente à nossa ancestralidade por todo o conhecimento que nos foi transmitido. Porém, precisamos desapegar e seguir nosso próprio rumo, livre de nos preocuparmos se estamos ou não atendendo às expectativas alheias, ou em consonância com aqueles familiares que nos precederam.

E passando por esse que seria o mais doloroso podemos chegar ao terceiro pilar, que é o de construir um novo ser, agora de acordo com nossas próprias expectativas e consoante com nossa essência.

Retormando ao autoconhecimento que, para mim, além de ser a base para termos mais domínio sobre nós, penso que também é o pontapé inicial para quem quer se tornar protagonista da sua história. Aqui temos diversas ferramentas que podem certamente trazer-nos consciência e paz nos nossos processos, para nossa própria aceitação, tais como: a yoga, a meditação, a dança, a música e várias manifestações no terreno das artes, trabalhos manuais, a constelação familiar e até mesmo a contemplação de algo belo, que é um dos recursos que costumo também muito utilizar.

Ainda encaixo aqui duas ferramentas valorosas, que são: a escrita, que também é terapêutica e, no contraponto, a leitura de livros dos mais variados assuntos, que nos leva a ampliar nosso horizonte.

Em especial, quero trazer aqui um clássico da literatura voltada para o público feminino, que é o livro *Mulheres que correm com os lobos*, da escritora Clarissa Pinkola Estés.

Sou uma das responsáveis por trazer, a partir de 2018, a difusão dessa leitura aqui para a cidade satélite de Taguatinga, onde resido, e que, posteriormente, tornou-se a sede do Coletivo Clã das Lobas do Cerrado (@cladaslobas.docerrado), que já se espalhou por mais cinco outras cidades. Uma rede de apoio e escuta que se forma e ali uma segura a mão da outra. Demos um tom um pouco diferente da leitura que era realizada quando a conheci. Agregamos, em forma de princípios: a confidencialidade no tocante às partilhas feitas, a gratuidade para participar dos encontros no atual formato, a igualdade e a escuta empática, que na sua base pressupõe o não julgamento, pois não cabe a nós julgar uma história que não é nossa.

A cada encontro, temos novas percepções, ampliamos nosso conhecimento e, assim, parece que uma espécie de véu vai se descortinando bem na nossa frente.

Partilhamos histórias de vida e com elas também dores, alegrias, superações, e o clã vai se tornando mais e mais forte, e cada uma ali vai assumindo as rédeas e o protagonismo que andava esquecido em algum lugar dentro de si.

Não se trata de uma terapia em grupo, ao contrário do que algumas pessoas ainda pensam; porém, o efeito dessa leitura é potencialmente terapêutico, pois conseguimos muitas vezes esvaziar nosso coração e, também, saímos muito mais leves dos encontros.

E o mais incrível é que, quando uma de nós se cura, quanticamente, essa cura reverbera para o grupo todo. É como se várias curas ocorressem simultaneamente em diferentes contextos. E quando você compartilha um pouco do conhecimento que tem, acaba sempre aprendendo mais alguma coisa, por isso as trocas são tão enriquecedoras para as mulheres que participam desse movimento.

Vou falar um pouco da história de como tudo isso surgiu. Por volta de 2016, tive meu primeiro contato com o livro em um grupo de mulheres que se reuniam no Plano Piloto – Clã Toca das Lobas, para lê-lo coletivamente.

O embrião desse projeto coletivo que hoje existe surgiu quando Juliane Bebber idealizou aquele grupo com outras colegas de curso, o qual serviu de base para sua obra-prima (TCC) do curso de Formação Holística de Base na Unipaz/DF. Foi exatamente em cima da necessidade dessa leitura coletiva para as mulheres e dos encontros que estavam acontecendo, dos quais era uma das coordenadoras à época.

Assim, frequentei por dois anos a reunião do Plano Piloto, até que cansada de me deslocar para lá, trouxemos a reunião para Taguatinga, nosso primeiro polo e a cidade satélite onde moro.

Em Taguatinga, já chegamos a ter reuniões com mais de 25 mulheres. Posteriormente, veio a pandemia e tivemos que adaptar a leitura para a modalidade on-line. Desse jeito, acabamos conhecendo e tornando acessíveis esse momento de trocas para outras pessoas que estavam distantes; porém, com o tempo, infelizmente, tivemos que parar com o on-line, pois foi se tornando cansativo.

As vacinas chegaram e retomamos o presencial. Expandimos para o Lago Sul em meados de 2021, onde uma das participantes da leitura on-line tem um espaço e, há muito tempo, vínhamos sendo demandadas para abrir um grupo lá. Chegamos a Águas Claras e Gama no início de 2022; e a proposta para o ano de 2023 é que estejamos ampliando no DF.

Já até saímos do quadradinho, como chamam Brasília; fundamos em outubro de 2022 um polo em Goiânia.

Fico muito feliz em ajudar a desconstruir o mito de que a sororidade feminina é algo que não existe, que mulher não pode ser amiga de mulher, pois com esses grupos estamos trabalhando em sentido oposto, sempre unindo, agregando e fazendo que cada uma ali saia mais consciente do poder que tem, "mestra" de si mesma, nessa caminhada compartilhada.

Continuando a falar de ferramentas que têm efeito terapêutico e fizeram sentido na minha vida, descobri também na escrita uma poderosa ferramenta de transformação e expressão para dar vazão a sentimentos e pensamentos que às vezes não tinha coragem de verbalizar.

Minha mente às vezes está tão cheia, cria tanto, que preciso colocar esse conteúdo para fora e espalhá-lo de modo que possa também beneficiar quem gosta de se embebedar da fonte do conhecimento, particularmente de um conhecimento que agregue algo positivo, bem longe do conhecimento acadêmico tradicional.

Conclusão

Finalizando, trago para sua reflexão um conto chamado a Lição da Borboleta.

Um dia, uma pequena abertura apareceu em um casulo. Um homem se sentou e observou a borboleta por várias horas, conforme ela se esforçava para fazer seu corpo passar por aquele pequeno buraco. Então, pareceu que ela havia parado de fazer qualquer progresso.

Parecia que ela tinha ido o mais longe que podia, e não conseguia ir mais. Então, o homem decidiu ajudar a borboleta: ele pegou uma tesoura e cortou o restante do casulo. A borboleta saiu facilmente. Mas seu corpo estava murcho, era pequeno e tinha as asas amassadas.

O homem continuou a observar a borboleta porque ele esperava que, a qualquer momento, as asas dela se abrissem e se esticassem para serem capazes de suportar o corpo que iria se afirmar a tempo.

Nada aconteceu! Na verdade, a borboleta passou o resto da sua vida rastejando com um corpo murcho e asas encolhidas. Ela nunca foi capaz de voar. O que o homem, em sua gentileza e vontade de ajudar, não compreendia era que o casulo apertado e o esforço necessário à borboleta para passar pela pequena abertura era o modo pelo qual a natureza fazia o fluido do corpo ir para as asas, de maneira que ela estaria pronta para voar uma vez que estivesse livre do casulo.

Algumas vezes, o esforço é justamente o que precisamos em nossa vida. Se passássemos esta nossa vida sem quaisquer obstáculos, nós não iríamos ser tão fortes como poderíamos ter sido.

Eu quis força... e recebi dificuldades para me fazer forte.

Eu quis sabedoria... e recebi problemas para resolver.

Eu quis prosperidade... e recebi cérebro e músculos para trabalhar.

Eu quis coragem... e recebi perigo para superar.

Eu quis amor... e recebi pessoas com problemas para ajudar.

Eu quis favores... e recebi oportunidades.

Eu não tive nada do que quis...

Mas recebi tudo de que precisava.

Portanto, não esmoreça diante dos desafios, como diz o ditado popular: "Só leva pedrada a árvore boa para dar fruto" e faz parte dessa vida levarmos "pedradas"; afinal, são elas que nos fazem crescer e sair da nossa zona de conforto, pois precisamos estar mais conscientes do nosso propósito, daquilo que viemos para realizar. Todos nós temos esse potencial inato; a questão é que muitas pessoas apenas não conseguiram despertar para conhecê-lo e mais do que isso: realizá-lo.

31

MÃE DE TRÊS

Em 2018, vivi um intenso ciclo de aprendizagem. Uma verdadeira montanha-russa da alegria e realização para o luto e a frustração. Dois testes de gravidez positivos seguidos de dois abortos; a tristeza e a dor foram inevitáveis. Contudo, por incrível que pareça, a dor pode nos ensinar lições poderosas de força e superação, e é isso que vou compartilhar com vocês neste capítulo.

MARILAINE MORBENE

Marilaine Morbene

Contatos
www.marilainemorbene.com
contato@marilainemorbene.com
Instagram: @marilainemorbene
Facebook: Marilaine Morbene

Life coach para mulheres, *leader coach* e analista comportamental, formada pelo Instituto Brasileiro de Coaching (IBC), com o programa de formação e certificação internacional *Professional & Self Coaching* (PSC).

Maturidade não vem pelas experiências que você teve na vida,
mas pelo que aprendeu com as experiências da vida.
TIAGO BRUNET

Quando comecei a planejar minha gravidez, foi como se já sentisse a força de vida da maternidade, pois, por mais que minha vida ainda não estivesse organizada da forma como eu gostaria para receber um filho, eu sentia uma onda de positividade e esperança que me dizia: "Vá em frente, pois tudo ficará bem". Era como se um filho já me ajudasse a seguir em frente antes mesmo de existir. Eu me perguntava: "Será essa a luz tão bonita que as grávidas emitem?".

Sentia um calorzinho no peito e pensava: "A vida vai continuar mesmo quando eu não estiver mais aqui. Meu filho viverá por mim". Decidi que queria ser mãe no momento em que percebi que queria que alguém se lembrasse de mim com amor depois que eu partisse, e que continuasse vivendo por mim com a mesma alegria que carrego por saber que posso descansar nas mãos de um Deus bom.

O primeiro teste positivo trouxe a expectativa de um mundo novo, cheio de desafios e significado. Nunca senti tanta vitalidade! A primeira ecografia não foi muito bem-sucedida, mas fui informada de que poderia ser pelo fato de a gravidez ainda estar no início. Fiquei tranquila e não aceitei pensar de forma negativa. Orei muito e entreguei a situação nas mãos de Deus.

Na segunda ecografia, quando escutei "gravidez interrompida", o chão fugiu dos meus pés. Tudo o que havia sonhado sumiu de repente, sem explicação, deixando um rastro de dor e muitas perguntas sem respostas.

Inicialmente, senti-me impotente, pois acreditava que meu corpo estivesse dando todo o abrigo e as condições necessárias para que o bebê se desenvolvesse com saúde. Também me senti culpada por não perceber o que estava acontecendo. Acima de tudo, fiquei muito confusa e não entendia por que tudo aquilo estava acontecendo comigo.

Marilaine Morbene

A segunda gestação foi muito parecida com a primeira: no segundo mês de gestação, o feto parou de evoluir.

Os dias foram passando e enfrentei várias fases do luto. No início, não falava no assunto com ninguém. Porém, na medida em que conseguia, aos poucos, controlar melhor minhas emoções, comecei a aprender lições poderosas com a dor. Espero que essas lições possam levá-lo à reflexão e ajudá-lo, de alguma forma, em sua caminhada de cura.

Lição 1: não negar o processo

Cada indivíduo passa por um processo diferente em sua caminhada de superação de um luto. Não existe segredo ou uma fórmula pronta para passar por um momento assim. Porém, é interessante pensarmos em passar por isso com mais conforto. Vivemos em uma cultura que reprime o luto. Ouvi frases como "Não chore" ou "Não fique triste". Sei que foram ditas com a melhor das intenções, mas isso me levou a refletir: se eu reprimisse o choro e tentasse me distrair para não ficar triste, estaria negando minha própria situação. Por alguns dias, eu fiz isso, mas percebi que sofreria um luto sem fim, relembrando os momentos da perda e sufocando minha alegria de viver. Então, quando sentia vontade de chorar, eu chorava. Pois entendia que era aceitável estar triste naquele momento e que amanhã seria outro dia, talvez melhor. Não era necessária a exigência de estar sempre bem, e eu sabia que no próximo nascer do sol haveria uma nova oportunidade de encarar a vida de uma forma diferente, porém sem pressa, aprendendo com cada fase.

A Bíblia nos instrui; em Romanos 12:15: "Alegrem-se com os que se alegram e chorem com os que choram". Se você quer consolar alguém que acabou de sofrer um aborto, dê um abraço e diga, no máximo, "Eu estou aqui com você" ou "Conte comigo se precisar de qualquer coisa". Isso porque sua presença, como forma de apoio, é o melhor que você pode fazer nesse momento, e esse é um conforto de grande valia.

Lição 2: não temos o controle de tudo

Qual o tamanho do nosso conhecimento perante o conhecimento de Deus? Essa era uma pergunta que eu me fazia, e sempre chegava à mesma conclusão: nosso conhecimento como ser humano é tão limitado! Como eu poderia questionar a situação em que me encontrava se não possuía as informações para tanto? Deus é onisciente, Seu saber é pleno e absoluto, e Seu conhecimento é infinito sobre todas as coisas.

Em Tessalonicenses 5:16, diz-se que devemos dar graças por tudo. E, quando se diz tudo, é tudo mesmo, ou seja, coisas boas e ruins. Sei que, nesse momento, você deve estar querendo me perguntar: "Como assim? Você agradeceu por algo ruim?". Em Romanos 8:28, lê-se que Deus age em todas as coisas para o bem daqueles que O amam. Logo, algo que pareça horrível na nossa visão pode ser, na verdade, para nosso bem. Pelo pleno conhecimento de Deus, do passado, do presente e do futuro, Ele pode permitir coisas desagradáveis aos nossos olhos, mas que, na realidade, são a melhor opção naquele momento.

Deus sabe por que isso aconteceu comigo e, se Ele permitiu, é porque foi para o meu bem e para o bem do bebê. Para você entender melhor, vou citar uma hipótese: imaginemos, por exemplo, que o bebê não estivesse evoluindo normalmente e que, portanto, nasceria com uma doença grave que o faria sofrer muito. Acredito que é por esse motivo que existe a expressão "Deus escreve certo por linhas tortas". Isso significa que Ele sabe o que faz, e que é bondoso e misericordioso.

Deus também é onipotente. Ele pode todas as coisas, inclusive controlar todas as coisas. Então você pode me perguntar: "Se é assim, por que Ele não impediu todas as opções ruins da sua situação?". A resposta é que Deus não nos prometeu uma vida perfeita, mas, sim, que estaria conosco nos dando força e capacidade para vencer as adversidades da vida. Em João 16:33, lemos: "Neste mundo vocês terão aflições, contudo, tenham ânimo! Eu venci o mundo".

Na minha caminhada de cura, percebi que deveria abrir mão de tentar controlar todas as coisas, pois muitas delas não cabia a mim controlar. Quando entendi isso, a culpa que eu sentia deixou de fazer sentido, pois tudo o que poderia ter feito – como repouso, tomar as vitaminas, alimentar-me bem – havia sido feito. O restante não cabia a mim controlar. Essa lição foi tão importante na minha vida que eu aprendi até mesmo a ser uma pessoa menos ansiosa e, assim, passei a usufruir de benefícios em outras áreas, como na vida profissional, no casamento e nas finanças. Isso porque aprendi a descansar e confiar mais em Deus, fazendo minha parte sempre com amor e dedicação e deixando o que não posso controlar nas mãos Dele.

Marilaine Morbene

Lição 3: a vida não é o que nos acontece, mas, sim, nosso posicionamento perante os acontecimentos

Minha vida espiritual proporcionou o consolo, a força e a paz que só Deus pode nos dar. A paz que Deus me deu foi algo tão extraordinário que é até difícil de entender. Não é à toa que se diz, em Filipenses 4:7: "E a paz de Deus, que excede todo o entendimento, guardará os seus corações e as suas mentes em Cristo Jesus".

Todos nós temos condições de estabelecer uma conexão divina por meio da oração e investir na minha vida espiritual foi, sem dúvida, o melhor posicionamento que eu poderia ter naquele momento. Eu orava de forma sincera e contava tudo o que sentia para Deus.

Uma pessoa me disse, na tentativa de me consolar, que eu teria outros filhos. Sei que foi com boa intenção, mas, ao refletir sobre isso, percebi que um filho nunca vai substituir o outro. Eu orei sobre isso e, aos poucos, consegui ter mais clareza sobre o assunto. Sentia que precisava honrar aquelas vidas, como uma necessidade de consolidar um significado para elas. Percebi que, embora apenas por dois meses em cada gestação, eu havia sido mãe daquelas vidas pelo período em que estiveram comigo. E foram dois meses de muito amor e muito vínculo. Eles foram amados de uma forma única.

Foi então que decidi dar nomes aos pequenos: nossa amada Melissa e nosso querido Pedro. Penso nos nossos anjos como se eu conseguisse saber como eles seriam. E um dia, não aqui, creio que poderei conhecê-los.

Nomeá-los me ajudou a encerrar um ciclo, para começar outro com uma nova perspectiva e clareza.

Lição 4: a felicidade não depende da realização dos meus desejos

"Como assim? Os seus sonhos não são importantes?", você deve estar perguntando. Claro que sim, eu digo a você. Mas, com o tempo, percebi que uma coisa são as minhas necessidades e outra coisa são os meus desejos.

O desejo da maternidade ardia no meu coração, mas, ao mesmo tempo, sabia que poderia ser feliz independentemente de realizar esse sonho.

Você já percebeu o poder da gratidão na sua vida? Quando agradecemos a Deus por tudo o que já temos, uma onda de satisfação começa a tomar conta do nosso interior, permitindo que nossa respiração flua de forma mais eficaz, dando espaço para uma sensação de paz e tranquilidade.

Quando descobri meu propósito de vida, ligado a ajudar mulheres a desenvolver clareza do seu papel como protagonistas de suas histórias, comecei a desejar as coisas que me aproximavam disso. Percebi que Deus abria as portas para minhas vontades internas que coincidiam com as vontades Dele para mim e, quanto mais me aproximava de Deus, mais a minha vontade era a vontade Dele para mim.

Eu percebia Deus atento às minhas necessidades e Seu cuidado comigo, mas também sabia que Ele se importava com os desejos do meu coração.

Com o passar do tempo, percebi que, quanto mais me aproximava de uma vida ao centro da vontade de Deus, mais feliz e protegida eu me sentia. Você já havia pensado dessa forma? Qual será a vontade de Deus para sua vida? De uma coisa eu sei: a vontade dEle é sempre perfeita para nós.

Lição 5: vulnerabilidade é sinal de coragem

Minhas duas experiências de aborto aconteceram em 2018. Depois de passar por um processo de cura física e emocional, eu precisava decidir, com meu esposo, se continuaríamos tentando ou se desistiríamos de ter um filho. Consultamos vários médicos e fiz muitos exames diferentes. Meu marido sempre me acompanhou em todas as consultas, prestando todo o apoio necessário, com muito carinho. Ele também fez vários exames diferentes e todas as opiniões médicas eram iguais: nós não tínhamos nenhum problema de infertilidade e poderíamos tentar novamente de forma natural.

Ao mesmo tempo que sentia medo de abortar mais uma vez, também sentia uma esperança enorme.

Brown (2016) aborda, em seu livro *A coragem de ser imperfeito*, o fato de aceitarmos nossa imperfeição, vulnerabilidade e medo, pois isso não altera o fato de que também somos corajosos e merecedores de amor e aceitação.

Percebi que, qualquer que fosse minha decisão, isso não alteraria meu valor. Toda mulher é digna de aceitação e amor, independentemente de suas escolhas. E, para a vida de vocês, só você e seu parceiro podem decidir o que é melhor.

Eu ainda sentia a maternidade bater forte no meu peito, como se Deus enchesse meu coração de coragem e fé para tentar novamente. Passamos 2019 todo tentando, sem sucesso. Chegou 2020 e, com ele, nosso terceiro positivo. Junto com a gravidez, veio a sensação de exposição ao risco. Porém, aprendi que essa exposição é sinal de coragem, pois coragem não é ausência de medo, mas, sim, a disposição de tornar-se vulnerável a fim de cumprir um propósito maior.

Então, nasceu nossa princesa Lavínia. Presente de Deus, ela é muito mais do que pedi ao Senhor. Linda, saudável, esperta e muito encantadora. Agora somos uma família, para a honra do Senhor, e toda experiência que tivemos foi permissão de Deus para o nosso bem, para nos ensinar preciosas lições e para nos tornar mais fortes.

Referências

BÍBLIA Sagrada: nova versão internacional/Sociedade Bíblica Internacional. Santo André: Geográfica, 2017.

BROWN, B. *A coragem de ser imperfeito: como aceitar a própria vulnerabilidade, vencer a vergonha e ousar ser quem você é.* Tradução: Joel Macedo. Rio de Janeiro: Sextante, 2016.

BRUNET, T. *Emoções inteligentes: governe sua vida emocional e assuma o controle da sua existência.* Barueri: Novo Século, 2018.

32

QUEM É VOCÊ, CEBOLA?

Neste texto, mulheres com família constituída e buscando lugar no mundo depararam-se com uma autorreflexão inusitada. Romper com crenças limitantes e o medo do imaginário é muito difícil. O que busco com este conto real é inspirar o impulso, o desejo, e mudar o jeito de nos vermos por nós mesmas.

MIRIAN HESSE

Mirian Hesse

Contatos
Instagram: @mirianhesse
Facebook: mirianhesse

Pedagoga, graduada pela Universidade Federal do Espírito Santo (UFES). Pós-graduação em Psicopedagogia e Inclusão (UFES). Especialista em Filosofia para o Ensino Superior e Literatura Brasileira, pelo Instituto Educacional Maris (IEMAR). Foi alfabetizadora por 16 anos. Diretora pedagógica do Centro de Ensino Fênix por 11 anos. Estudiosa dos efeitos da menopausa na vida social da mulher.

> Há [...] uma só idade para a gente se encantar com a vida, e viver
> apaixonadamente, e desfrutar tudo com toda intensidade sem medo
> nem culpa de sentir prazer [...] chama-se presente, e tem apenas
> a duração do instante que passa... doce pássaro do aqui e agora
> MÁRIO QUINTANA

A primeira vez que ouvi a palavra *serendipity* me pareceu um assovio, um canto; chamou-me a atenção e logo quis saber o que significava a expressão. O professor com quem eu conversava e que a havia pronunciado logo me explicou: essa é uma palavra muito utilizada nos meios da Filosofia. Quer dizer que houve um bom encontro, uma boa coincidência, algo que foi bom e potencial para um momento entre pessoas e pessoas ou pessoas e situações, é isso, *serendipity*. Fui buscar saber mais e descobri que Horace Walpole, um autor inglês, utilizou essa palavra pela primeira vez em 1794, falando de príncipes que viviam em um lugar chamado Serendip e acrescentou o sufixo "*ity*" para fazer dela um substantivo abstrato.

Sigo contando a história de *serendipity* com uma cebola. Isso. Uma cebola. Ao tomá-la em minhas mãos, minha mente fervilhou de reflexões e introspecções. Esse encontro realmente me transformou. Meu momento de *serendipity*.

Era uma cebola grande, cabia com pouco conforto na palma de minha mão, estava meio desajeitada, parecia até que ganhara vida; já não sabia se eu tremia ou se ela tremia ao ser observada. Era um autojulgamento; nada mais cruel, não é mesmo? Afinal, quem nos julga com uma régua tão alta como nós mesmos? Aprendemos, então, a nos guardar em camadas, deixando aparecer somente o estritamente apresentável, nunca, porém, atendendo a nenhuma expectativa. E, assim, tem início esse grande enfrentamento entre as minhas camadas e as do bulbo que me encarava.

Ser ou não ser? Foi o que me veio à mente logo a seguir. Refletir a expressão shakespeariana tão popularizada e citada aos quatro cantos do mundo, seja

Mirian Hesse

na arte, seja na banalidade, não havia, até aquele momento, sido, para mim, a questão. Entretanto, no exercício de organizar-me, inspirado pela cebola, essa complexa interrogação fez-se presente e, com ela, toda a intensidade da cena revivida nos palcos e telas tantas vezes: aquele indivíduo medieval que segura, à sua frente, um crânio inerte, resgatado não sei de onde...

Gelei de medo, mas resolvi enfrentar e deixar pulsar todo pensamento inspirado por aquela situação tão inimaginável. À primeira vista estava a casca. No atrito com outras cascas, pedaços se romperam, mas o que se mantinha suga, do interior e do exterior, algo para hidratar seu viço, manter o brilho, apresentar-se desejável, aprazível, considerável. Analisada para ser aceita. Para manter a casca, o interior é sempre um tanto mutilado. Intacta nunca está. Como acontece com todas nós, mulheres, a casca sempre será avaliada e julgada por sua aparência, se atende ao padrão, se seria bem vendida. Passamos, então, a investir muito na casca, elaborando e demonstrando toda a força que uma superficialidade pode ter.

Entre os rasgos da casca, vi outra camada, meio suja, como quem está ali só para disfarçar as imperfeições. Está, na verdade, tão próxima que, por vezes, essas camadas se grudam na tentativa de serem uma só. Porém, não são. Ela é formada de papéis a desempenhar, discursos, elaborações propositadas, pensadas para serem proclamadas e julgadas. Está aí somente para garantir que a superfície seja um pouco mais forte e, com brilho um pouco mais cínico, faz o jogo da vida. Essa camada tenta um misto de proteção e autopreservação.

As próximas eu não via, mas era como se estivessem me compondo como compunham aquela hortaliça que, antes de dar sabor à refeição que eu ia preparar, intencionou refletir-me como em um espelho. Eu me via assim nesse momento, composta por camadas bem definidas e emaranhadas ao mesmo tempo. Segui pensando.

A imediata nova camada é um pouco mais elaborada, não se deixa ver sem cortes. Tem olhos verdadeiros, enxerga um pouco melhor as coisas. Percebe, por exemplo, as ambiguidades das relações sociais e afetivas. Só não age. Ela está defendendo o que vem logo após, filtrando as informações, indicando o que não está muito adequado para entrar ou mesmo sair, mas, imóvel como é, se faz comum ser ultrapassada, e aí é obrigada a se encaixar com todo o restante e aceitar as intempéries.

Dividida entre o ideal de felicidade e a realidade de possibilidades, pensei na minha camada: foram tantas vezes que quis dizer uma coisa e voltei dentro de mim para buscar palavras que não ofendessem ou magoassem o outro, outras tantas que não aceitei coisas que vi e vivi, mas resolvi só guardar... Será que foi fácil para essa cebola sair da caixa?

A próxima camada, mais perto da essência, guarda toda a água. Todo choro. Toda mágoa, toda vitimização, todas as faltas, já que tudo a cebola transforma em líquido e retém. Não é permeável. O que a penetra fica aí, gruda, não sai... Mas se aprofunda. Tem momentos em que a cebola se torna pequena para tanta água e se expande.

Eu aumentei de tamanho. Prestes a explodir, comecei a liberar os líquidos para todos os cantos: no choro ou no suor das crises de ansiedade, passei tempos desestabilizada, inchada, num estado de hiper-hidratação. E o formato vai se tornando definitivamente redondo, como um círculo que não se sabe se foi a água ou a mágoa que surgiu primeiro.

Encontro, então, onde mora o medo. Nível bem espesso. Quase impenetrável. Faz pano de fundo para as mágoas. Na cebola, já é a camada mais pertinho do cerne, de onde novas camadas vão nascendo. Em mim, parecia aquela que criou uma redoma, inerte e incapaz de deixar sair algo novo. Nesse momento, refleti que criar outras camadas seria como tornar mais difícil atingir a essência, o eu.

Chorei; se ela estivesse cortada, diria que fora pela cebola, mas não: era por mim mesma, por me sentir tão distante, por não conseguir nem imaginar quem um dia eu sonhei ser...

Fui menina, moça, mulher, esposa, mãe, e agora, perto de ser avó, uma cebola tão bem-intencionada me põe em xeque num espaço que perpasso tantas vezes por dia. Permiti meu voo para as profundezas dela e segui pensando.

"Menina, senta direito!"

"Fecha essas pernas, você já é uma moça!"

"Cadê o namorado? Vai ficar encalhada, para titia?"

"Aceita honrar, ser fiel e amar este homem até que a morte os separe?"

"Essa criança não tem mãe, não?"

"Você viu fulana? Nem parece casada!"

"É louca, ela!"

Todas essas falas e escutas estão nas nossas camadas. Tornando-as o que são. Ainda há outras antes da essência, a enganadora de si mesma, racionalizando o irracional e focando nos problemas alheios, afinal, é mais fácil assim.

Quase chegando lá dentro, há a camada elaboradora de tudo. Funciona na solidão, como nesse momento que vivo agora, ou quando todos dormem. É composta de espirais. Fazem grandes voltas; enormes, na verdade. Por vezes

Mirian Hesse

começam e terminam no mesmo lugar. Às vezes nem têm finalidade, nem fim. Criam legitimações, criam desculpas para ficar no mesmo lugar. E enviam remendos para chegar à casca.

Fiquei lembrando daquelas experiências que fazia com meus alunos do segundo ano para que entendessem o conceito de inércia. Um copo de plástico amarrado com barbante que rodamos no ar com uma pedra no fundo que não se mexe; senti-me como aquela pedrinha. Inerte. O mundo girando e eu aqui, parada...

E a tal essência? Onde está? Do que é composta?

Não sei bem como definir. Não a vejo sempre. Tem, na verdade, um tempo que não a vejo e, se vi, não reconheci. São muitas camadas. Ainda estou criando um caminho para resgatá-la às minhas memórias, antes que caia no esquecimento e a cebola fique sem seu interior jovem que a faz renovar-se todos os dias. Ainda gelo de medo, principalmente à noite, sozinha, de que eu me arranque do meu chão sem alcançar minha essência.

Num impulso, tomei a faca na mão e cortei a cebola. Desfiz todas as suas camadas e, uma a uma, fui cortando e misturando num grande emaranhado. Inclusive o miolinho, ao qual eu chamava de essência.

Depois de toda cortada, pus para ferver e temperei. Comi com um pãozinho aquela sopa de cebola cremosa e saborosa que fiz só para mim.

Minhas camadas não precisam mais se limitar. Assim como as da cebola. Os medos que nos mantêm onde estamos são irreais, criados por nossa mente cheia de crenças. Desejo ter força e potência para fazer de minha vida uma grande sopa. Misturar tudo e obrigar o mundo a me dar espaço; não há caixa que me caiba. Minha felicidade por essa decisão já valeu toda minha existência. Meus olhos, que instantes atrás olhavam para dentro de um bulbo e se refletiam nele, perceberam como ser cebola é tão parecido comigo. Sou amor e sabor para mim mesma. *Serendipity* divino, esse!

É um grande convite: vamos à sopa?

33

OS 5 As DA AUTOESTIMA

Neste capítulo, você, mulher extraordinária, fará as pazes com o feminino que habita em si. É um convite a se reconectar com toda a sua potencialidade para ter uma vida de equilíbrio entre o sentir e o agir. Prepare-se para fazer a melhor das viagens para dentro de si e começar uma jornada de autoconhecimento e autodescoberta, proporcionando a construção da autoconfiança, propósito e o controle de uma vida extraordinária. Permita-se viver uma transformação em sua vida.

NAMÍBIA LARCHERT

Namíbia Larchert

Contatos
namibialarchert.com.br
vocacional.namibialarchert@gmail.com
LinkedIn: Namibia Larchert
YouTube: youtube.com/namibialarchert
Instagram: @namibialarchert
Facebook: Namibia Larchert

Palestrante ativacional e treinadora corporativa. Graduada em Letras (Português e Inglês), lecionou vários anos nos diferentes segmentos, tanto em escolas públicas como particulares. Atuou como Secretária de Educação de Bananal/SP por cinco anos. Apaixonada por Desenvolvimento Humano, em 2020, iniciou transição de carreira para palestrante e aperfeiçoa-se constantemente para ministrar palestras e treinamentos que ajudam as pessoas a se transformarem em sua melhor versão. Dirige o "Momento UAUtoestima", programa semanal na Rádio Bananal (87fmbananal.com). Colunista do jornal *Gazeta de Bananal* (com o mesmo nome do programa da Rádio Bananal). Esta é Namíbia Larchert, sempre movida pelo desejo de ajudar. Para isso, ela entende a importância de espalhar seu conhecimento e sua mensagem. Como coautora desta obra *Eu, protagonista da minha história*, está realizando um sonho, cumprindo assim sua maior missão: impactar vidas.

Ninguém pode fazê-lo se sentir inferior sem seu consentimento.
ELEANOR ROOSEVELT

Parabenizo você por estar lendo esta obra. É sinal de que cuida da pessoa mais importante da sua vida: você! E gratidão por me permitir fazer parte desse seu processo de autocuidado.

Que privilégio é ser quem somos! Já parou para pensar nisso? Não existe ninguém igual a você, e esse é seu superpoder! Uau! Isso não é extraordinário? Não importa o que pensem de si, isso não te define; o que te define é o que você pensa de você. Isso te assusta ou te tranquiliza? Acredite: ser você dá certo.

Somos resultado dos nossos pensamentos. T. Harv Eker (2006), em seu livro *Os segredos da mente milionária* (super-recomendo a leitura desse livro), nos diz: "Pensamentos geram sentimentos, sentimentos geram ações, e ações levam a resultados". E acrescento: resultados reforçam os pensamentos.

Tudo começa na nossa mente; logo, te pergunto: quais são os pensamentos que você tem nutrido ao longo da sua vida? Eles te trouxeram para o hoje (que é onde a vida acontece), para o lugar que você está hoje, e não me refiro só, necessariamente, ao espaço físico (geográfico), e sim a todos os demais aspectos da sua vida.

Você acredita que já tenha uma autoestima saudável? Ou reconhece que precisa melhorar os conceitos que tem sobre si mesmo? Você está preparada para começar a melhor das viagens para dentro de si e começar assim uma jornada de autoconhecimento e autodescoberta?

A seguir, você terá os itens indispensáveis para colocar na bagagem dessa incrível viagem.

Sua essência

Se quisermos fazer uma excelente viagem para dentro de nós mesmos, é indispensável, antes de mais nada, sabermos quem somos.

Quem é você? Responder a esta pergunta te dará clareza da sua identidade. Roberto Shinyashiki (2021) em seu livro *Desistir? Nem pensar!,* afirma: "Você é a pessoa que escolhe ser". Uau!!! Que incrível!!! Temos o poder de decisão quanto ao que somos e ao que queremos fazer e ter (nessa ordem). Quem você tem escolhido ser?

Ao longo deste capítulo, você terá alguns desafios para realizar. Comprometa-se consigo mesma e acredite no quanto isso será poderoso e libertador para si durante sua viagem do autoconhecimento e autodescoberta. Ao realizar esses desafios, terá clareza do que precisa fazer (ou deixar de fazer) para ter uma autoestima sempre saudável. Preparada?

Desafio 1

Faça-se as três seguintes perguntas:

1. Qual é meu propósito de vida?
2. A quem quero agradar?
3. Aonde quero chegar?

As respostas dessas perguntas vão te ajudar na construção do seu "eu".

Protagonismo

Numa sociedade narcisista, é essencial saber a diferença do egoísmo para o protagonismo. Ser protagonista da própria história é ser participante ativo nas situações cotidianas da vida; é ser autorresponsável, é aquela pessoa que não delega aos outros aquilo que é de sua responsabilidade. Já o egoísmo é a pessoa pensar só em si, fazer tudo só para si de maneira arrogante e autossuficiente.

Viver o protagonismo é saber se colocar como prioridade, entendendo que, ao cuidar de si mesma, se mune de recursos para também poder cuidar dos outros.

Quando não assumimos o protagonismo, automaticamente estamos como coadjuvantes. Como saber se você está como coadjuvante da própria vida?

1. Anula-se pelos outros.
2. Sente-se culpada por não dar conta de tudo.
3. Não se sente ouvida nem validada.
4. Tem inveja das amigas.
5. Sente medo exagerado.
6. Não sabe dizer não.
7. Tem o sentimento de inadequação.

8. Vive se comparando aos outros.
9. Sente-se com autoestima baixa.
10. Tem a sensação de insuficiência.
11. É inconstante em tudo que faz.
12. Não perdoa (nem a si nem aos outros).
13. Não tem um propósito de vida definido.
14. Sente tristeza e angústia profundas.
15. Vive querendo o perfeccionismo.

Identificou alguns desses sintomas? Não se desespere! Parabéns por reconhecer que algo não está bem com você. Ter humildade diante daquilo que não se controla é fundamental para atingir o próximo nível na vida.

Existem alguns vilões do protagonismo, compartilho com você apenas cinco:

1. Medo excessivo;
2. Não ter propósito de vida;
3. Não ser persistente;
4. Teoria sem prática;
5. Falta de autoconfiança.

Ao detectar esses vilões na sua vida, faça o que for preciso para se livrar deles. Assuma o controle. Aprendi com uma das minhas mentoras, Priscilla de Sá: "Protagonismo é assumir a gestão dos seus recursos (do tempo, dinheiro, energia e conexões), do seu jeito, para os fins determinados por você".

Paulo Vieira tem uma frase bastante impactante: "Tem poder quem age, e mais poder ainda quem age certo". Em seu best-seller *O poder da ação*, Paulo Vieira (2015) nos convoca a sair da inércia e tomarmos atitudes assertivas para vivermos plenos e felizes.

Vamos acertar sempre? Lógico que não! Não se iluda. Não há garantia disso. Pelo simples fato de que não somos perfeitos; permita-se ser humano. Saia desse lugar do perfeccionismo. Você tem o poder de escolha (de decisão). Minha terapeuta, Dilene Ebinger, tem uma frase que amo: "Decisão sem ação gera frustração." Decidir é se comprometer e, ao tomar decisões, nos colocamos em movimento para realizarmos nossos sonhos. "Mas, Namíbia, não é fácil!" E quem disse que seria? "Não tem que ser fácil, tem que ser transformador" (Dilene Ebinger).

Tudo nessa vida é difícil: emagrecer, engordar, ter um emprego, ficar desempregado, casar-se, divorciar-se. Escolha o seu difícil e vai vivê-lo. A vida é movimento, e o movimento cura. Então, mexa-se!!!

Namíbia Larchert

Desafio 2

Voltando ao livro do Paulo Vieira, que citei há pouco, aprendi uma sequência de perguntas que é uma autoanálise profunda:

1. Qual tem sido sua atitude diante da vida?
2. Como você tem se colocado diante da família, das pessoas, dos desafios do dia a dia, das oportunidades?
3. Como as pessoas que mais a conhecem definem sua atitude diante da vida?
4. Você aceita os desafios ou se esconde deles?
5. Sinceramente, de 0 a 10, quanto você se sente no comando da sua vida?

Pronto. Respondeu?

Não? Dedique tempo para cuidar da pessoa mais importante da sua vida: você.

Sim? Parabéns!!!

Como você se sente depois de respondê-las e autoavaliar-se? Quais "fichas caem"? Você está dando o seu melhor? Você está usando seu tempo para construir uma vida extraordinária? Lembre-se: você nasceu para ser feliz, não aceite nada menos que isso.

Os resultados que você tem colhido na sua vida estão de acordo com o que você gostaria de ver para si mesmo? E quantos desses resultados se devem à sua falta de atitude e autonomia?

De acordo com Paulo Vieira, existe um lugar na nossa vida que é a zona de conforto: é o lugar onde encontramos desculpas para não fazer o que sabemos que devemos fazer.

Em quais áreas da sua vida se percebe na zona de conforto? Como será a sua vida se continuar, por ação ou por omissão, na zona de conforto?

Qualquer ação direcionada sutilmente para seus objetivos já inicia o processo de mudança e libertação da zona de conforto. Saia desse lugar e renasça para uma vida extraordinária. Você merece! Apaixone-se pelo processo de se tornar sua melhor versão.

A seguir, o último item para colocar na bagagem, na verdade é um kit (meu método infalível para a construção da autoestima).

Os 5 As da autoestima (título do nosso capítulo)

Aqui está a cereja do bolo!

É com esses 5 As que sua bagagem estará completa e com os itens essenciais para que faça a melhor das viagens de maneira incrível e extraordinária.

São eles:

1º   A: Autoconhecimento.
2º   A: Autoamor.
3º   A: Autocuidado.
4º   A: Autoconfiança.
5º   A: Autorresponsabilidade.

Esse método não é uma fórmula mágica, é um processo. Autoestima é construção diária. Advém das experiências pessoais, das emoções, das crenças, dos comportamentos, da autoimagem e da imagem que os outros têm sobre nós. Autoestima é o quanto você se dá valor, se respeita, se cuida, se ama; é a imagem e a opinião (positiva ou negativa) que cada um tem e faz de si mesmo.

A verdadeira autoestima está ligada ao autoconhecimento e à autoaceitação. Mais do que olhar no espelho e gostar do que se vê, a autoestima nos faz acolher quem somos. Quem você escolhe ser? Qual é a decisão que você toma agora? Torço para que decida cuidar de si! UAUtoestime-se, é libertador!

1º A: Autoconhecimento

Aprendi que autoconhecimento é poder. Quanto mais você se empoderar de quem é, mais recursos terá para atingir seu próximo nível na vida. Esse 1ºA é a base de uma autoestima saudável. O quanto você se conhece? Quais são seus sonhos, anseios, planos, valores e princípios? O que sente ou não sente, e por quê? O que quer e não quer para sua vida? O que está por detrás das suas atitudes? Por que faz o que faz? O que te move? Já respondeu à pergunta do início deste capítulo? Se não, te convido a parar a leitura por um momento, pegue um papel e caneta, e deixe fluir a resposta, porque ela virá, tão somente permita que venha.

2º A: Autoamor

A Bíblia tem um verso muito lindo que diz: "Ama ao teu próximo como a ti mesmo" (MARCOS, 12:31). Quanta sabedoria! Como amar aos outros se não sei me amar, se não me respeito nem me valorizo? Consegue conceber essa ideia? Sem lógica! Ame-se! Olhe para si com respeito e admiração. Honre sua história, porque é seu maior legado.

Saiba se perdoar, se acolher, respeite seus limites, suas dores. Aceite suas limitações e suas imperfeições. Pratique a auto-observação, autoanálise e autoavaliação. Valorize essa mulher extraordinária que você é.

A saída para todas as nossas dores, nossos medos e nossas preocupações é o autoconhecimento. Quando somos capazes de reconhecer todo o bem e todo o mal que nos compõem, ganhamos condições para desenvolver as habilidades que nos faltam para triunfar, seja na vida pessoal ou profissional.

Enquanto não olhar para si mesma, continuará refém de crenças que não são suas, continuará acreditando ser menos capaz do que é verdade. E por isso continuará criando barreiras para si mesma. Chega de viver comprometida com crenças ultrapassadas, inconscientes e negativas.

Vamos ao 3º A?

3º A: Autocuidado

"Quem ama cuida"! Já ouviu esta frase? Ela pode se referir ao amor e ao cuidado ao outro, bem como ao autoamor e autocuidado. Autocuidado é vida! E não se limita só ao *"skincare"* (cuidado com a pele); autocuidado é saber equilibrar os pilares da vida:

1. Saúde mental (e emocional).
2. Saúde física.
3. Espiritualidade e fé.
4. Relacionamentos.
5. Carreira profissional (realização pessoal).

Cuide da pessoa mais importante da sua vida: você!

Desafio 3

Faça uma lista das atividades que você gosta de fazer, que te dão prazer; separe um tempo no seu dia ao longo da semana para realizar essas atividades. Não tem tempo? Priorize-se! Você merece!

4º A: Autorresponsabilidade

Pare de culpar (ou responsabilizar) terceiros pelas coisas que são de sua responsabilidade. Assuma o protagonismo da sua vida. Saia da vitimização.

Brené Brown (2016), no seu livro *A coragem de ser imperfeito*, afirma que: "se você assumir a sua história, conseguirá escrever o final dela. Quando enterramos a história, nos tornamos para sempre uma vítima dela. Se a assumirmos, conseguiremos narrar o seu final". Uau! Que pensamento! Fez sentido? Você pode escrever (ou reescrever) a sua história.

5º A: Autoconfiança

É a capacidade que o indivíduo tem de acreditar em si, no quanto é capaz de realizar. Podemos afirmar com toda a segurança que a autoconfiança é a base do sucesso na vida.

A autoconfiança é capaz de melhorar nossa autoestima; sem a autoconfiança, estaremos sempre com receio de tomar decisões; a dependência emocional pode aparecer e a inteligência emocional fica abalada.

A autoconfiança não pode ser desenvolvida da noite para o dia, você precisa de aplicação contínua e persistente. Para garantir que sua autoconfiança seja realista, autêntica e socialmente apropriada, você pode começar com algumas atitudes diárias:

1. Pare de se comparar com os outros.
2. Tenha cuidado com seu corpo.
3. Pratique a autocompaixão.
4. Elimine pensamentos negativos e preocupantes.
5. Aproveite o momento que você está vivendo.

A vida acontece no hoje, no agora. Cuide-se. Faça o seu melhor. Dessa forma, aproveitará cada ocasião ao máximo e se sentirá muito melhor em relação a si mesma e ao ambiente em que está. Lembre-se: a vida é muito curta e você pode nunca ter uma segunda chance.

Aja com autoconfiança e acredite que pode ter sucesso, mesmo quando parece uma possibilidade distante. Acredite nos seus sonhos, escute seu coração, você é o que sente (e age). Faça as coisas que gosta de fazer, desde que elas não interfiram na capacidade de qualquer outra pessoa de fazer o mesmo.

Se está tendo problemas em desenvolver autoconfiança, busque ajuda profissional. Às vezes, a baixa autoconfiança decorre de um problema maior, como um evento traumático do passado. Em outros momentos, pode ser um sintoma de um problema de saúde mental. Você nasceu para ser feliz, não aceite nada menos que isso.

Nosso último desafio

Declare em voz alta (quantas vezes quiser):

"Eu acredito em mim, eu sou capaz! Eu me amo, me cuido, me respeito! Eu sou uma mulher extraordinária, eu mereço ser feliz!"

Pronto! Você está preparada para embarcar na melhor das viagens! E estou muito feliz e grata por fazer parte desse seu processo de cura e transformação. Desejo uma incrível jornada para você.

Até a próxima viagem!

Referências

BÍBLIA SAGRADA. Traduzida em Português por João Ferreira de Almeida. Revista e atualizada no Brasil. 2. ed. Barueri: Sociedade Bíblica do Brasil, 1999.

BROWN, B. *A coragem de ser imperfeito.* Rio de Janeiro: Sextante, 2016.

EKER, T. H. *Os segredos da mente.* Rio de Janeiro: Sextante, 2006.

SHINYASHIKI, R. *Desistir? Nem pensar*! São Paulo: Gente, 2021.

VIEIRA, P. *O poder da ação.* São Paulo: Gente, 2015.

34

DE MENINA SONHADORA DO SUBÚRBIO CARIOCA A PALESTRANTE INTERNACIONAL

Descubra como transformei uma história de altos e baixos em inspiração para centenas de pessoas pelo mundo. Conheça as 10 regras de sucesso que me ajudaram a superar os desafios, exceder as expectativas e recomeçar minha vida após os 40 em busca da felicidade. Com o *case* de sucesso da venda da minha *startup*, criei um método de empreendedorismo e transformo pessoas com atitude empreendedora.

PATRÍCIA RANGEL

Patrícia Rangel

Contatos
www.drapatriciarangel.com.br
pat@drapatriciarangel.com.br
Instagram: @drapatriciarangel
LinkedIn: linkedin.com/in/drapatriciarangel/

Patrícia Rangel é educadora corporativa, palestrante internacional e mentora de empreendedores. Engenheira de produção e mestre em educação, especializou-se em Educação Corporativa, Neurociências, Segurança do Trabalho, Psicologia Positiva e *Coaching*, além de ter feito vários cursos de extensão nacionais e internacionais sobre empreendedorismo, inovação, gestão, liderança, *Mindset* Disney, negociação, argumentação e qualidade no atendimento. Com mais de 20 anos de experiência em educação corporativa, é a criadora do Método Magia.com^2 de empreendedorismo, fundamentado em seu *case* de sucesso de transformação da sua *startup* em objeto de desejo de grandes clientes e investidores. Após transformar mais de 200 mil alunos e 500 mil eleitores em suas soluções, vendeu sua empresa em uma negociação avaliada em mais de R$ 5 milhões.

Ser protagonista da nossa história não é uma tarefa simples. Deixamo-nos levar pelas situações da vida e nos limitamos a acreditar nas verdades que nos impuseram desde a infância. Somos direcionados a um mundo "seguro" e dentro do raio "conhecido" por nossos familiares e amigos.

Você começa a ser protagonista da sua história quando questiona a sua realidade, deseja algo diferente e começa a sonhar. Pare e reflita: quando criança, o que você queria ser quando crescesse? O que você faz hoje tem alguma relação com seu desejo de criança? Você afogou os pensamentos e sonhos da sua criança ou deu asas à sua imaginação e foi além?

Eu queria ser médica e o remédio que eu sempre receitava era maquiagem e penteado no cabelo. O brinquedo que eu mais amava era uma Barbie cabelo e maquiagem. Eu começava a consulta com o kit médico, de estetoscópio e otoscópio. E partia para o tratamento, fazendo maquiagens e penteados. Reexaminava a paciente e ela sempre estava curada após a transformação.

Estava decidida a ser médica, até que tive o primeiro contato com sangue e mudei totalmente de ideia. Passei ao segundo sonho: ser professora, porque agora sim eu poderia mudar vidas pela educação. Professora de inglês ou matemática?

Eu morava em Ricardo de Albuquerque, subúrbio do Rio de Janeiro, mas tinha uma boa condição financeira proporcionada pelos meus pais. Não éramos ricos, mas também não vivíamos contando dinheiro. E a regra da casa era: se você estudar, não precisa nem ajudar com a louça. Imagine o que mais passei a fazer? Exatamente, estudar! Então, para que você seja protagonista da sua vida, a **regra número 1 é: estude e adquira conhecimento e habilidade no seu tema**.

Você já viveu em um lugar com poucas escolas? Assim era o meu bairro. Dava para contar nos dedos as escolas particulares. Me vi obrigada a estudar em outros bairros. Com isso, passei a me relacionar com outras crianças, com culturas e realidades diferentes da minha. Comecei a me direcionar para novos sonhos.

É claro que, quando eu chegava compartilhando minhas novas conquistas e descobertas, sempre tinha alguém querendo cortar minhas asinhas e jogar um balde de água fria nos meus sonhos. Vizinhos, primos e até mesmo tios. Exceto os meus pais, que sempre me incentivaram a voar.

Você já viveu um momento de grande empolgação com uma nova descoberta e queria almejar aquilo para sua vida e alguém te disse que você não seria capaz? É muito decepcionante.

Me lembro como se fosse hoje quando eu comecei o curso de inglês, bem novinha, porque eu queria voar de avião e falar inglês nos Estados Unidos. Meu tio trabalhava na Varig e trazia lanchinhos e kits da classe executiva para mim. Eu amava aqueles kits e me imaginava no avião escolhendo entre "*chicken or beef?*". Mas é claro que ouvi de diversas pessoas que era perda de tempo eu estudar tanto, pois uma criança de Ricardo de Albuquerque não poderia ir tão longe.

Sabe o que é ser protagonista da sua vida? É não aceitar que estabeleçam limites ao seu crescimento. Aquelas frases me incentivaram ainda mais; e sabe o que aconteceu? Eu virei professora de inglês e tive a oportunidade de estudar nos Estados Unidos mais de uma vez. E agora já dei até uma palestra na Terra do Tio Sam. **A regra número 2 é: não permita que limitem seus sonhos.**

Passar para uma universidade pública foi outro sonho em que tive de fechar os ouvidos para os pessimistas e focar com toda a minha dedicação. Estudei muito. Minha escola era uma rede e fornecia aulas extras aos finais de semana, cada dia em uma unidade diferente. Eu e meu pai desbravamos o Rio de Janeiro atrás dessas aulas. De Caxias a Copacabana, lá íamos nós. Meu pai me levava e buscava. Um grande apoiador e patrocinador do meu sonho.

Quando fui aprovada, aos 16 anos, para estudar na UFRJ (Universidade Federal do Rio de Janeiro) um novo mundo se abriu. Ali tinha aluno de todos os lugares possíveis, inclusive de outros países. Não tinha como eu querer viver em um mundo limitado, concorda?

Ficou claro para você que, indiferentemente de suas origens, existe um infinito de oportunidades te esperando? **A regra número 3 é: explore novos lugares e permita-se conhecer novas pessoas.**

Logo veio minha vida profissional, como estagiária em uma multinacional. Vocês já podem imaginar o quanto isso ampliou ainda mais as possibilidades, certo? Viajei pela primeira vez de avião, aos 19 anos de idade, a trabalho. Meus pais me levaram ao aeroporto para viver esse momento importante comigo. Eu não sentia vergonha e sim muito orgulho, apesar de me lembrar com clareza das pessoas da empresa me olhando. Era tão normal para eles viajar a trabalho que não fazia sentido os pais da estagiária terem ido até o aeroporto para dar tchau! Mas para mim era um dia incrível, eu estava indo aos lugares que havia sonhado e ampliando ainda mais meu horizonte. E, é claro, que meus pais estariam lá para me ver brilhar. **A regra número 4 é: valorize e agradeça quem te apoia em todos os momentos, na alegria e na tristeza.**

Dali em diante, essa passou a ser uma rotina na minha vida. Fui contratada como responsável por treinamentos Brasil afora. Em menos de dois anos, conhecia praticamente todos os estados do Brasil e confesso que passou a ser até um pouco cansativa essa rotina pesada de viagens.

E você deve estar se perguntando: não passou por nada difícil ao longo da sua jornada? Nunca quebrou a cara? É óbvio que passei. Foi uma vida de altos e baixos. Na UFRJ, por exemplo, reprovei em diversas matérias e aquela aluna superdedicada de repente passou por uma fase de questionamentos, pois se achava incompetente. Na vida amorosa, o "dedo podre" prevalecia e eu tinha um padrão estranho. Corria atrás loucamente e, quando enfim o rapaz gostava de mim, eu desistia. **A regra número 5 é: não se cobre tanto. Permita-se errar e aprender constantemente.**

Minha vida profissional foi bem interessante. Cresci rapidamente, indo à gestora logo no meu segundo emprego. Tive que interromper as aulas como professora de inglês, pois a rotina de viagens não me permitia seguir com turmas regulares. Trabalhei em multinacional, empresa familiar e até montei minha empresa, mas uma coisa era certa: meu modelo mental de atitude empreendedora me diferenciava por onde eu passava.

Aprendi a escutar e valorizar as histórias das pessoas e me tornei uma líder referência e reconhecida pelas equipes por onde passei. Mas também tive muitas crises existenciais, que me fizeram questionar minhas passagens por cada empresa. Cada uma por um motivo diferente.

A regra número 6 é: permita-se questionar os valores e as crenças das empresas e das equipes em que atuar.

A história da minha empresa é um marco na minha vida. Foi a partir de uma ideia inovadora para solucionar um problema técnico que eu enfrentava enquanto engenheira que nasceu uma *startup*, que passou a ser desejada por grandes empresas. A solução que desenvolvi virou referência de mercado e fui parar na capa de uma das revistas mais conhecidas da área. A cada reunião com novos clientes, eles ficavam admirados com o sistema e eu, inflada de orgulho. E eles nem imaginavam que estavam elogiando a criadora. Afinal, sempre me posicionei como funcionária de grande empresa e não como empreendedora, fundadora e vendedora. Será que você já viu alguém que faz quase tudo em uma empresa ou só aconteceu comigo?

A regra número 7 é: seja qual for sua estratégia, foque no seu posicionamento e seja grande!

Nesse meio-tempo, eu tive o casamento dos meus sonhos, com direito a limosine e chuva de pétalas. Tive duas gestações complicadas, com repousos e muita oração. Nasceram dois meninos lindos e saudáveis, que tiveram as festas de aniversário mais incríveis que uma criança pode desejar.

Realizei as viagens dos meus sonhos. Comprei apartamento e carro do jeito que sempre sonhei e, por conta desse posicionamento e *mindset* empreendedor, minha *startup* passou a ser desejada não apenas por grandes clientes, mas também por investidores e aceleradores de crescimento.

Lembra que lá no início me diziam que uma pessoa do subúrbio não poderia ir tão longe? Quebrei as estatísticas por conta da minha atitude, concorda?

Após longo período de reflexão, decidi ter um grupo investidor fazendo parte da sociedade e da gestão da empresa. Foi um período interessante de aprendizado e crescimento profissional.

Graças a essa negociação, avaliada em mais de R$ 5 milhões, alcancei uma sede maior, mais funcionários e investimento forte em marketing e eventos. Foi um período inesquecível da minha vida.

No entanto, ainda havia um vazio em mim. E com o relacionamento constante com novas pessoas – sócios, funcionários e clientes – surgiu um questionamento interno valores e sonhos. Percebi que eu estava cercada por pessoas fúteis, que falavam da vida alheia com inveja e outras coisas que não me agregavam em nada, nenhuma evolução.

Eu sempre preferi estar perto de pessoas que falassem sobre metas, sonhos, futuro e que me inspirassem a ser melhor. E isso tinha se perdido. Decidi que eu precisava recomeçar.

A regra número 8 é: não tenha medo de recomeçar e traçar novos caminhos para sua felicidade!

Passei pela fase mais difícil da minha vida: um longo e difícil processo de divórcio litigioso, com briga judicial por guarda de filhos, dívidas milionárias e tudo o que você julgar de difícil e complicado. De repente, você vê tudo o que construiu desmoronando à sua frente. Dúvidas, incertezas, medo, raiva, mas nunca arrependimento. Eu sabia que seria forte para encarar essa etapa. Só não imaginava que seria tão longa.

Entrei em depressão e cheguei a perder a fé em Deus, pois não era possível que eu estivesse passando por algo tão difícil como perder a guarda dos meus filhos. Aquilo definitivamente não era justo, para uma mãe tão dedicada e que sempre fez o melhor por seus filhos. Fui acusada de aventureira, egoísta e louca, por bolar planos inconsequentes e mudar de residência para arriscar novas oportunidades profissionais.

Você já se viu lendo coisas a seu respeito que não têm o menor sentido? Esta foi a minha sensação ao me deparar com tais acusações. Mas me lembrei de algo que meu pai sempre dizia: só seria afetado pelas críticas quem vivesse em busca de aplausos.

A regra número 9 é: seja humilde e não busque aplausos. Eles serão consequências dos seus atos. Mas ainda assim esteja pronto para as críticas.

Busquei forças no que sempre me preencheu: os estudos. Resgatei um sonho adormecido, de realizar um mestrado em educação. Busquei mentores e referências para este processo de reconstrução. Estudei sobre propósito, crenças limitantes, neurociências, inteligência emocional, psicologia positiva, bastidores Disney, gestão e liderança humanizadas e uma série de outros temas.

Tudo isso ocupava meu tempo e não me permitia ficar triste. Voltei a ter fé em Deus quando aceitei seu chamado e virei catequista. A melhor terapia da minha vida. Cada encontro com aquelas crianças era transformador e de uma pureza imensurável.

Descobri também que, além de educadora corporativa, eu poderia ser uma palestrante memorável e me dediquei a aprender e tornar isso real. Sabe o que aconteceu? Eu fui premiada e aplaudida de pé por mais de 800 pessoas. Fui convidada para escrever capítulos de diversos livros e me tornei uma palestrante internacional, palestrando na Flórida, Estados Unidos.

Criei um método de atitude empreendedora, que traz conceitos de gestão, liderança e atitude da Disney para o modelo empresarial de pequenas empresas e *startups*. O MÉTODO MAGIA.COM[2] de EMPREENDEDORISMO está transformando vidas por onde passo.

Me tornei mentora de empreendedores e levei minha palestra sobre atitude empreendedora para dezenas de empresas, alcançando centenas de pessoas.

Quando descobri meu propósito, eu tive certeza de que nasci para brilhar! E mais do que brilhar, iluminar e inspirar a vida dos outros.

A regra número 10 é: reescreva seu propósito e siga sua felicidade! Quantas vezes desejar.

Aquela menina que queria ser médica e receitava maquiagem e penteado para suas bonecas segue fazendo transformações, porém agora transforma vidas e inspira pessoas.

Seja humilde e lembre-se de que somos resultado das nossas escolhas. Sempre fui atrás dos meus sonhos, escolhi boas pessoas, bons lugares e boas referências para me inspirar. E esse processo não para.

Desejo ter te inspirado e feito você refletir sobre sua vida. Se fez sentido para você, compartilhe comigo seus sentimentos. Se eu puder contribuir um pouco mais com sua história, envie-me uma mensagem contando o quanto este capítulo impactou sua reflexão. Ficarei feliz em receber uma mensagem com seus comentários, suas dúvidas e suas sugestões. Afinal, somos protagonistas das nossas histórias e temos de transcender juntos!

35

NUNCA DESISTI DE MIM

Apresento, neste capítulo, histórias reais de perdas e danos, inclusive a minha. Dependendo da valorização que cada um dá à vida pós-trauma, pode haver, durante o processo de adaptação, a aceitação de ser vulnerável, o resgate da autoestima ou não, bem como reparação, superação e libertação. Mesmo que o corpo esteja aprisionado ou limitado, a mente pode compensar. É por isso que nunca desisti de mim.

ROSANGELA BRITO

Rosangela Brito

Contatos
rose01brito@hotmail.com
11 95059 5964

Educadora. Cuidadora (transplantados, diabéticos, idosos, acompanhante domiciliar e cultural). Massoterapeuta (hidroterapia e argiloterapia). Formação em *Coach* Profissional com Inteligência Espiritual (2019), reconhecida pela WCC, Sociedade Portuguesa de Coaching Profissional e pela International School of Business and Coaching. Curso de Naturopatia em andamento.

Seu corpo carrega as marcas da sua história.
Tenha orgulho de quem você é.
SIMONE DE BEAUVOIR

Eu me lembrei de três filmes biográficos quando li o pensamento acima. O filme *O escafandro e a borboleta* foi baseado no livro autobiográfico do mesmo nome (2007) do jornalista francês e redator-chefe da revista de moda Elle, Jean-Dominique Bauby (Jean-Do). Aos 43 anos, Jean-Do sofreu um AVC que o deixou em coma. Após retornar do coma, estava com o corpo paralisado, respirando por aparelhos, sem poder falar, situação que é conhecida pela síndrome do encarceramento. Apenas conseguia piscar seu olho esquerdo.

A fonoaudióloga que o atendeu desenvolveu um método de leitura pelo alfabeto escrito num cartaz. Então, ele pôde se comunicar com o mundo, com as coisas e com as pessoas, piscando o olho de acordo com a letra apontada. Quando descobriu esta possibilidade, recusou-se a ter pena de si mesmo. E foi assim que pôde "escrever" sua experiência. Após ter lançado seu livro, faleceu de pneumonia, aos 45 anos.

Jean-Do trazia no corpo uma marca da sua curta história. Seu corpo estava encarcerado, como num escafandro, mas seu espírito podia voar como uma borboleta pela imaginação. Podia partir para a Terra do Fogo ou para a corte do rei Midas. Construir castelos de vento, descobrir a Atlântida, realizar os sonhos da infância e as fantasias da idade adulta.

O filme *Mar adentro* conta a luta de Ramón Sampedro, um marinheiro espanhol, pelo direito de decidir sobre a própria vida. Após um mergulho não intencional, ficou tetraplégico aos 25 anos (1968). Humilhado e envergonhado com sua situação, dizia que não tinha privacidade e viver dessa maneira não era ter uma vida digna. Ele decidiu então lutar na justiça pelo direito à eutanásia – proibida na Espanha –, o que gerou polêmicas com a sociedade, com a igreja e com os familiares.

Rosangela Brito

Ramón dizia que as marcas no seu corpo o deixavam em um estado tão miserável de impotência que era impossível viver sem liberdade de movimentos. Para ele, o sentido da vida é a liberdade de ser livre para viver, amar, morrer, mas livre, livre, livre... Recusou-se a se locomover numa cadeira de rodas, porque dizia que não queria viver das migalhas da vida que já tinha tido. Após muitas petições aos órgãos públicos sem sucesso, decidiu terminar sua biografia se envenenando com cianureto de potássio (1998). Por fim, libertou-se da dor e encontrou sua cura sozinho.

O terceiro filme autobiográfico, *Uma janela para o céu* (I e II), conta a história de Jill Kinmont, esquiadora alpina, campeã nacional no *slalom* e considerada uma aposta certa para representar os Estados Unidos nos Jogos Olímpicos de Inverno, de 1956, em Cortina d'Ampezzo, na Itália. Porém, um ano antes sofreu um acidente nas montanhas que a deixou tetraplégica, aos 18 anos. Com muita determinação, participou de todos os tratamentos, teve uma rede de apoio familiar fantástica, tornou-se professora de indígenas nativos, casou-se e foi pintora notável.

Essas histórias me impactaram muito e me fizeram lembrar da minha, quando passei por um momento crítico após sofrer uma lesão contundente ativa, tornando-me incapacitante para as ocupações habituais, com deformidade permanente – termos usados no laudo médico da época (1994).

De alguma maneira, me identifiquei com as vivências das três histórias. E a Rosangela, que eu conhecia até os 26 anos, tentou sobreviver, nos primeiros anos pós-acidente, com cirurgias, tratamentos, limitações, discriminações e violência psicológica. Até chegar ao diagnóstico definitivo, tive que lidar com as dúvidas e incertezas de como seria todo o processo de reaver minha integridade física.

Após o diagnóstico, houve outro processo longo de resgate da minha autoestima e de adaptação à "nova vida". O que não foi (nem é) fácil, uma vez que todos os sonhos e projetos de vida tiveram que ser revistos e reformulados para que eu voltasse a me sentir incluída em uma sociedade que, na época, não havia instituído ações públicas que promovessem condições de igualdade e o exercício dos direitos da pessoa com deficiência. Hoje há leis e projetos que asseguram e promovem ações de inclusão da pessoa com deficiência (PCD). Bem, sou uma PCD, e esta terminologia faz parte da minha condição hoje.

Vamos à minha história. Somos sete irmãos de uma família funcional. Eu sou a caçula de cinco irmãs. Aos 17 anos, fui aceita como auxiliar de classe numa escola particular, pois era meu sonho ser professora. Quando terminei o Magistério (1989), assumi uma classe e atuei nessa área por cinco anos.

Aos 22 anos, me casei (1990) e fomos morar perto da escola onde lecionava. Após lecionar por três anos, comecei a sentir fortes dores no braço direito. Depois de várias consultas e exames, veio o diagnóstico: fragilidade óssea, o que resultou dispensar o trabalho de professora e fazer os tratamentos fisioterápicos por dois anos. Enquanto isso, me tornei representante de vendas de produtos de beleza e estética, e massoterapeuta.

Em dezembro de 1993, após o tratamento fisioterápico, comecei a organizar os documentos para voltar a lecionar. Fiz 26 anos em 31 de janeiro de 1994 e, no dia seguinte, aconteceu o inesperado, aquilo que me tirou o sossego e o sono por muitos meses, resultando em cinco cirurgias iniciais: um acidente no qual fui prensada na parede por um carro Opala, resultando numa grave fratura da perna direita.

Fui notificada de que parte do fêmur se tornou pó. Por isso, instalaram um fixador externo tipo Ilizarov, o que permite o remodelamento e o alongamento ósseo, possibilitando a correção de fraturas e deformidades ósseas. Após a consolidação da fratura, retirou-se o fixador e foi indicado o uso da perneira de material sintético e das muletas. Dada a minha fragilidade óssea, num movimento de marcha, refraturei o fêmur, pois não estava totalmente consolidado, o que provocou uma nova cirurgia com transplante de medula óssea e uma implantação de haste de titânio do quadril ao joelho, dentro do fêmur. Sou grata à equipe de ortopedia que na época atendia no Hospital Iguatemi, em São Paulo. O Dr. Nei Botter Montenegro e o Dr. Luís Antônio André Bolini cuidaram de mim durante as cinco cirurgias iniciais.

Minha perna foi encurtada em 4,5 cm, tornando minha marcha claudicante. Meus calçados são especiais: uso palmilha ortopédica compensatória em 1 cm e compensação no salto e na sola em 1,5 cm do pé direito. Hoje me apoio numa muleta, que eu chamo de "Josefina", para dar sustentação à perna direita.

Conforme o tempo foi passando, fiz mais algumas cirurgias em decorrência das sequelas do acidente. Um dos perigos desta minha condição é a instabilidade ligamentar do joelho. Isso provoca falha na sustentação do meu corpo, culminando em quedas. Certa vez minha perna direita dobrou e derramei uma frigideira de óleo quente sobre meu braço esquerdo, causando uma queimadura de 3º grau.

Após esse episódio, tive uma otomastoidite crônica à direita acompanhada de desequilíbrio e tonturas incapacitantes. Informaram-me que, devido ao uso de muitos antibióticos durante e após as cirurgias, isso pode ter provocado essa patologia. Passei por uma cirurgia que não foi bem-sucedida, sendo indicada uma nova para corrigir a primeira. Resultado: fiquei com mastoidite crônica (CID H70.1). Hoje uso aparelho no ouvido direito e passo por avaliações a cada seis meses com otorrinolaringologista e fonoaudióloga.

Como consequência desse desequilíbrio, sofri uma queda da própria altura e, quando acordei cinco dias depois, me vi numa UTI do hospital, com o diagnóstico de traumatismo craniano. Apesar da hemorragia interna, meu organismo reagiu bem e, graças a Deus, não precisei passar pela décima cirurgia. Devo fazer sempre exercícios de fisioterapia, ter consultas periódicas com o ortopedista, vascular, nutricionista e neurologista. Faço tratamento psicológico e psiquiátrico porque preciso trabalhar minha autoestima, preservar minha vida e a sanidade mental.

Nesse redemoinho de acontecimentos, meu casamento expirou. Passei por um divórcio litigioso que durou sete anos. Isso esgotou minhas forças e minha paciência, porque vivenciei situações de violência psicológica e de risco, como ligações ameaçadoras e intermináveis durante a madrugada, tiro de uma arma com bala de 9 mm na minha janela e alguém forçando a porta de entrada do apartamento onde moro. Fiz boletim de ocorrência e me ausentei do meu apartamento por 30 dias. Por fim, optei por morar em outro estado. Depois de cinco anos, voltei ao meu lar.

Na época, entrei com um processo contra a pessoa que me atropelou, mas ela justificou que não me viu. Quando saiu a sentença de indenização, a pessoa "desapareceu". Até hoje não recebi indenização. E assim prossegui enfrentando muitas perdas e danos, incompreensões de pessoas próximas, ouvindo frases negativas diante do meu sofrimento e da minha vulnerabilidade.

As emoções que tomaram conta de mim após o acidente foram tristeza, medo e vergonha. Além disso, vivenciei algumas fases do luto, como raiva, depressão e, por fim, aceitação. Luto porque, mesmo não tendo perdido minha perna, perdi minha total integridade física, minha liberdade para fazer algumas atividades, como correr, praticar esportes. Luto por ter morrido aquela Rosangela que eu conhecia, cheia de sonhos e íntegra fisicamente. Luto por ter perdido minha audição integral. Enfim, o prejuízo foi grande.

Mesmo com todos os ganhos trazidos pelo empoderamento feminino, tive que lidar com constrangimentos e palavras de desencorajamento. Contudo, o que foi que aprendi e fiz nesses 28 anos como pessoa, mulher, profissional e na condição de PCD? Aprendi que as emoções são o que motiva nossas vidas. Organizamos nossa jornada para maximizar a experiência das emoções positivas e minimizar a das negativas. Aprendi que devo acolher todas as dores e o sofrimento pelo qual passei, pois são pérolas preciosas que possibilitam mudanças internas e externas.

Aprendi a nunca desistir de mim nem deixar que qualquer pessoa menospreze meu potencial. Aprendi que pessoas ou situações não devem me dominar, porque Deus me criou para ser livre (borboleta). Aprendi que temos um poder pessoal incrível: o de conseguirmos planejar nossa rota ao mesmo tempo que rejeitamos obstáculos, situações ou pessoas que impeçam nossas realizações.

Aprendi que não devemos anestesiar nossos sentimentos e entorpecermos nossa vulnerabilidade. Se assim acontecer

> essa atitude é particularmente debilitante porque não apenas amortece a dor de nossas dificuldades, mas também embota nossas experiências de amor, alegria, aceitação, criatividade e empatia. Entorpeça a escuridão e você terá entorpecido a luz (BROWN, 2013).

Com todo esse aprendizado, me identifiquei com as histórias de superação de Jean-Do e de Jill, que decidiram viver e aproveitar a vida mesmo com limitações e sentimento de impotência. Fiz um balanço desses últimos 28 anos: trabalhei como PCD numa concessão metroviária, fiz cursos livres na área da saúde, participei de capacitações, fui acompanhante domiciliar. Como cuidadora, presto serviço para pacientes transplantados que estão com a saúde tão vulnerável quanto estive um dia. Logo mais serei naturoterapeuta (curso em andamento).

Ramón teve o mesmo tempo para lutar pelo seu lugar de pertencimento, apesar de ter uma rede de apoio que lhe acolhia. Porém, sua luta foi no sentido de decidir sobre o fim da sua biografia, pois considerava que um tetraplégico é um morto crônico que tem sua residência no inferno. A morte seria a alternativa desejada para uma vida não realizada. Sua condição de PCD, sua luta, seus poemas e cartas foram publicados em livros, sendo um deles *Cartas do Inferno* (2005). Não me demorei em alimentar emoções negativas. Quis viver e lutei pela minha saúde e sobrevivência. Assim que pude me locomover, fui à luta.

Agradeço o apoio que tive em todo o tempo dos profissionais da saúde, vizinhos e familiares. Conquistei uma rede de amigos que me ajudam, pois estes são como presentes de Deus. Pertenço a uma comunidade religiosa na qual participo de encontros, de estudos e voluntariados. Sou grata a Deus porque me sustenta a todo instante e me dá sabedoria para administrar minha vida e meus negócios. "Não temas, não te assombres, porque sou teu Deus, te sustento com a minha destra fiel" (Isaías 41:10).

Meu maior desafio é me aceitar vulnerável. É procurar um lugar realmente de pertencimento onde possa apresentar meu eu autêntico e imperfeito. Isso está sendo difícil, porque muitas vezes eu tenho que juntar coragem e lutar inteiramente sozinha, não em conjunto. Porém, descobri que este lugar de pertencimento é algo que devo carregar dentro do peito. Quando pertenço a mim mesma e acredito em mim, o verdadeiro pertencimento já é meu.

Você precisa saber o que você é e dizer o que você é. Só existe uma coisa que "mata" o PCD (seja da alma, seja do físico): não valorizar a si mesmo. Quando o corpo é aprisionado (escafandro) e/ou tem limitações, a mente pode compensar: ser borboleta. É por isso que não desisti de mim!

Se murcharem suas pétalas e cortarem suas flores, lembre-se que você tem raízes. Brote de novo!

Referências

AMENÁDAR, A. *Mar adentro*. Drama biográfico, França/Itália/Espanha, 2004, 2h05.

BÍBLIA SAGRADA. Trad. em Português por João Ferreira Almeida. Revista e atualizada no Brasil. 2 ed. Barueri, SP, 2011.

BROWN, B. *A coragem de ser imperfeito: como aceitar a própria vulnerabilidade, vencer a vergonha e ousar ser quem você é.* Rio de Janeiro: Sextante, 2013.

BROWN, B. *A coragem de ser você mesmo: como conquistar o verdadeiro pertencimento sem abrir mão do que você acredita.* 3. ed. Rio de Janeiro: Bestseller, 2021.

DEREVETSKI, A. P. *40 dias para mudar sua história: terapias intensivas que transformarão sua vida.* Belo Horizonte: Promove Artes Gráficas e Editora, 2022.

EKMAN, P. *A linguagem das emoções: revolucione sua comunicação e seus relacionamentos reconhecendo todas as expressões das pessoas ao redor.* São Paulo: Lua de Papel, 2011.

PEERCE, L. *Uma janela para o céu I.* Drama biográfico, EUA, 1975, 103min.

PEERCE, L. *Uma janela para o céu II.* Drama biográfico, EUA, 1978, 100min.

SCHNABEL, J. *O escafandro e a borboleta.* Drama biográfico, França/EUA, 2007, 112min.

STABILITO, M. *Comunicação assertiva: o que você precisa saber para melhorar suas relações pessoais e profissionais.* São Paulo: Literare Books International, 2021.

36

AUTOLIDERANÇA

Aprenda a arte de liderar a si mesmo e protagonize você também um novo e belo capítulo da sua história de vida. Não é sobre perfeição. É sobre movimento, acerto e erro, aprendizado, progresso, evolução. Organizando dentro para realizar fora, relacionando-se melhor com os desafios, para seguir na direção dos seus objetivos, sendo você mesmo, inteiro, para ser feliz.

SABRINA SCHORR

Sabrina Schorr

Contatos
www.heartness.com.br
relacionamento@heartness.com.br
Instagram: @sabrina.autolideranca
LinkedIn: /sabrina-schorr

Secretária executiva bilíngue graduada pela Universidade Anhembi Morumbi (2001), com MBA em Gestão de Negócios e Tecnologia pelo Instituto de Pesquisas Tecnológicas – IPT (2005). Intercâmbio para estudo de inglês nos Estados Unidos na Montana State University (2012). *Coach* integrativa pela Academia de Competências Integrativas (ACI), certificada pela Associação Luso-Brasileira de Transpessoal – Alubrat (2020). A paixão pelo fortalecimento e desenvolvimento humano nasceu de uma superação pessoal em 2019, ao buscar ser uma líder melhor sem conhecer e respeitar seus limites. Hoje, à frente da Heartness Desenvolvimento Humano, atua no desenvolvimento da autoliderança para que profissionais e novos líderes evoluam na vida, carreira e liderança, com plenitude e qualidade de vida.

Você tem vivido o belo da vida pelo belo de si mesmo?

Neste capítulo, compartilho, de forma breve, minha jornada de superação, autodescoberta e desenvolvimento, com o objetivo de honrar a minha trajetória evolutiva que me trouxe até aqui e, claro, para que você conheça – e possa se beneficiar – da arte de liderar a si mesmo.

Qual tem sido o seu chamado para a mudança?

Meu chamado para a mudança aconteceu em minha primeira experiência de liderança e foi pelo caminho da dor. Ao longo de oito anos (de 2012 a 2020), vivi momentos de altos e baixos em busca de ser uma líder melhor. Buscar verdadeiramente fazer a diferença, porém, "na raça e com o coração", no estilo "super-heroína amiga", sem conhecer e respeitar meus limites e sem desenvolver uma visão e postura estratégica, foi uma experiência gradualmente nociva a mim, aos liderados e, consequentemente, à organização.

Prenúncio do colapso

Em uma sexta-feira, em um fim de tarde, em 2019, a equipe pediu uma reunião comigo. Disseram: "Você é uma pessoa maravilhosa, mas, como gestora, precisa mudar". Nunca me esquecerei daquele momento, porque eu não percebia o que estava fazendo de "errado". Aproveito, aqui, para agradecer ao time que demonstrou uma intenção genuína de que caminhássemos para uma direção melhor. Essa reunião representou isso.

Eu me inscrevi em um curso de oratória no dia seguinte, por acreditar que o problema era minha comunicação. Foi uma imersão que durou um fim de semana inteiro. Na segunda-feira, reuni-me com a equipe, fidelizando meu empenho em ser uma líder melhor e a convidando a participar do projeto de desenvolvimento de equipe, no qual eu estava trabalhando há seis meses, para nos unir, desenvolver e crescer enquanto coletivo. Sobre esse projeto, era o prenúncio da metodologia do *coaching* integrativo, com o qual eu trabalho hoje, porém não conhecia na época.

Sabrina Schorr

Sobre a antifragilidade levada ao extremo, era o prenúncio do colapso. Aos 39 anos, chegava, enfim, a hora de aprender a respeitar meus limites.

O ponto cego do líder

Todo profissional que assume uma posição de liderança viverá uma transição de postura do operacional para o estratégico, que precisa ser acolhida e trabalhada com consciência, visão e constante aprendizado. Eu acreditava ser uma líder que desenvolvia o outro, e meu desenvolver se traduziu em ensinar, orientar e estar disponível para ajudar, porém, hoje, vejo que essa postura de "professora" não possibilitou espaço para a contribuição do outro. Eu pedia para fazer as coisas do meu jeito. Eu vivi uma cegueira sobre o reflexo das minhas atitudes.

Quando você não busca extrair o melhor do outro, acaba agradando os acomodados e desagradando os arrojados.

Reflexão: se você está dando seu melhor e sente o time se afastando de você em vez de engajar, cuidado! Você pode estar vivendo uma "cegueira" sobre seu modo de agir.

2019 – Limpeza para um mundo novo: esvaziar quem eu era para me tornar quem sou

O modo piloto automático em que vivia me manteve cega e ocupada demais para me perceber e me ouvir. Ansiedade, pensamento acelerado e iminente senso de urgência eram ingredientes presentes e nocivos no meu jeito de ser. Era como se tudo isso fosse normal. Eu havia me tornado uma pessoa extremamente tolerante ao estresse e não me passava pela cabeça procurar um terapeuta ou psicólogo. Esse universo não fazia parte do meu mundo. O esgotamento emocional foi inevitável. Foi preciso desligar a chave geral.

Psicologia transpessoal: da dor à transformação

Três dias na UTI e um ano de tratamento psiquiátrico e psicológico depois, eu me perguntei: como isso aconteceu comigo? O que eu fiz de errado? Eu queria respostas, afinal, eu me considerava uma pessoa "saudável" ao cuidar da minha saúde, pedalando e me alimentando bem. Pois é: hoje eu sei que saúde não envolve só o físico. Também há os aspectos mental, emocional e espiritual.

Uma importante reflexão para você: observe o modo como você vem fazendo as coisas. Se está difícil lidar com algum desafio, busque a ajuda de um psicólogo ou terapeuta. Hoje sei que o normal é ser saudável.

Uma passagem bonita do meu processo de cura foi quando, ao não me reconhecer, eu compreendi que a medicina estava fazendo a parte dela e eu precisava fazer a minha parte. Um filme passou pela minha cabeça: eu era feliz, havia realizado tantos sonhos... aquilo era uma fase e havia algo a aprender com ela. Ali começou meu ponto de virada! No dia seguinte, falei com o psiquiatra e começamos a reduzir os remédios, progressivamente. Bingo! Que alegria!

A segunda fase do tratamento foi com a abordagem contemporânea e integral da psicologia transpessoal, que me ajudou a compreender e integrar o que me aconteceu como um movimento de transformação. Recomendo que você conheça essa abordagem!

Reflexão: você é muito maior do que aquilo que te aconteceu!

2020 – Preparação para viver uma nova e legítima fase de vida

Após a superação, retomei o assunto carreira. Havia completado 20 anos como secretária executiva e, embora fosse muito feliz, nasceu em mim o desejo de um novo futuro profissional, desenvolvendo pessoas. Quando eu me perguntei o que mais havia me feito feliz, descobri que foi quando colaborei para o desenvolvimento do outro. Foi um momento "eureka" para mim, mas eu ainda não sabia qual nova carreira seguir – se seria trabalhando na área de RH, por exemplo. Comentei com minha querida psicóloga transpessoal, a doutora Maria Cristina de Barros, e ela disse que havia uma formação como *coach*, com base na mesma psicologia transpessoal do meu tratamento, porém voltada para o desenvolvimento humano. É isso! Foi amor à primeira ouvida.

Meu novo futuro profissional naturalmente se desenhou

Realizei a exclusiva formação como *coach* integrativa pela querida Academia de Competências Integrativas (ACI), da Rebeca Toyama, que desenvolve o ser humano sob um olhar integral. Eu já realizei a jornada duas vezes e tem sido um divisor de águas em minha vida. Aprender sobre mim elevou meu nível de autoconsciência, autorresponsabilidade e autoconfiança, para encontrar novas formas de me relacionar e agir na direção dos meus objetivos, respeitando quem sou. Organizamos dentro para realizar fora. Conheça, a seguir, a evolução que a jornada da autoliderança promoveu (e vem promovendo) em minha vida. Os aprendizados não são aplicados somente no hoje: você leva para a vida!

Sabrina Schorr

A riqueza da nossa história e aprendizados de vida

Quando eu observei a minha trajetória, aprendi o quanto o mundo externo me influenciava. Isso explica a insegurança e dificuldade que tive para tomar decisões. A opinião do outro importava muito para mim. Nesse primeiro encontro, abri-me para o novo em busca de encontrar meu eixo e ser uma *coach* de excelência para auxiliar outros profissionais. Escrever minha mini-biografia foi um rico processo, que me ajudou a compreender que tudo o que vivemos vêm para somar e nos fazer crescer. Vira bagagem e sabedoria para lidar com os desafios do momento presente.

Reflexão: existe algum ciclo se renovando em sua vida?

Alinhando ego e essência: o tesouro escondido

Meu "jeitão natural" sempre foi gostar de ajudar. É a minha essência. Não é à toa que fui tão feliz como secretária ao longo de 22 anos, quando o meu servir se fez tão presente. Porém, aprendi que eu não podia esquecer de mim. Era preciso manter o equilíbrio entre cuidar do outro e cuidar de mim mesma. Esquecer de mim foi um ponto nocivo na minha busca em ser uma líder melhor. Hoje, entendo também o quanto meu ego tentou "dar conta de tudo", mantendo uma imagem de que estava tudo bem, enquanto eu me anulava e morria por dentro aos poucos. Uma contribuição valiosa aqui: ser vulnerável, dizer que não sabe, que não está dando conta, dizer que precisa de ajuda, seja ela qual for, não é sinal de fraqueza. É fortaleza. Resgatar minha essência e individualidade foi importante para desconstruir minha postura de super-heroína.

Reflexão: eu estou servindo ou querendo ser visto(a)?

Valores: temperinhos da vida

Meus cinco principais valores são o amor, a alegria, a simpatia, a integridade e o respeito. Hoje, eu sei que vivencio estresse quando estou distante e desconectada do que valorizo e é importante para mim. Foi o que aconteceu lá atrás. Valores são nossa zona saudável e por isso é importante ter clareza para integrá-los no nosso dia a dia. Cada um valoriza coisas diferentes e essa leitura também nos ajuda a compreender o outro, harmonizando a relação em nossos desafiadores contextos pessoais e profissionais.

Reflexão: o que você valoriza e é importante para você?

Pontos de atenção e melhoria

Acolher meu lado "feio", aceitar que tenho defeitos e que eu erro foi um amadurecimento importante e necessário. Aprendi a conhecer e respeitar meus limites, bem como o valor da autorresponsabilidade!

Um exemplo: coitado do meu mau humor! Ele estava cansado de ser simpático (risos). Aqui comecei a acolher minhas sombras e me permitir não ser perfeita. O reflexo foi aprender a falar "não", delegar e não fugir de conversas importantes e difíceis. Antes eu relevava para evitar conflitos e todo esse conjunto contribuiu para a exaustão emocional que vivi. Hoje eu sei que vivencio estresse quando algo em mim está em desequilíbrio. Não é o mundo lá fora. Sou eu mesma. Adultecer não é fácil, mas é maravilhoso, porque você descobre que é possível mudar o cenário.

Reflexão: você se sente parte da solução ou do problema?

Vida integral: sua carreira não é a sua vida

Fiquei feliz ao observar que eu estava expandindo áreas da minha vida. Antes era mais trabalho e família. Hoje nutro amizades em diferentes núcleos, bem-estar, aprendizados e diversão. Aprendi a relaxar, rir de mim mesma, ser mais leve.

Foi valioso observar que eu trouxe o comunicar como um talento, porque tive dificuldades em me comunicar como líder. Hoje eu promovo *workshops*, palestras e aulas, comecei a gravar vídeos e quero estudar canto.

Propósito: o mundo precisa do que você veio para ser

Compreender meu papel no mundo me fez ampliar o olhar, promovendo, hoje, um forte senso de pertencimento e valor. Estou construindo meu legado para um mundo melhor, vivendo um *lifestyle* de qualidade, resolvendo conflitos sob a ótica do amor, disseminando o cuidado com a saúde integral e desenvolvendo seres (mais) humanos.

Reflexão: você consegue perceber que a forma como você vê o mundo interfere em sua relação com ele?

A arte de liderar a si mesmo: quatro inteligências

Compreender minha dinâmica interna me ajudou a prestar mais atenção em mim, a falar menos e ouvir mais, a confiar no tempo das coisas e estar mais atenta aos sinais do corpo. Hoje eu sei o poder de articular nossas inteligências para ser assertiva.

Reflexão: quando você não direciona, você é direcionado.

Projeto de vida e carreira: cada fase demandará uma nova versão

Olhar o futuro me trouxe um despertar qualitativo para o hoje e o amanhã. Observar a idade das pessoas que eu amo na linha do tempo me fez acelerar o sonho de morar no interior, em busca de mais qualidade de vida.

Em 2021, mudamo-nos para o interior de São Paulo. Nossos pais também. Hoje, nosso filho Chico curte o bolinho de chuva da vovó Lélia, a torrada com feijão da vovó Pili e as brincadeiras do vovô Zito. Nascia, também, um novo ciclo profissional, com a abertura da Heartness Desenvolvimento Humano. Novo ciclo! Viva!

Realizando objetivos: é preciso saber viver

Sonhar é bom, mas melhor ainda é tirar os planos da cabeça para o papel, e, do papel, agir para realizar. Tracei metas e ações para iniciar o meu novo ciclo profissional. Primeiros clientes! Outro viva!

Minha gratidão!

Hoje eu sou grata a TODOS que fizeram parte da minha jornada. Ela me ensinou a importância de me amar e ser uma eterna aprendiz, para ser protagonista da minha história. Lá no fundo, eu sinto que vim a essa existência para aprender essa importante lição, e hoje vivo uma nova fase – e ótica – sobre mim mesma, as relações e a vida.

Agradeço, em especial, a Deus, à minha família e ao meu amado marido, que esteve ao meu lado em todos os momentos!

Este livro em coautoria representa minha primeira experiência literária e faz parte da construção do meu legado em promover a importância do autoconhecimento e o desenvolvimento integral em nossas vidas.

Para ser, viver e construir um mundo melhor, comece transformando seu próprio mundo. Vamos, juntos, viver o belo da vida pelo belo de nós?

Referências

SALDANHA, V. *Psicologia transpessoal. Abordagem integrativa. Um conhecimento emergente em psicologia da consciência.* Ijuí: Unijuí, 2008.

WOLK, L. *Coaching: a arte de soprar brasas em ação.* Rio de Janeiro: Qualitymark, 2016.

37

POSICIONAMENTO
VOCÊ É FIGURANTE OU PROTAGONISTA?

Todos nós conhecemos profissionais brilhantes, com uma carreira extraordinária, para os quais tudo parece dar certo. Pessoas com posicionamento e objetivos claros, que influenciam as pessoas e vivem em plena expansão em todas as áreas de suas vidas. A pergunta é: como ter esse posicionamento? Como saímos do papel de figurante para protagonistas de nossa história nos âmbitos pessoal e profissional?

SUELEN MOTA TAVARES DE BONA

Suelen Mota Tavares de Bona

Contatos
www.thecapitalb2b.com.br
www.institutolaerteswille.com.br
Instagram: @suelenmota.mentoria
suelenmotavares@gmail.com
41 99940 2243

Formada em Administração de Empresas pela Faculdade da Indústria de São José dos Pinhais. Especialista em Planejamento Estratégico, Gestão de Negócios e Expansão de Mercado pela Universidade Federal do PR. Especialista em *Branding* e Neuromarketing pela HSM University. Estratégias Digitais pela Get Digital, em Portugal. *Master practitioner* em Pnl; *coach* executivo e de liderança; graduada em *assessment* Empresarial pelo Instituto Laertes Wille Curitiba. Consultora da Metodologia Empreender – CACB/ SEBRAE. Empreendedorismo Feminino – CACILESTE Mulher e FACIAP Mulher (Coordenadoria e Federação das Associações Comerciais, Empresariais do Paraná). Colunista do jornal Folha da Mulher, com temas relacionados ao empreendedorismo feminino.

Você é figurante ou protagonista de sua marca pessoal e empresa?

Figurante: eu tomei uma decisão errada, a vida é injusta comigo, isso só acontece comigo, nunca sou reconhecida, não tenho "sorte", nada dá certo para mim! Tudo é culpa do governo, ah, se não fosse a crise econômica e política em que vivemos!

Protagonista: existe algo que eu preciso e vou aprender com essa situação, não existem momentos ruins; existem momentos desafiadores que passamos para crescer e evoluir, meu propósito é construir uma jornada única e sólida, o reconhecimento deve vir de dentro, vou construir minha "sorte" e estarei preparada para quando as oportunidades aparecerem, foco e força.

Figurantes ou protagonistas, lembrem-se: se você não der ao mercado sua história, eles vão definir a história da sua marca, da sua vida, de quem você é, por você.

Todos nós conhecemos **profissionais brilhantes**, com uma carreira fantástica, para os quais tudo parece dar certo. **Pessoas com posicionamento** claro, que influenciam as pessoas e vivem em plena expansão em todas as áreas de suas vidas. Esses profissionais, sempre com um sorriso no rosto, falam orgulhosos de um novo desafio, da motivação com a empresa, com a carreira, com a vida, com as chances que estão surgindo, comentam como se sentem otimistas com os projetos para o próximo ano e, depois de algum tempo, eles estão ainda melhores; parece que nada dá errado para eles.

Por outro lado, também conhecemos outro tipo de profissional (infelizmente, a maioria), que parece ter parado na vida. Para ele, as coisas nunca dão certo. Quando você pergunta como é que ele vai, as respostas são sempre as mesmas: "Estou na batalha!", "Empurrando com a barriga, na luta!", "Estou ralando, não está nada fácil, não tenho tempo para nada, estão tentando puxar meu tapete, dou o sangue para empresa e nada!".

Aí nos perguntamos: qual é o problema? **Será que é a sorte que diferencia essas pessoas?** Ou será que podemos assumir o controle de nossas vidas? Parar de reclamar, pular do banco de carona para a direção rumo a uma nova jornada, sem desculpas e com posicionamento?

Um dos grandes segredos de pessoas bem-sucedidas foi, inicialmente, uma mudança de postura. A palavra da vez é POSICIONAMENTO, podendo ser dividido em:

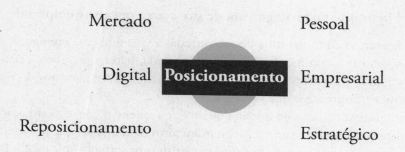

Posicionamento pessoal (seu *branding*): seu nome nunca foi tão importante como nessa "era das redes sociais". Sua história nunca teve tanto impacto na vida da sua empresa como neste momento de "humanização".

Posicionamento pode ser definido como um conjunto de comportamentos, valores, cultura, crenças, entre outros, que, somados, constroem uma imagem coerente com os objetivos profissionais que se deseja alcançar. É ação de se posicionar em relação a algo.

Despertar o interesse da empresa por meio de uma boa campanha de marketing parece normal, agora quando se fala de "autopromover-se" como empresária/empreendedora, de fato se posicionar sem medo, ainda existem inúmeros tabus a serem quebrados e ressignificados.

Um plano de posicionamento pessoal é composto por no mínimo três passos básico. O primeiro é a busca contínua por autoconhecimento: identificar seus valores pessoais, seus propósitos de vida e de carreira. Isso tem que estar muito claro para você.

O segundo consiste em estabelecer e, entender o caminho, definir os objetivos, identificar para onde seu posicionando a levará e quais serão os canais (mídias, redes sociais, reuniões etc.) e ferramentas que precisará conhecer.

O terceiro é lembrar que tudo isso só vai ocorrer se você colocar em prática com consistência e persistência. Os resultados não são imediatos, mas só colhe bons frutos quem os planta. Posicionamento pessoal é, hoje, uma estratégia imprescindível para atingir seus sonhos e objetivos. Líderes com marca pessoal forte aumentam a percepção de valor da empresa.

A dica extra é: respeite o modelo de mundo das pessoas, afinal, ninguém é igual. Cada pessoa tem sua individualidade, suas experiências, crenças e valores, e é justamente isso que nos torna únicos neste mundo.

Posicionamento empresarial: seu posicionamento de mercado é coerente com seu negócio? Em outras palavras, os consumidores enxergam sua marca como você gostaria? Você sabia que, ao se posicionar de forma estratégica, pode conquistar um espaço de destaque e se tornar líder de seu segmento?

Lembre-se: a estratégia ideal depende da proposta de valor da empresa e seu mercado-alvo, *stakeholders* e do perfil dos consumidores alvos. O mais importante é ter a certeza de que o posicionamento reflete o propósito e a cultura da empresa.

Posicionamento de mercado é um conceito de marketing que se refere à posição que uma marca ocupa na mente do consumidor. Envolve se posicionar em um nicho, em uma região, encontrar seu público-alvo e até o lugar dos produtos nos pontos de venda (*merchandising*). E vamos além disso: um bom posicionamento garante mais fidelização dos clientes, controle da sua imagem, aumenta sua competitividade e se conecta ao público de forma única.

- Busque saber quem de fato é seu público de forma detalhada, seus comportamentos, hábitos de consumo: estude sobre *buyer persona*.
- Quais desejos e necessidades seu produto/serviço resolve?
- Qual sua proposta de valor?
- Quais seus diferenciais comparados com os de seus concorrentes?
- Como você é reconhecido dentro da expectativa de seus clientes?

Posicionamento estratégico: são ações estratégicas que se baseiam em análises do ambiente interno e externo da empresa, para entender quais os esforços administrativos deverá adotar a fim de se posicionar no mercado. Por exemplo: uma empresa com posicionamento para ser inovadora deverá fazer um planejamento a fim de comprar equipamento e investir em recursos intelectuais para atingir tal posicionamento. Está mais relacionado à organização do que propriamente à marca, na forma como se mobilizam os recursos. Enquanto os posicionamentos de marca e de mercado estão relacionados com processos de comunicação e vendas, o estratégico afeta produção e gestão do negócio como um todo.

Posicionamento digital: não adianta a empresa ter um posicionamento no mundo real e o digital ser completamente diferente. É fundamental que os dois posicionamentos andem lado a lado. A estratégia aqui é atender as necessidades de um novo cliente que utiliza internet, redes sociais, ferramentas de pesquisas, entre outros canais, para se comunicar, se entreter, se informar e comprar. Manter um relacionamento com o público com o intuito de engajá-lo. Isso é crucial para a consolidação da imagem da sua marca, pois diz respeito a como seus clientes enxergam sua organização.

Reposicionamento: é necessário ter em mente que, com o passar do tempo, novas gerações vão se formando e, assim, as pessoas mudam suas necessidades e seus hábitos, gerando tendências de consumo que vão se moldando às necessidades e demandas do mercado. Desse modo, ao perceber que o seu empreendimento pode estar ficando para trás ou que os resultados não estão sendo tão satisfatórios, fazer o reposicionamento de marca pode ser uma excelente tática!

Enfim, somos capazes de produzir resultados extraordinários quando assumimos o papel de protagonistas de nossas histórias de forma coerente com quem somos essencialmente e, quando conseguimos trazer essa forma de pensar para nossas empresas, a visão fica mais clara, o objetivo mais concreto e os sonhos começam a se tornar reais. **Posicione-se!**

38

CRENÇAS POSITIVAS E FORTALECEDORAS

Que história nos contaram na infância que nos fez ser quem somos hoje? O que foi dito que marcou nossa vida para sempre? Quais crenças carregamos para fazermos escolhas assertivas e alcançar nossos objetivos? Este capítulo trata deste tema: crenças positivas e fortalecedoras. Você já parou para pensar que tudo o que seus pais, avós e professores lhe contaram foi essencial para você se tornar a pessoa que é hoje?

TANIA SANCHES

Tania Sanches

Contatos
www.taniasanches.com.br
contato@taniasanches.com.br
Instagram: @taniamcsanches
LinkedIn: @taniasanches
11 99870 5436

Advogada, graduada pela Universidade São Judas Tadeu (2004), pós-graduada em Direito Empresarial no Mercado de Capitais, Falência e Consumidor pela Escola Superior de Advocacia – ESA Nacional (2008), pós-graduada em Psicologia Positiva pelo Instituto Superior de Ciências Sociais e Política da Universidade de Lisboa – ISCSP-ULisboa (2020), *master coach* de carreira certificada pela Sociedade Latino-Americana de Coaching – SLAC (2015), *practitioner* em programação neurolinguística – Elsever Institute (2018), certificada em inteligência emocional – Instituto Conectomus (2021), facilitadora em *mindfulness* e comunicação não violenta (2018), idealizadora do projeto Seguir em Frente (2018), para crianças vítimas de maus-tratos, idealizadora do curso *Positive Vibes* 3.0 (2017), criadora do *podcast* Chá Positivo (2019), certificada em Direitos Humanos na Diversidade pela Universidade de São Paulo – USP (2022). Faz parte da Comissão de Diversidade e Inclusão da Ordem dos Advogados do Brasil (OAB)– São Paulo. Atualmente é *head trainer* em Psicologia Positiva e mentora de executivos(as) e jovens talentos negros na Generation Brasil.

Era um sexta-feira e caía uma pesada chuva em São Paulo, ruas alagadas, semáforos fora de funcionamento e alguém insistia em bater palmas no portão de casa. Nessa época, morávamos numa rua onde existiam vielas que se interligavam a uma enorme favela. Lá foi minha mãe atender ao portão embaixo do guarda-chuva. Eram mamães pedindo socorro com seus bebês no colo, molhadas: a enchente entrou por suas casas e salvaram apenas os filhos; perderam tudo. Minha mãe, mais do que depressa, nos chamou para ajudar: colocamos jornais no chão para aquecer as crianças, pegamos nossas roupas, lençóis e os agasalhamos como podíamos. Nessa época, morávamos num quarto e cozinha com chão de cimento vermelho e goteiras no telhado. Mamãe arrumou um cantinho onde não pingava e acolheu todas as crianças; eram mais de dez. Ela ainda fez uma sopa quente com o que restara na geladeira e esquentou o leite que tomaríamos no dia seguinte pela manhã e deu aos bebês.

Desse dia em diante, tive meu primeiro contato com a generosidade. Doou quase tudo o que tínhamos para as famílias e seus filhos e nós não tínhamos quase nada. Éramos uma família extremamente pobre, vivíamos com o salário de papai, motorista de ônibus, isso quando ele trazia dinheiro para casa e não parava no bar para beber.

Ter contato direto com a generosidade de mamãe moldou bastante meu caráter e a pessoa que me tornei. Lembro de vários momentos em que ela nos pedia para dividir o que estávamos comendo e para perdoar nossos amiguinhos que nos batiam quando saíamos para brincar com eles.

Atualmente, tenho total noção do quanto foi importante ser educada com palavras de amor, gentileza, esperança, generosidade e gratidão. Essa passagem da enchente na favela me fez ver as pessoas com outro olhar e, sempre que conto essa história, meus olhos se enchem de lágrimas.

Mas, para falarmos de generosidade, em primeiro lugar precisamos lembrar que ela é prima direta da gentileza e, quando falamos de gentileza,

Tania Sanches

provavelmente você se lembrará da frase "gentileza gera gentileza", do poeta Profeta Gentileza.

Essa palavra nos remete ao conceito de sermos gentis com os outros e tratarmos bem a todos. Toda gentileza é muito bem-vinda, em qualquer situação, porém a generosidade nos convida a ir mais adiante na gentileza.

Generosidade possui sua origem no latim *gen* ou *gnê*, que significa engendrar, fazer nascer ou, ainda, gerar algo para alguém.

O dicionário diz que é uma das virtudes de quem gosta de compartilhar bondade. Há, ainda, os que dizem que onde tem generosidade não existe escassez e, sim, abundância.

Se a generosidade trabalha com a bondade e a gentileza, precisamos salientar que é preciso bastante modelagem dessas virtudes numa criança que veio de uma escassez autêntica.

Há quem diga que nossas crenças de infância geram uma grandiosa responsabilidade sobre quem seremos no futuro, que rumo escolheremos seguir, o que estudaremos e como compartilharemos nossas dores ou alegrias. Nosso sistema de crença se torna a grande moldura se quisermos mudar qualquer coisa em nossa vida. Generosidade e crenças estão muito interligadas, visto que, se você acredita que não consegue alcançar determinado resultado, realmente você não irá conseguir. Lembro bastante das frases fortalecedoras que ouvia quando era criança: "Sua letra é muito bonita, você lê em voz alta muito bem, você é curiosa e estudiosa, está de parabéns". Essas frases ficaram dentro de mim e até hoje as procuro quando estou trabalhando em algum novo projeto.

Na Bíblia, a palavra generosidade aparece três vezes e a palavra generoso aparece cinco vezes. E o que isso pode nos ensinar?

Se generosidade tem ligação com a bondade e a gentileza, e ainda com gerar algo de bom para alguém, pessoas generosas têm um caminho edificante por essa vida. Desde minha infância, aprendi sobre generosidade com mamãe. Ela foi generosa comigo, fazendo-me acreditar que a leitura me faria evoluir no conhecimento e alcançar uma vida melhor.

Aquela crença de infância de que eu lia bem em voz alta me tornou protagonista da minha história, e eu agradeço.

Utilizei a fisiologia, estratégia e congruência para refazer meu estado de crença e colocar meus recursos e energia num objetivo que eu acreditava que conseguiria.

Nessa trajetória, utilizei, por inúmeras vezes, a generosidade sem intencionalidade, que me levou a lugares incríveis na vida, e sempre lembrei das frases marcantes de mamãe: "Siga em frente, estude, que você pode alcançar o que você quiser".

Sem nem ao menos terminar o ensino médio, consegui entrar num grande banco como assistente administrativa de uma carteira de acionistas.

Foi um grande passo; recordo-me da redação que me fez passar em uma das provas, da voz da minha mãe me dizendo que minha letra era linda e que eu era competente.

Essa crença fortalecedora e positiva inserida em mim desde criança me fez acreditar que eu poderia alcançar o que quisesse.

Se tivermos clareza no que queremos alcançar e formos congruentes, será mais tranquilo e fácil aprender as estratégias certas para atingir nosso objetivo.

Estudei a área de ações do banco, comprei um livro imenso que nunca vou esquecer (Mercado Financeiro) e me dediquei bastante.

Sabia que não teria outra oportunidade, visto que não tinha ensino médio nem superior. Vim de uma família sem histórico de trabalho em grandes empresas, uma filha para criar e uma vida para dar certo.

Trabalhei alguns bons anos no banco e fui promovida várias vezes até chegar ao cargo de assessora plena de divisão na área de ações. Foi incrível essa passagem da minha vida no banco e, antes de fechar esse ciclo, tive minha segunda filha.

Nesse momento, já tinha muito conhecimento e percebi que estava estagnada no banco e meu salário jamais me daria oportunidade de construir a casa da minha mãe, muito menos colocar minhas filhas num ótimo colégio.

Precisei rever meu estado de crenças e refazer a trajetória da minha carreira.

Foi quando conheci meu marido no ponto de ônibus a caminho do banco. Foi amor à primeira vista. Fizemos amizade e descobri que erámos vizinhos de trabalho no centro da cidade. Sendo assim, os almoços se tornaram frequentes, a amizade se transformou em namoro e, em seguida, casamento.

Nesse ínterim, ele trabalhava no mercado financeiro e eu sempre lhe dizia que é muito melhor fazermos nosso próprio dinheiro por nossa capacidade do que aceitar o salário fixo que escolhem para nós.

Então, resolvi fazer uma transição de carreira e ir para uma corretora ganhando apenas um salário-mínimo, em contrapartida do conhecimento que iria adquirir. Arrisquei. Foi nesse momento que minha vida mudou. Aprendi tudo sobre a área, comecei a operar no mercado financeiro com grandes *players*

Tania Sanches

e o financeiro foi abundante. Meu primeiro grande salário foi para ajudar mamãe a aumentar a casa dela, iniciada por minha irmã.

Quando lembro desse momento, o que vem à mente é que as minhas crenças com relação a minha capacidade estavam certas. Mesmo em alguns momentos em que o "crítico interno" tentou me sabotar, consegui me superar e evoluir um pouco mais.

É sabido que as crenças que a gente carrega representam as estruturas mais importantes do nosso comportamento. Quando acreditamos que conseguiremos algo, mudamos a fisiologia do corpo, começamos a nos comportar de maneira congruente com essa crença e, possivelmente, alcançaremos o objetivo. Esse tipo de crença eu nominei como "expectativa do objetivo desejado", ou seja, acreditamos que nosso objetivo é alcançável.

Anos depois, fui aprender sobre as metas temporais, específicas, desafiadoras e ecologicamente positivas.

Desde então, trabalho exatamente como planejo; se quero alcançar algo, escrevo, analiso as possibilidades e qual a melhor forma para alcançar.

Foi no mercado financeiro que consegui alcançar realmente tudo o que queria, além, é claro, de terminar a casa de mamãe, meu maior objetivo naquela época.

Mudei-me para um bairro mais central e transferi meus filhos para um colégio particular.

Nessa época, carregava culpa por trabalhar em excesso e ter pouco tempo com as crianças.

Passados alguns anos, minha área começou a dar indícios de declínio e, com uma visão sistêmica, resolvi voltar a estudar. Terminei o ensino médio e fiz vestibular para Direito, após cinco anos, sem carregar nenhuma dependência, e, aos 44 anos, me formei. Meus diretores apostavam constantemente que eu não conseguiria terminar os estudos, pois, na época, tinha três filhos e uma mãe com a doença de Parkinson.

Meu diretor, sempre me vendo estudar, perguntou:

— Você pretende prestar o exame da Ordem?

Respondi categoricamente:

— Sim, claro, não faz sentido estudar anos e não tirar a carteira da Ordem dos Advogados.

— Acho muito difícil você passar, já que não tem muito tempo para estudar. Além disso, está com sua mãe doente e seu sogro no hospital. Você vai precisar se dedicar a eles.

Lembra-se daquele "crítico interno" que citei anteriormente? Ele retornou, e eu pensei: "Como poderia passar no exame e ultrapassar esse limite de conhecimento? Seria possível eu conseguir?" Com certeza não. O crítico interno estava em ação para me tirar do jogo.

Ainda naquele dia, recebi uma proposta desafiadora. Se passasse no exame, receberia algumas "joias" da corretora. Mais do que depressa, aceitei o desafio e com certeza aquilo me daria ânimo para alcançar meu objetivo.

Estudava de madrugada, aos fins de semana e comecei a recusar convites para festas.

Chegou o dia fatídico da prova. Sentia-me preparada, porém insegura, e isso não era bom. De qualquer forma, fiz a prova da primeira fase e passei. Fui para a segunda fase e reprovei. Senti-me extremamente triste, e o "crítico interno" chegou para me dizer que eu não tinha competência para passar no exame. Isso me consumiu por três dias.

No quarto dia, levantei-me e mudei a estratégia de estudo. Entrei num cursinho à noite, solicitei 15 dias de férias e, nesses dias, todas as manhãs, acordava, tomava banho, arrumava-me e sentava-me para estudar e refazer as provas anteriores. Foram os melhores 15 dias da minha vida, pois meu filho caçula voltava do colégio e almoçava comigo. Todos os dias, após o almoço, fazíamos uma hora de desafio de pingue-pongue na garagem de casa. Cada vez que eu perdia uma rodada, ele pedia para eu relembrar os cartazes que havia escrito e colado nas paredes de casa sobre Direito Constitucional e outras matérias. Ele me ajudou a estudar brincando.

O Exame da Ordem estava chegando novamente. Seria no domingo, mas no sábado anterior fui à aula para um dia inteiro de conhecimento, chamado "dia D" no cursinho. Uma revisão de todas as matérias, um apanhado geral.

Sempre que lembro disso recordo-me que, em todos os momentos da minha vida, eu praticava bastante a gratidão por ter a oportunidade de estudar e trabalhar no mercado financeiro e poder comprar os melhores livros para me ajudar nessa trajetória. Sou extremamente grata; só de falar, eu me emociono, pois foi um dos ensinamentos que mamãe me deu aos nove anos. Ela falava: "Filha, agradeça a todas as pessoas que passam pelo seu caminho, todas as dores e dissabores que sentir. Quanto mais emoção positiva você inserir quando agradece, mais forte é sua gratidão e isso reverbera em sua vida de abundância em todos os sentidos". Era isso que eu fazia. Essa crença da gratidão me fez crescer, acreditar na bondade alheia, na generosidade das pessoas e no compromisso de ajudar o outro.

Tania Sanches

Chegou o domingo da prova e resolvi presentear minha amiga, que me daria carona para o local da prova, com um livro que havia comprado sobre crimes tributários.

E foi assim que, juntas, passamos no exame 126 da Ordem dos Advogados, um dos exames com recorde de reprovação. A peça processual que nos fez passar foi um crime tributário e a resposta estava no primeiro capítulo do livro que dei a ela, minutos antes da prova. As crenças positivas e fortalecedoras me ajudaram.

Vocês lembram do meu diretor falando que eu não conseguiria passar no Exame da Ordem? Lembram que minha crença ficou abalada e meu "crítico interno" quase me derrubou? Essa é a famosa crença sobre a identidade. Um dia ela chega para todos nós, inclui uma causa, um significado e um limite.

Como não tinha nenhum advogado na família, não me achava competente para passar no Exame da Ordem. Meu comportamento era o de uma operadora do mercado financeiro e não o de uma advogada, e me senti momentaneamente abalada.

Mas quais são os limites pessoais? Ao modificar minhas crenças sobre identidade, de alguma forma eu mudei. Parei de pensar que não conseguiria passar no exame e ressignifiquei essa crença limitadora com conhecimento e a estratégia certa.

É assim que reorganizamos as rotas de crenças e identidade e alcançamos qualquer coisa. E você? Qual seu maior obstáculo na vida e como o ultrapassou? Deixe-me saber. No início do texto tem o meu e-mail; você pode me contar sua história? Ficaria muito feliz em saber que temos algo em comum e, assim, ultrapassar nossa crença de identidade.

Aguardo!

Referências

BUCKINGHAM, M.; CLIFTON, D. O. *Descubra seus pontos fortes*. Rio de Janeiro: Sextante, 2008.

DILTS, R. B.; SMITH, S.; HALLBOM, T. *Crenças, caminhos para a saúde e bem-estar*. São Paulo: Summus, 1993.

GOLEMAN, D. *O cérebro e a inteligência emocional*. Rio de Janeiro: Objetiva, 2011.

39

O PODER DE SER VOCÊ MESMA

A vida não é fácil, principalmente para as mulheres. A estrutura social, o patriarcado, nos calam. Muitas seguem sem voz por medo. Medo de não se encaixarem, de críticas, por insegurança e falta de confiança em si mesmas. Entre altos e baixos, precisei reencontrar a mim mesma no caminho e entender que a autoestima é a base fundamental para uma vida feliz. Agora, luto para dar voz a todas as mulheres. Sei que terei muito trabalho pela frente, mas não desistirei daquelas que precisam da minha ajuda.

TATIANA MARTINS

Tatiana Martins

Contatos
www.tatiana-martins.com
contato@tatiana-martins.com
Instagram: @tatimartins.oficial

Formada em Turismo, exercendo a profissão desde os anos 2000, Tatiana percebeu que precisava de mais. Investiu em uma segunda graduação, dessa vez em Gestão de Pessoas, mas não parou por aí. Pós-graduada em Gestão Empresarial pela UniCarioca e certificada em *Coaching* pela Sociedade Brasileira de Coaching, recebeu, também, o certificado como *Coach* Escolha Sua Vida (CESV) pela Paula Abreu, autoridade na área. Segue para concluir o curso de Psicanálise Clínica pela IEB Psicanálise. Idealizadora dos programas Jornada da Autoestima e Mentoria da Protagonista. Especialista em autoestima, Tatiana devolve a voz a inúmeras mulheres e as ajuda a encontrar a autoestima para retomar o controle de suas vidas, encorajando todas as que precisam e que pensam que o fim do túnel chegou com tantos problemas na vida. Acredite: você pode ir além. Não se deixe levar pelos problemas, pois a solução vai aparecer; apenas não desista!

Algumas pessoas afirmam que quem sempre vê o lado bom das coisas nunca passou por grandes problemas na vida. Já outras acreditam que somente quem teve muitos tropeços pelo caminho pode realmente ver o lado positivo de tudo.

Em que eu acredito?

Posso dizer, com a mais absoluta certeza, que existem os dois lados da moeda. Pode parecer ser algo aleatório, e de sorte, ter uma vida sem problemas, mas o destino não surge do nada; ele é construído com suas escolhas e essas decisões te colocam em caminhos que vão te fortalecer. Tudo depende de como você vê.

Vou contar um pouco da minha história, cheia de altos e baixos, e aí você dirá se é possível mudar sua vida como ela está hoje.

Desde cedo, aprendi que as pessoas nem sempre são boas com o que é diferente e eu era diferente. Uma criança não consegue diferenciar quando uma pessoa é má apenas por ser ou quando escolhe implicar com seu jeito, sua roupa ou, no meu caso, sua doença. Hoje, acredito que aquelas crianças apenas não sabiam lidar comigo e encontraram no *bullying* uma forma de expulsar seus monstros e preconceitos – de forma errada, claro.

Eu tenho uma doença chamada alopecia, que ganhou certa notoriedade desde o caso do ator Will Smith e sua esposa, Jada Pinkett Smith, no Oscar. Quando passo por algum desequilíbrio emocional ou quando meu corpo não está bem, meu cabelo cai, forma áreas chamadas "peladas", com cabelos ralos e falhas. Para uma mulher, você deve imaginar o quanto isso mexe com a autoestima e o medo do mundo; imagine, então, ser uma criança com alopecia. Fui uma criança extremamente tímida, envergonhada e com dificuldades de me relacionar, principalmente com os meninos.

Antes de tirar suas conclusões, saiba que eu tive muito apoio da minha família. Sempre foram maravilhosos e estiveram comigo para o que der e vier.

Tatiana Martins

Eu tinha tudo para ser uma criança mimada, mas acho que simplesmente não era para ser; meu caminho vinha sendo traçado e tomava um rumo que não cabia mimos.

À medida que cresci, percebi que, apesar de a minha família ser incrível, não se pode proteger uma criança de todo o mal que a rodeia. Eu ia para a escola e tinha muito medo das pessoas: medo de como reagiriam a mim, de falarem de mim pelas costas, mas sempre existem anjos na nossa vida em forma de amigos e as minhas amigas eram as melhores, sempre pensando no meu bem e me protegiam até demais. Eu era feliz com elas, mas seguia triste com todos os outros que não me entendiam e não conseguia ser totalmente livre do medo. Em uma fase, aos 12-13 anos, tive sarampo e minha imunidade baixou; consequentemente, pela primeira vez, perdi todo o cabelo e precisei usar peruca.

Minha mãe, meus avós e amigas me apoiavam. Fiz diversos tratamentos, injeções na cabeça e muito mais. Nessa fase de adolescência e com tudo o que estava acontecendo, minha autoestima praticamente não existia. Comecei a fazer terapia e, a partir daí, começou a minha jornada de autoconhecimento e desenvolvimento pessoal. Mas a vida não é tão fácil. Existiam momentos que eu sentia que podia respirar de verdade e logo aparecia algo que me puxava para baixo, como um trote que planejaram e quase me fizeram passar vergonha na frente de todos, expondo algo que era só meu.

> Nesse momento, tive um dos meus primeiros aprendizados: você tentará fazer coisas sozinho, mas nem tudo pode ser feito assim. Às vezes, é necessário confiar em quem quer o seu melhor e está contigo na luta.

Passei minha infância e adolescência, venci o tão temido ensino médio, mas ele não saiu de mim. O medo da rejeição e a autoestima baixa só pioraram quando me imaginei em relacionamentos; achei que nunca teria uma família, que ninguém gostaria de mim como era. Vivia com a cara nos livros, estudando e aprendendo tudo o que podia; eu aprendia muito rápido e usei isso a meu favor. Separei minha vida pessoal da profissional para não sofrer com o que passava e tentei, ao máximo, não deixar ninguém me abalar. Minha mãe sempre foi a minha base, minha força e minha parceira de luta; nunca imaginei minha vida sem ela. Sou humana; quem nunca pensou que a mãe deveria ser imortal, não é mesmo?

Eu dividia tudo com ela, todas as minhas vitórias e tropeços. Não chamo de fracassos, porque eu nunca deixei de tentar até conseguir. Chamo de tropeços, pois, quando se tropeça em um obstáculo, você respira fundo e segue em frente até conseguir, e assim eu fui. Não se engane: tudo isso não foi pura força bruta e determinação. Eu precisei de muita terapia, chorei muito, mas enxugava as lágrimas e voltava à luta.

> Dessa forma, tive minha segunda lição da vida: a primeira pessoa que pode te destruir e te jogar para cima é você mesma, e eu estava me destruindo ao sempre pensar que não conseguiria algo, que não era capaz e que ninguém gostaria de mim. Tenha amor-próprio.

O grande dia chegou, aquele que nunca sabemos até sentir. Eu me apaixonei algumas vezes. Dei o primeiro beijo, aproveitei as fases boas da doença e, com ajuda da terapia, comecei a me soltar mais.

Sempre priorizei meu lado profissional e nunca duvidei da minha capacidade. Morei fora, subi degraus importantes, mas, quando se tratava do lado pessoal, eu voltava a ser aquela menina tímida e insegura. Até que, em uma das empresas em que trabalhei, conheci meu marido. Foram idas e vindas, um relacionamento confuso no início, mas que se fortaleceu e deu certo. Lembra daquela menina com medo da rejeição, com baixa autoestima e que não acreditava em si mesma? Em 2014, essa mesma menina chegou na pessoa que amava, que dividiu seu coração, e pediu-a em casamento. Sim! Eu enfrentei tudo e fiz algo que nem é comum entre mulheres, mas reuni coragem e fui em frente.

Investi mais em mim, procurei cada vez mais conciliar a vida profissional com minha família e fui atrás de novos tratamentos para a alopecia. Meu cabelo não voltou a crescer; hoje uso peruca e já falo mais abertamente sobre minha história, mas nem sempre foi assim. Minhas amigas também não me perguntavam muita coisa, não sei se por medo de me magoar ou se apenas não queriam tocar no assunto. A verdade é que a alopecia sempre foi um assunto meu. Era uma luta interna, pois eu tive todo apoio de todos a minha volta, mas a luta era comigo mesma e a aceitação que eu buscava não era dos outros, mas somente a minha. Eu precisava me aceitar do jeito que Deus me fez para poder, então, me permitir ser feliz e nada mais.

Casei-me e construí minha família, um lar de amor e livre de qualquer preconceito. Achei que estava completa de amor, mas sempre cabe mais um pouco: descobri que estava grávida. Eu teria um filho e algo que antes parecia nem ser algo a se cogitar tornou-se realidade. Era tanta felicidade que eu nem fazia questão de lembrar dos momentos difíceis. Percebi que não se deve viver com base no que os outros pensam, pois todo mundo tem uma opinião sobre sua vida. Você deve viver a partir da sua própria opinião.

Se você chegou até aqui, continue lendo que a história não é tão simples como um conto de fadas.

Sabe aquele momento em que você, que passou por momentos complicados na vida, se pega pensando que a vida está boa demais para ser verdade? Eu tive essas dúvidas e, infelizmente, a vida é feita de altos e baixos, como em uma montanha-russa. Quando meu filho completou seis meses em 2016, minha mãe faleceu repentinamente. Sem mais nem menos. Na época, o diagnóstico foi de gripe H1N1. Falei com ela na sexta-feira normalmente, ela foi internada no domingo, e na segunda-feira de manhã, na hora em que eu estava indo ao hospital, recebi a notícia de que ela havia me deixado! Perdi meu chão em 24 horas: esse foi o tempo que a vida me deu para piscar os olhos e ver minha vida ser revirada de cabeça para baixo. Minha mãe morreu.

Vi meu momento de mais pura alegria, de estar com meu filho ser destroçado pelo pior momento da minha vida. Eu não tive forças para continuar, entreguei-me à depressão e fui descendo, um nível por vez, até chegar ao fundo do poço.

Quando alguém falar que não importa quem tenta te ajudar, só você pode sair daquele lugar sombrio em que está, acredite. É a mais pura verdade.

Eu via o tempo passar e tentei me prender em algo que ocupasse minha mente. Joguei-me no trabalho, todos os dias, foquei em produzir e dar o meu melhor em tudo e fui, aos poucos, perdendo partes do crescimento do meu filho, perdendo a vontade de estar com meu marido fisicamente; virei uma mulher fria, distante e infeliz. Não sorria mais, não tinha vontade de nada. Pensamentos ruins passaram várias vezes pela minha cabeça. Eu não tinha forças para sair daquele poço. Nesse tempo, depois de tanto dar o meu melhor no trabalho, tive síndrome de *burnout*. Esgotei tudo o que tinha, até as minhas reservas, tentando fugir de algo que não tinha como escapar, tentando fugir de mim mesma e da minha própria dor.

> A vida me mostrou que chegou o momento de aprender minha terceira lição: você precisa se priorizar, porque sua vida só funciona da forma correta se você estiver bem. Antes de fazer bem aos outros, esteja bem.

E esse aprendizado não foi da noite para o dia, é uma curva crescente de aprendizado, em que você entende onde está e o que aquilo te causa, percebe o problema e as possíveis soluções para sair dele. Só assim você vai construir um degrau após o outro para chegar ao topo do poço e sair dele. Eu criei minha própria escada com muito empenho, terapia e força. Voltei a investir naquilo que eu sempre amei: estudar. Nunca é tarde para realizar desejos.

Fiz cursos e aprendi sobre desenvolvimento humano, estudei a fundo como as pessoas se sentem quando se veem em becos sem saída e percebi que sempre existe uma saída de emergência, basta que tenhamos força suficiente para olhar para o lado. Com base nas minhas experiências, acho que deu para ter uma ideia de que eu sabia como era sentir essa dor, mas não bastava entender: eu queria ajudar outras pessoas a realizarem seus sonhos, a reencontrarem a si mesmas ou até a se encontrarem pela primeira vez.

Eu jurava que encontrar sua vocação, aquilo que você deseja fazer por muito tempo na vida, era fácil, mas percebi que não era e, digo para vocês: é mais difícil do que ganhar na loteria. Não digo isso para desestimular ninguém, muito pelo contrário. Falo para que você entre nessa batalha sabendo o que te aguarda e não desista facilmente.

Enquanto passei pelo luto da minha mãe e pela busca de mim mesma, tive sorte em ter pessoas incríveis ao meu redor. Pessoas que, teoricamente, não deveriam se importar com minha vida pessoal, mas se preocuparam, porque entenderam que a vida pessoal também afeta meu desempenho profissional. Esses anjos me salvaram e você deve ter anjos ao redor também; se olhar com cuidado, vai perceber.

Continuei meus estudos, participei ativamente da vida do meu filho e fiz de tudo para recuperar o que, talvez, tivesse perdido. Aqui é a vida real; assim, é normal que nem tudo dê certo. Reencontrei-me com Deus, com quem eu havia rompido relações. Refiz meu casamento, aprendi que não temos controle de tudo e que a vida pode e precisa ser leve. Eu sei que fiz o melhor que eu pude, assim como fiz em todo o resto.

> A quarta lição da vida chegou para mim: pare de se cobrar tanto pela perfeição, você já está fazendo o melhor que pode. Comemore cada vitória e entenda que algumas coisas podem não dar certo, por mais que você tente, e está tudo bem.

Abriu-se para mim uma porta que eu nunca pensei que se abriria: surgiu a oportunidade de escrever para uma coletânea de livros e eu hesitei, com certeza hesitei. Quem nunca teve medo de se jogar no novo e desconhecido, que atire a primeira pedra, mas não desisti. Levei a sério a frase "está com medo? Vai com medo mesmo". Senti que era o momento ideal para testar minha nova forma de ver a vida e mergulhei de cabeça. Foi então que algo surpreendente

Tatiana Martins

aconteceu. Eu escrevi minha história e, ao ler toda a minha vida, encontrei minha resposta, aquela que seria minha vocação e ajudaria outras pessoas.

Fiz uma especialização no meu curso para entender e aprender a ajudar pessoas a encontrarem sua força. Com o curso, tornei-me uma especialista em autoestima, faltava chegar ao meu público-alvo. Essa parte foi mais um obstáculo que tive de ultrapassar, mas, nesse ponto da vida, eu já estava acostumada a lidar com os problemas que aparecem no meu caminho; faltava descobrir como ultrapassá-los.

Entrei no mundo digital, área em que era totalmente leiga, criei minha rede social e profissional e fui além: investi no meu site, no meu blog e ainda tenho muitos outros projetos em mente. Olho para trás e, agora, vejo que a vida não me limitava; era a minha forma de encarar tudo que me amarrava e não me deixava crescer. Não digo, de forma alguma, que você vai se levantar hoje e aprender como lidar com seus problemas, afinal, cada um sabe onde o sapato aperta, como diz o velho ditado.

Digo para você que leu minha história até aqui que é possível sair desse lugar escuro e sombrio no qual você se encontra, desse beco sem saída, desse redemoinho de problemas que parece te perseguir todo o tempo. Eu tenho as ferramentas em mãos para te ajudar a encontrar a autoestima que existe dentro de ti, essa pequena chama que pode se transformar em uma fogueira infinita. Eu posso te ajudar, oferecendo, antes de tudo, uma mão amiga para te apoiar. Depois, posso te ajudar a fortalecer o amor-próprio, confiar nas pessoas que realmente importam e nunca mais desistir de si mesma, colocando-se em primeiro lugar. Eu defendo que nós, mulheres, devemos ser as protagonistas de nossas histórias, não deixar nossos sonhos e objetivos serem enterrados, por medo das críticas, do que os outros vão falar, vão pensar etc.

> Eu acredito que não há melhor conexão do que a sinceridade, e foi aí que aprendi minha quinta lição da vida: eu posso ser tudo aquilo que eu quero ser, basta acreditar e lutar por mim.

E aí? Vem comigo?

Está pronta para me deixar te ajudar? Basta me chamar.